中 小 学
双发展课堂教学的理论与应用

刘伟燕　杨君武　刘　颖　杨春华　何凌云 ◎ 著

湖南省永州市冷水滩区教育局主编

中南大学出版社
www.csupress.com.cn
·长沙·

图书在版编目（CIP）数据

中小学双发展课堂教学的理论与应用／刘伟燕著.
—长沙：中南大学出版社，2019.3（2023.2 重印）

ISBN 978-7-5487-3582-3

Ⅰ.①中… Ⅱ.①刘… Ⅲ.①课堂教学－教学研究－中小学 Ⅳ.①G632.421

中国版本图书馆 CIP 数据核字（2019）第 042265 号

中小学双发展课堂教学的理论与应用
ZHONGXIAOXUE SHUANGFAZHAN KETANG JIAOXUE DE LILUN YU YINGYONG

刘伟燕 著

□**责任编辑** 谢贵良 张 倩 梁 甜

□**责任印制** 唐 曦

□**出版发行** 中南大学出版社

社址：长沙市麓山南路 邮编：410083

发行科电话：0731-88876770 传真：0731-88710482

□**印 装** 长沙雅鑫印务有限公司

□**开 本** 710 mm×1000 mm 1/16 □**印张** 19.5 □**字数** 319 千字

□**版 次** 2019 年 3 月第 1 版 □**印次** 2023 年 2 月第 3 次印刷

□**书 号** ISBN 978-7-5487-3582-3

□**定 价** 60.00 元

图书出现印装问题，请与经销商调换

湖南省永州市冷水滩区中小学教师继续教育丛书目录

学 校 各 学 科 动 态 教 案

学 校 各 学 科 动 态 练 案

学 校 各 学 科 动 态 课 件

学 校 各 学 科 习 题 优 解 集

学 校 各 学 科 习 题 错 解 集

中小学双发展课堂教学的理论与应用

湖南省永州市冷水滩区教科中心主编

2023 年 2 月

序 一

周庆元

中小学双发展课堂教学理论大抵滥觞于中国典章制度专著《礼记·学记》。

《礼记·学记》载："学然后知不足，教然后知困。知不足，然后能自反也；知困，然后能自强也。故曰教学相长也。《兑命》曰：'学学半。'其此之谓乎？"

"学学半"，意思是教人是学习的一半。"学学半"的第一个"学"应为"敩"，读作"xiào"。具体地说，《学记》中这段话包含这样几层意思：其一，要因"学"而"教"，即教师的"教"必须切实从学生的学习动机、态度、接受能力出发去施教；其二，要以"学"论"教"，即必须始终坚持以学为教的出发点和落脚点，依据学生"学"得如何来评价"教"得好坏，不能孤立地就"教"论"教"地评价教师"教"得如何；其三，"教然后知困"，"知困然后能自强也"，教师必须一面"教"一面"学"，不断提高自己的思想和业务素质；其四，"教"和"学"互相促进，教师和学生应当互相学习，实现"共生"，即"教学相长"。

"教"然后"知困"，"然后能自强也"，从而得出"教学相长"的结论。教学中师生关系是一种相辅相成，相互促进，彼此激励的辩证统一关系。"学学半"在我国教育史上第一次揭示了"教"和"学"的辩证关系。"教学相长"命题的提出是《学记》对世界教育史的重大贡献。

"教学相长"，既是以孔子为代表的儒家学派的教学实践活动的真实写照，也是对他们教育思想的总结和升华。《论语》中记录了孔子及其弟子之间相互磋商、共同讨论、相互启发、"师生合作"的许多故事。如子夏问曰："巧笑倩兮，美目盼兮，素以为绚兮。何谓也？"子曰："绘事后素。"曰："礼后乎?"子曰:"起予者商也,始可与言诗已矣。"(《论语·八佾》);又如"赐也,始可与言诗已矣,告诸往而知来者。"(《论语·学而》);再如《论语·先进》中,他批评颜回"无所不说(悦)","非助予者也"。这些孔子教学的生动写照,形象地在再现孔子是"师生共济"的楷模,也深刻地诠释"教学相长"的内涵。

然而,班级授课制这一教学组织形式于 17 世纪初在欧洲部分国家出现,并迅速在全世界得到广泛的推广,"教中心"和"学中心"一直是教育界绕不开而又争论不休的一个重要话题。在我国,近二十年,随着新课程改革的推进,对他们的关系又有了很多新的见解,这方面的见解正呈不断深化的趋势。目前,这方面观点较有代表性的是"教师主导"说、"学生主体"说、"教师主导,学生主体"说、"双主体"说等等。我们知道,教学中师生关系的认识是教学论不应回避的最基本的问题,它对课堂教学论的建立至关重要,但争鸣百家,谁也没有说服谁,至今仍没有提出既符合实际又便于操作的师生关系说。

近代人民教育家陶行知早期曾倡导"教学合一"。当前一些发达国家在从事现代教学方法改革中提出了"双边性"。即"从传统地重教师如何教,忽视学生如何学"的教学方法,改为教与学的"双边活动",要采取把"教师的教与学生的学统一起来的方法"来从事教学活动。这些,有力地证实了我国古代先哲的教育思想对后世不可磨灭的深远影响。《中小学双发展课堂教学的理论与应用》一书作者从古代先哲的教育思想中得到启示,寻找答案,提出了班级教学中学生和教师关系新解说,其理论创新之处是显而易见的,也是有现实价值的。

"双发展"理论是对"教学相长"的承传与扬弃。"双发展"理论强调,教学是师生之间、学生之间交往互动、共同发展的有目的的交往活动。教学活动中,教师与学生、学生与学生,彼此间主动、自觉的相互对话、相互沟通、相互理解、相互合作,在这有目的的交往过程中,交往双方均具有独立人格,并交互促进双方自我发展。

中小学双发展教学理论的创新之处,还体现在课堂教学过程中对教师与学生的教学关系的认识,及其由这一认识为基础演绎出较系统、较完整的课堂教学的理论。作者运用马克思唯物辩证法的思想和原理分析课堂教学中的各种因素既对立又统一的发展过程，提出了一种新的见解，并从这种新认识出发，提出了一种"去中心"的双发展课堂教学理论，值得我们学习。

中小学双发展课堂教学研究的实践成果，是务实、实用的。务实主要体现在作者将理论研究和应用过程作为培养学校教师的手段，为学校培养建设了一支较高水平并且稳定的教师队伍；实用体现在对当今学校教研和课堂教学改革着力点的认识和做法提出了具有建设性的意见。关于对学校教研的认识和做法，作者提出学校教研要逐步采取课题教研与常规教研相结合的办法，这样才能提高教研的效益，使常规教研"越研越新，越研越深"。关于课堂教学改革的着力点的认识，作者提出课堂教学目标的设计和落实是教师课堂教学改革的风向标的认识，要求教师强化教学目标设计意识，在课堂教学目标设计中既要有即时性发展目标，又要有体验性发展目标，并且强化落实步骤，逐步实现学生学科核心素养和辩证统一的综合性核心素养的发展。当然双发展课堂教学理论中还有许多实用性建议，值得我们思考和借鉴，这些建议和做法为学校师资队伍建设提供了有力支撑。

诚然，作者的研究，不论是理论方面还是实践方面，还有一些疏漏或不足之处，但我想，阅读者若能结合自己的经验和体会，吸收有益的部分，对于我们认知教学中教师与学生辩证统一关系，提高自己的教育教学水平和促进学生的核心素养提升、身心健康快乐成长，是大有裨益的。

2023 年 2 月于长沙

（本文作者系湖南师范大学二级教授，博士生导师。曾任湖南师范大学教育科学学院院长兼党委书记、社会科学处处长，湖南涉外经济学院副校长，全国教育硕士专业学位教育指导委员会委员，中国高等教育学会理事、语文教育专业委员会会长，现任教育部中职语文课标组成员、中职语文教材编委会委员，全国语文教育专业委员会名誉理事长，湖南省教育学会学术委员会主任）

序 二

莫继恒

在教育史上，大家对教育者和受教育者在教育过程中的地位存在着不同的认识。以赫尔巴特为代表的教育家认为，教育者在教育过程中处于中心地位，受教育者只能被动地接受教育者的教育；而以杜威为代表的教育家认为，受教育者在教育过程中处于中心地位，教育者只起辅助作用。我国的教育理论界在教育的主客体关系问题上，也存在不同的主张，体现在中小学课堂教学关系上，就是"以教师为主体"与"以学生为主体"的两种观点。这两种观点的长期争论深化了课堂教学改革。时至今日，虽然教师在课堂上"满堂讲"已成过去，但仍有相当一部分教师走向另一种极端，主张"少讲"或"不讲"。对于中小学课堂教学究竟需要怎样的教学关系这个问题，一直众说纷纭，莫衷一是。

基于此，在湖南省著名特级教师刘伟燕老师的主持下，由刘伟燕、杨君武、雷泽忠等同志组成的专家团队对这个问题进行了深入研究。他们在科学分析国内外各流派课堂教学理论及观点的基础上，深入课堂与教师研讨交流，深入班级在学生中开展座谈调研工作，结合自己多年教学研究和教学实践的经验，大胆建构起"双发展课堂教学的理论"。

刘伟燕同志在全国首次提出课堂教学中师、生是在教师管理主体下互相依存、辩证互动、平等互惠、生命共同发展的主客体关系，在这种认识下构建了"双发展课堂教学理论"。这种理论指导下的课堂教学将形成第三种教学形态，这种形态明显区别于"教中心"的第一种教学形态，也区别于"学中心"的第二种教学形态。这种理论是课堂教学理论的创新，自成一种教学流派，值得我们借鉴！

自该团队提出"双发展课堂教学的理论"构想之后，"双发展课堂教学"的理论逐步扎根于永州市冷水滩区的课堂教学实践，并随着教学实践的发展而不断地丰富其内涵，现已形成了双发展课堂教学的理论体系与实践操作流程。2016年，刘伟燕、杨君武老师撰写的《课堂教学关系新解》在《中国教师报》上发表后，教育界对此产生了积极的反响，这篇文章被专家认为是"将中国课堂教学改革得失说透了"的六个问题之一。近三十年来，冷水滩区中小学教研教改氛围空前浓厚，多项教育教研成果获国家级、省级大奖，教师快速成长，名优教师群初步形成，学生健康快乐成长，教育内涵发展的目标逐步实现，涌现出全国教育系统先进单位1所、"湖南省课堂教学改革示范学校"2所、"永州市课堂教学改革示范学校"5所。冷水滩区马坪学校、京华中学、舜德小学等多所学校的课堂教学在区域内有着广泛而深远的影响。希望我区中小学在借鉴"双发展课堂教学理论"的过程中，深入推进课堂教学改革，增强教师的幸福感、获得感，并让学生感受学习的兴趣，发展学生的核心素养，促进教师、学生的生命共同发展。

教与学的关系，是教学理论中的一个基本问题。本书作者长期在教学一线，勤于耕耘，勇于创新，乐于实践，为学校和教师提供了一本不可多得的教学理论读本，相信本书将会更好地指导课堂教学。因诸多因素，该书难免有不成熟之处，敬请广大读者多提宝贵意见。

2023年2月

（本文作者系永州市冷水滩区教育局上届（2018年元月—2022年元月）党组书记、局长。任期内他引领冷水滩教育局走内涵发展、特色发展之路，经常深入学校、深入课堂、推广典型，促进课堂教学改革向纵深推进，促使冷水滩区的基础教育质量持续提高，特色学校不断涌现，任期中区内有五所学校被评为永州市名校，他本人五次荣立市、区三等功，被评为永州市先进教育工作者，他倾力关心和支持的课堂教学研究课题《中小学双展课堂教学的理论与应用》2022年荣获湖南省第五届基础教育教学成果二等奖。）

序 三

秦功旭

  文化与教育一体两面，相辅相成，共生共荣。博大精深的中华文化，不仅极大丰富了新时代教育的内容，而且是新时代教育理论创新的源泉和教育发展的基础。永州市，作为国家历史文化名城，素以"锦绣潇湘"驰名中外。永州源远流长的文化沃土孕育出周敦颐、李达等古今杰出的教育家、思想家、哲学家。北宋周敦颐开创的理学，是中古时期的中国儒学乃至整个思想界的一座高峰。周敦颐的教育思想以"教人向善，进德修业"为教育目的，"六经为主，以诚为本"为主要教育内容，"自学为主，重在启发"为教育方法。新中国成立后，中国共产党的主要创始人之一，杰出的教育家李达，先后担任湖南大学和武汉大学校长，他以马克思主义为指导解决了新中国高等教育的一系列理论与实践问题，形成了内容丰富、特色鲜明的教育思想体系。

  永州市先哲们孜孜不倦，勇于创新，不断探索科学的教育理论和方法，为当代教育工作者提供了智慧、树立了榜样，引领一批又一批的优秀教师踔厉奋发，笃行不怠。教育重在创新，现由特级教师刘伟燕等同志为主要成员，并组织市、区学校一批名师、学科带头人组成的研究团队，积四十年教育教学之经验，在学习借鉴前人教育思想精髓的基础上，深入探索，自主创新，运用系统研究方法，科学构建起"双发展课堂教学理论"，并在教育实践中成功运用。2022 年 6 月，《中小学双发展课堂教学的理论与应用》在湖南省第五届基础教育教学成果评比中获二等奖，做为第一线基层基础教育教学获奖的课堂教学领域理论著作，在全国中小学校是比较罕见的。

　　这一理论运用了永州先哲的教育思想、哲学观点，分析课堂教学中教与学的关系，创造性地提出了第三种教学关系：在课堂教学中教师与学生是在教师管理下的互相依存、辩证互动、平等互惠、生命共同发展的主客体关系。在理论上解决了四百多年前捷克教育家夸美纽斯在其名著《大教学论》中没有解决的最基本理论问题，这是一种理论创新！

　　新时代培养什么人、怎样培养人、为谁培养人的问题。在李达看来，教育就是让"智者"和"愚者"、"偏才者"和"全才者"各成其用，各得其所。教育的目的就是使受教育者成为全面发展的人，教育要为人与社会和谐发展服务，这与马克思主义教育思想和人的全面发展理论具有内在一致性，是对马克思主义人的全面发展理论的继承与发展。《中小学双发展课堂教学的理论与应用》构建了以即时性发展目标和体验性发展目标为内容的课堂教学"三维"目标体系，这一目标体系是以人本学科知识与技能为基础，站在心理学的高度抽象出的"各学科共性目标、要素与素养、学习与发展"而成的，集中体现了当前中国学生核心素养精神，是《基础教育课程改革纲要》、《课程标准》和《中国学生发展核心素养》的一种校本表述，《中国学生发展核心素养》的落实，必须经过校本表述实践这一关，这是一种应用的创新。

　　这一理论构建课堂教学模式群的思想，及提出的模式群，在国内外尚属首次，也是有实践基础的。我们认为，课堂教学模式群构建的理念是统领当代中小学课堂教学方式改进的重要手段，将有力促进广大教育工作者积极探索"基于情境、问题导向的互动式、启发式、探究式、体验式"等课堂教学方式；有力促进教师从"教有定法"逐步达到"教无定法，贵在得法"的教学境界，这是一种实践的创新！

　　本期我区课堂教学开始呈现出以集团化办学模式，发挥优质学校在课堂教学的辐射带动作用的特点。成立了5个教育集团，每个集团确立一个核心校，再确定3个以上成员校，优先将农村学校、薄弱学校、新建学校的教学工作纳入集团化管理，做到城乡一体、多校协同、教师、校长轮岗、整体推进。如何发挥好这一辐射的作用？《中小学双发展课堂教学的理论与应用》十分关注学生学习体验，注重师、师互动，师、生互动，生、生互动，练思结合，精讲精练，这正是我们课堂教学改革发挥更好的辐射作用所需要的。

　　人民教育家于漪指出，每一节课的质量直接影响学生生命的质量。中国进入新时代以来，中共中央、国务院下发了多个文件，要求强化课堂主阵地作用，切实提高课堂教学质量，促进教育高质量发展。希望广大学校、教师在教育实践中灵活运用"双发展课堂教学理论"，激发课堂教学活力，培养好社会主义建设者和接班人。

2023 年 2 月

（本文作者系永州市冷水滩区教育局现任党组书记、局长）

目录
CONTENTS

第一章

关于课堂教学的重要认识

我国 20 世纪末开始酝酿，21 世纪初掀起的新课程改革，至今已有二十多年时间，期间国家为这场教育大改革投入了巨大的人力和物力，现在这场改革仍在深入推进中。本次新课程改革主要起源于国家意识到教育界存在的应试教育严重地阻碍了我国人才的培养和经济发展，因此决定在全国范围内推进素质教育。推进素质教育的二十多年正是我国政治、经济、军事高速发展的二十多年，中小学双发展课堂教学理论正是在这种新课程改革酝酿、实施、深入发展的历史背景中提出来的。在此，作者着重阐述自己关于中小学课堂教学，并且支撑双发展课堂教学理论的三个重要认识。

第一节 学校双发展教育理念和校长素质

学校教育理念往往都用几个字表达，看似很简单，内涵却很丰富。学校教育理念是学校校长对学校教育发展方向及发展内涵的理解所做出的表述，他集中反映出学校教育实施者的教育战略眼光和教育水平及教育智慧，是引领学校课堂教学发展的方向盘。学校的教育理念是衡量学校生命长度的度量尺，也是学校教育品牌内涵的重要标志，商业教育最终会昙花一现，本质教育一定会与日月同辉。好的教育理念，要有一个好的校长去实施，这样才能相映成辉，创造教育的奇迹。

一、学校的双发展教育理念

双发展课堂教学主张学校应有：**"给孩子更好的教育"**的教育理念。

这一教育理念在指导学校课堂教学意义重大，它有多层含义：其一，在学校权力的范围内，充分吸收各方的教育智慧和经验，办好自己的教育。其二，更好的教育就是要求学校在教育硬件和教育软件两方面争取给孩子提供更好的教育；其三，学校应尊重所有学生的差异，并针对不同的学生群体或个体，提供相对不同的更好的教育；其四，更好不是最好，这一理念具有发展性、相对性。发展性体现在：更好不是在某个狭小的区域内，在全市、全省乃至国内外，在当前及至将来争取逐渐将学校教育发展具有更高水平；相对性体现在：针对办学主体和教育主体的实际力量而言，他们的主观愿望要给孩子提供更好的教育，有条件当然要实现这个愿望，没有条件创造条件也要争取实现这个愿望；其五，在课堂教学中，我们主张强调教师、学生共同发展（双发展）的教育教学，优于只强调学生单方面发展的教育教学，这一认识的理由，后面我们另外阐述。这一教育理念确立了学校教育发展的方向，确定了学校的教育永远在发展领先的路上。

二、校长应有的基本素质

落实"给孩子更好的教育"这一教育理念，要求校长具备下述基本素质：

1. 具有执着的教育情怀

执着的教育情怀产生于校长对教育的认识和自身人生价值观及自己对教育浓厚的兴趣和深刻的认识。对教育工作者而言，主要体现在他们克服教育工作中的千辛万苦，坚守到底的教育热情和行为及耐心。教育就是要发展学生的各项素养，提高他们的各项能力，学生的素养和能力的培养都是在教师的引导下，经学生的努力，在春雨细无声，潜移默化中形成的，十年树木，百年树人，就是说对学生的教育，教育工作者要像学生的父母一样付出长期的耐心，坚韧的意志，平凡的心态，遵循规律，尊重差异，切忌拔苗助长，静待仙桃结硕果。学生也要遵循规律，取长补短，静待花开，切忌急功近利，这一切都需要时间。没有对教育的情怀，学校教育工作者就不可能自始至终具有饱满的教育热情，更没有克服重重困难，耐得住寂寞，守得住清贫，坚守教育到底的决心，最后也没有教育的收获和喜悦。学校高质量发展正需要有一个这样具有教育情怀的校长，他默默的创造着学校教育的明天！

2. 具有强烈创新的渴望

在教育工作过程中，我们会经常碰到同样的每一节课，同样的每一个学生，同样的每一种教育现象，同样的每一个教育行为，同样的每一项教学措施……。这些同样的教育事情在墨守陈规人的眼中看来都是一样的，他们认为教育工作者一辈子面对这些千篇一律的同样的教育事情，开展千篇一律的常规教育工作。这些同样的教育事情在具有强烈创新渴望的校长眼中都有不一样的情境，这是因为每一个学生，每一个教师都是一个鲜活的人，他们的心理及心理变化千差万别，对他们的教育和管理的方法要灵活多变。例如针对一节同样教学内容的课来讲，虽然内容相同，但教师和学生对同样内容的知识理解和感悟千差万别，因此，都要根据学生的实际因材施教，对于这些差别，有强烈创新渴望的校长就会去研究，因此形成了每一个创新校长的领导艺术和领导特色，形成每个教育管理者的管理艺术和管理特色，也成就了不同水平的教师和学生。只有这样才能使得每一个教育工作者的工作，常做常"新"，常做常"深"，常做常"青"，使得学校的教育生命永具活力，永葆青春。教育是一项极具创新的工作，教育就是需要这种创新型校长。

3.具有暖心的尊师重教行为

学校领导经常强调：学校要办有温度的教育。这种温度发自管理者的内心，体现在管理者的教育措施和暖心的尊师重教行为。主要表现在两个方面：第一，学校的领导要关心每一个教职工的工作情况，事业发展和家庭生活；第二，学校教职工搞好本职工作，真正关心每一个学生的身心健康和学业发展，使学生感到温暖，使家长感到满意！这种温度能使学校所有工作人员和学生从内心感到温暖，这种温暖能使广大教职员工感到幸福！能使广大教职员工感到学校就像家一样，这样学校就像磁铁一样具有强大的凝聚力，汇聚学校每一个个体的能量，给孩子更好的教育，众人拾柴火焰高，学校才会越办越好。

4.具有宽阔的国际视野

井底之蛙是办不好教育的。**给孩子更好的教育**，这是一个不断发展永不停止的教育理念，他要求校长不断注视、比较、分析外部办（市内外、省内外、国内外）学水平（教育的硬件和教育的软件），学习外部的办学经验。学习外部的教育硬件，要根据自身力量，因地制宜，取长补短，努力提升自己的竞争能力。学习外部的教育软件，要取其精华，弃其糟粕，努力借鉴。对于外部没有的教育硬件和软件，要根据教育的发展，深入研究，努力创新。借鉴吸取外部的教育优势时要做到有条件的努力落实，没有条件的创造条件也要逐步落实。更值得强调的是校长要具有战略的视野，专业的眼光，将自己所办的教育事业纳入到市内外，省内外，国内外的大格局中去研究，特别要借鉴第一次到第三次世界工业革命对世界教育影响的研究经验和教育的应对措施，去研究当前世界面临的第四次以人工智能、新材料生物工程、基因工程、虚拟现实、量子通信、量子工程、核聚变为核心内容的工业革命对我国现行教育及对未来教育的影响及应对策略，并及时布局，提出学校教育发展的战略措施和战术对策。这一切都需要校长具有宽阔的国际视野。

5.具有坚持中国教育特色的精神

新课程改革目前是我国改革用时最长，改革力度最大，改革内容最广、最深，改革投入人力物力最多的教育改革。在改革中我们要以扬弃的态度，坚持中国教育好的传统，改革应试教育的弊端。中国教育的优良传统是什么？我们认为：古代以孔子为代表人物的教育思想博大精深，源远流长，给我们留下了宝贵的教育遗产，例如孔子的"因材施教"，"授人以鱼，莫如授人以渔"，"以习文为主的学习方法"等耳熟能详的思想和方法，都是应该发扬光大的；近代以毛泽东同志的为代表的教育思想有待我们进一步去研究，例如"德、智、体全面发展"，"生产与劳动相结合"，"实践与理论相结合的思想"等指导新中国建立以来教育的思想，值得我们在今天中国教育过程中去进一步落实。但我国教育思想受一定历史条件的制约也存在一定的局限，例如古代重文轻理，近代重方法轻心理、重实践轻理论的教育思想有必要改进，这些优良教育传统和存在的问题值得我们去研究，校长要有勇气和精神去继承和摒弃，期望中国的教育根植于中华文化的土壤，减少折腾，得到更大的发展。同时促进所管理的学校教育健康发展！

在某种意义下可以认为：学校的双发展教育理念就是校长的教育理念，反之校长的双发展教育理念也是学校的教育理念，只有这两种理念的内涵达到高度一致，并且校长具备上述基本素质时，才能发挥教育理念对学校双发展的巨大威力！

第二节　课堂教学中教师、学生教学关系新认识

课堂教学是学校教育教学的主阵地，也是落实学校教育理念的关键环节。既然学校要给孩子更好的教育，那么在课堂教学中就要给孩子更好的教学，如何在课堂教学中给孩子更好的教学呢？因而课堂教学改革成了学校的重点研究课题。

任何涉及课堂教学改革的新的理念、新的思想、新的措施，都要回答课堂教学中师生教学关系这一基本问题。教育史上关于课堂教学中师生教学关系是"教中心"还是"学中心"的争论，深化了我们对教学关系的认识，形成了不同的课堂教学理论，促进了教师、学生对教学行为认识的改变，当今的新课程改革也不例外。2016年6月《中国教师报》将教学关系总结为三种：第

一种是基于"教中心"的教学关系，与这种教学关系对应的是第一种教学形态，即以教师为主体的教学形态；第二种是基于"学中心"的教学关系，与这种教学关系对应的是第二种教学形态，即以学生为主体的教学形态；第三种教学关系是去"中心化"的教学关系，即有时以教为中心，有时以学为中心，学中有教，教中有学，教与学不分彼此，与这种教学关系对应的是第三种教学形态，即去中心的教学形态。课堂教学的三种教学关系对应形成了三种不同的课堂教学形态，这三种课堂教学形态又对应存在三种课堂教学理论。

一、师生教学关系认识的历史

对课堂师、生教学关系认识的深入是教育历史发展的必然，要认识并理解它，首先要从课堂教学发展的历史入手。课堂教学制又称班级授课制，自17世纪初欧洲部分国家开始出现班级授课制实践，后经捷克教育家杨·阿·夸美纽斯在其名著《大教学论》中从理论上论证了按班级形式上课的适宜性和必要性，班级授课制便焕发出巨大的生命力，迅速在全世界得到了广泛的推广，直至今天，它仍然是世界各国学校的主要教学组织形式。班级课堂教学的优越性是显而易见的：它能扩大教学规模，提高教学效益；它能保证学习活动循序渐进，使学生获得系统的科学知识；它能保证教师的主导作用得到充分发挥，让学生在集体学习中互相切磋、互相砥砺；等等。在工业经济时代，特别是即将到来的人工智能时代，这种教学组织形式极大地满足了大规模培养人才的需要。但班级授课制的局限性是明显的，其主要缺陷就是学生的主体作用难以得到充分的发挥，这一缺陷是先天的，也是它自诞生之日起就受到广泛批评的根本原因[①]。目前的教学研究也只能改善这种缺陷，要想从根本上解决这一问题，只能从班级教学以外的教学形式上寻找出路。例如，"翻转课堂"就是这样的一种尝试，但这类尝试不可能使班级教学完全回到个别教学的老路上去，这是由班级教学适应社会快速发展的优势决定的。因此，在班级教学中如何认识和理解教师与学生的教学关系，仍是当今教研的重要课题。

很显然，教师和学生是课堂教学中诸多要素中最灵活、最有决定性作用

---

① 王策三. 教学论稿[M]. 北京：人民教育出版社，1985.

的因素，对他们关系的认识属于教学思想的范畴，直接关系到课堂教学中教学行为的选择，因而普遍受到教学工作者的重视。历史上"教中心"和"学中心"的思想曾经风靡一时，教师是课堂教学中的主体，是第一种"教中心"形态的教学现象的理论基础；学生是课堂教学中的主体，是第二种"学中心"的教学现象的理论基础，这些观点遭到了大家广泛的质疑和批判，但至今仍没有提出既符合实际又便于操作的师生关系说，所以在当今的课堂教学中经常有"教中心"或"学中心"的教学思想体现。近二十年，由于推进新的课程改革，对他们的关系又有了很多新的见解，这方面的见解正呈不断深化的趋势。目前，这方面观点较有代表性的是"教师主导"说、"学生主体"说、"教师主导，学生主体"说、"双主体"说，有的学者还从教学的实践关系、认识关系、价值关系等角度考虑，提出了一些其他关于师、生主体关系的见解。"教师主导"说主要强调教师在课堂教学中的主导作用，这一观点对发挥教师在课堂教学中的指导作用具有积极意义，但对学生的地位认识不够，不利于课堂教学中调动学生的主观能动性；"学生主体"说主要从学生认识方面强调学生的发展性，对强化学生地位、落实学生发展的课堂教学目标有指导意义，但对教师的指导地位重视不够，不利于发挥课堂教学中教师的指导功能；"双主体"说虽然同时强调教师和学生的主体作用，但它对教师与学生两个主体之间的关系还是不明确，而且在理论上违背了"一元"的哲学观点，有"二元哲学"之嫌；"教师主导，学生主体"说虽然肯定了教师和学生在不同领域的主体作用，对课堂教学中全面发挥教师和学生的积极性，或在不同领域内发挥这两方面的积极性有正确的定位作用和指导意义，但对相应领域中师、生关系的平等性认识还是不明确。因此，上述这些观点对教师和学生的地位认识虽有进步，即都希望肯定某一方的作用，但这种肯定还不够明确。所以自扬·阿·夸美纽斯在其《大教学论》论证班级教学的适宜性和必要性后至今，近四百多年，对于班级教学中学生和教师到底是一种什么教学关系？还没有定论！甚至在我国20世纪末开始酝酿和21世纪初和实施的新课程改革的过程中，还有过较激烈的争论，百家争鸣后，谁也没有说服谁，似乎至今还没有谁给出令人满意的答案！而这一问题恰恰是教学论不应该回避和亟待解决的最基本的问题，它的解决将孕育着一种新的课堂教学理论！

二、师生教学关系的新认识

教师与学生是共存于课堂教学中最基本，最主要的一对矛盾，依据唯物辩证法的观点分析这一对矛盾在课堂教学过程中的发生、发展过程，可以得到如下认识：

第一，教师与学生在课堂教学过程中的关系是生命共同发展的关系。传统教学论将课堂教学静止地划分为教与学两部分，教的任务由教师承担，学的任务由学生承担，教师的教是为学生的学服务的。其实用唯物辩证法的观点看，教师与学生是课堂教学过程中教与学这一矛盾事物的两个方面，它们对立统一于一个共同体，在教与学的矛盾中求得统一，求得自己的发展，也求得共同的发展。我们为什么要把这种共同发展提高到生命发展过程的高度来理解呢？首先，从学生生命发展的过程来认识。从小学一年级到高中毕业要经过12年时间，这期间学生的心理、生理都发生了显著变化。粗略估算一下，12年间学生约五分之一的时间是在课堂教学中度过的。从时间角度分析，学生12年学习时间约占人生六分之一，但这些年学生从儿童期进入青年期，这期间无论是心理还是生理的发展速度，都是人生其他阶段难以比拟的。其次，从学生发展的潜在价值来认识。心理学研究表明：一个人在儿童期和青少年期，无论在生理还是心理上，都是人生可塑性极大、对后续生命发展影响极大的关键时期。毫无疑问，在这一时期，学生学习了大量系统科学的基础知识，并开发了自己的潜能，为走向社会积蓄了不可估量的能量，这种系统的学习赋予了学生生命后续的发展价值。再次，从教师生命发展的过程来认识。教师走向工作岗位，已具备了相当扎实的专业知识，在其生命过程中已取得很大的发展，但只要你热爱教育事业，并立志一辈子从事这项职业，那么你还有更长的教育生命发展过程。特别是当前新课程改革要求教师转变观念，教师不仅要传授知识，还要从课堂和课程的执行者转变为研究者、开发者和创造者，不断提高自己的专业素养，为什么一句不留意的言语可能扼杀一个学生一生的发展？为什么同一种教学方法会产生不同的教育教学效果，甚至相反的结果？为什么对知识的理解在教师眼中理所当然，而在部分学生心中却是难以理解？这些问题都需要教师认真思考，并在思考中提高自己、发展自己，逐渐从一个毫无教学经验的教师成长为骨干教师，从一个教书型教师转变成研究型教师，进而成为学科带头人，甚至成为教育教学专家。在教师的悉心指导下，学生会成长为社会的栋梁，甚至领袖，教师自身的生命发展也会因此而闪烁出耀眼的光芒。几十年后，当教师退休著书立说时，会感受到自己培养学生的价值，更会感受到自己生命发展的价值。这种价值的体现对于教师而言，主要是一辈子在课堂教学中实现的。

总而言之，无论是从学生生命发展的过程和发展价值，还是从教师生命发展的过程和发展价值来理解，都可以把课堂教学提升到教师与学生生命共同发展过程的高度来认识。新的生命发展过程观与传统观念相比，最主要的区别是将课堂教学过程从特殊的学习范畴提升到生命发展的范畴来认识，将课堂教学过程理解为从促进学生"单发展"，扩充为促进教师、学生"双发展"，这有利于我们更全面地认识课堂教学过程，更高层次地把握课堂教学规律，更灵活地创新课堂教学方法，更好地体现和落实教师生命发展、学生生命发展的目的。

第二，教师与学生在课堂教学过程中是教师管理下的辩证互动的主、客体关系。

要分清课堂教堂过程中教师与学生的主、客体关系，必须弄清"主体"和"客体"的含义。从"主体"和"客体"这一词的语文角度看；主体指事物的主要部分，客体指事物的次要部分，这种理解与唯物辩证法的基本原理中所指矛盾的主要方面和矛盾的次要方面的概念相似。从"主体"和"客体"的哲学涵义看，主体是指"认识者即有意识，有意志，并在社会实践中认识着客观外界的人，与之对应的客体是指"和主体相对的客观事物，是主体认识和改造的对象"。[①] 我们认为如果从人的认识过程理解主、客体的概念，可采用哲学的涵义，从矛盾的主次方面理解主、客体的概念可采用语文的涵义。

教师、学生是课堂教学中一对主要矛盾，他们的各自的发展决定着课堂教学质量的发展，认识课堂教学过程中师、生的主客体关系，不宜采用形式逻辑的方法去看，应运用唯物辩证法的基本原理，去认识课堂教学过程中师、生在各自系统和整体中相互影响及地位转化的关系。

我们认为，课堂教学过程可分解为两个互相依存、相对独立又相互影响

---

① 刘延勃. 哲学词典［M］. 长春：吉林人民出版社，1983.

的平等互惠过程。

首先是认识过程。这个过程包括两个方面，一方面，学生认识学习内容，并同时认识教师和认识学生自己的元认知状态（学生的元认知意识先较弱，不被学生主体意识感知，随着学生元认知系统的开发，学生的元认知知识，元认知体验，元认知监控的意识会加强）。另一方面，教师认识教学内容（生活的学科、教学的学科、理论的学科）和教学理论知识，并同时认识学生和认识教师自己的元认知状态。根据主、客体的哲学内涵可知：前者认识的主体是学生，认识的客体是学习内容、教师和学生自己的元认识状态；后者认识的主体是教师，认识的客体是教学内容（教师认识的学习内容较学生学习的学习内容更广泛更深刻）、学生和教师自己的元认知状态。我们把上述关系称为教师和学生认识过程中的主客体关系。

其次是管理过程。必须指出，学生在课堂教学过程中是受教育者，按照国家的教育方针和总体培养目标接受塑造，带有一定的定向和约束。根据主、客体的语文内涵可知，在这一过程中教师是赋权的管理主体，学生是管理的客体，我们把这种主客体关系称为管理过程中的主客体关系。

从语文的涵义和哲学的涵义两个角度分清了课堂教学过程中的主体或客体对象后，他们这种关系是如何辩证互动的呢？这要运用唯物辩证法的基本原理去认识。唯物辩证法的联系观、发现观、矛盾观有许多基本原理，这些基本原理对于我们认识课堂教学中教师、学生主客体辩证互动的关系时有很大的指导意义。

唯物辩证法在认识主要矛盾和次要矛盾的辩证关系时指出：在复杂事物的发展中，存在许多矛盾，其中必有一种矛盾，它的存在和发展，决定或影响着其他矛盾的存在与发展。课堂教学开始时，根据国家赋予的权力，教师是主要矛盾的主要主面，学生是次要矛盾的次要方面，这时教师根据课前对学科知识理解，及对自己元认知情况的判断而提出的教学预设方案，采取有效的管理措施（组织教学），将自己管理过程的主体地位逐渐转化为认识过程的主体地位，教师按照教案的预设措施，引导学生学习，然后根据学生的生成情况，修改原教学方案，进一步采取措施，将学生从管理的客体地位转化为认识过程的主体地位（矛盾相互转化原理），这时教师就转化为学生认识过程中的客体。学生实现主体转化后，学生成了学习的主人（这时学生之间的主、客体关系也可能互动发生变化），如果教师通过学生学习反馈的信息表明这种转化正沿着正确的路线运行时，学生还是继续保持认识过程中的主体地位，教师仍然处于学生认识过程中的客体地位。如果反馈信息表明这种转化没有沿着正确的方向运行，教师就发挥自己管理过程中的主体地位，将自己认识过程中的客体地位提升为认识过程的主体地位(矛盾相互转化原理)，通过对学生，对教学内容和自己的元认知状态的重新认识，提出指导意见再继续发挥自己管理的主体地位(矛盾互相转化原理)，对学生施加影响，直至学生认识过程的主体地位形成后，教师自己转化成为学生认识过程中的客体。

这一过程可以用下图表示：

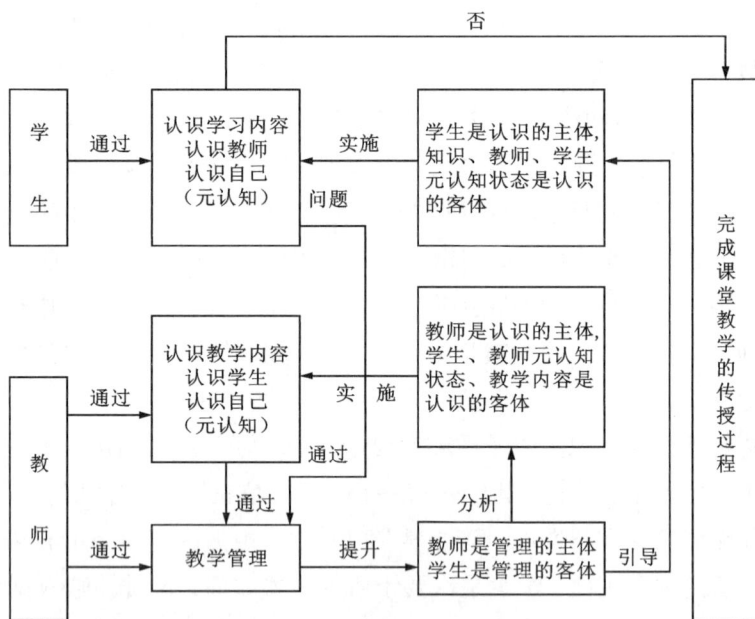

图1-1　教师、学生课堂教学中在教师管理下的辩证互动的主客体关系示意图

第三，教师与学生在课堂教学过程中是在教师管理下互相依存的关系。

只要课堂教学的形式存在，就必然涉及到教师、学生这两个重要因素的活动。没有教师，就不会有学生，同样没有学生也不会有教师，他们是互相依存的关系。这种互相依存的关系不是松散的，是在教师的精心管理下，紧密联系在一起的，只有这样，课堂教学才有较高效率。这种关系在教学论中有较详细的论述，本文不再赘述。

第四，教师与学生在课堂教学中是在教师管理主体下平等互惠的关系。

从课堂教学过程中教师、学生活动分析中可以知道教师和学生在认识过程中，通过一定的条件主客体可以互相转化。在教学认识过程中，教师成就了学生生命的(素质)的发展，学生也成就了教师生命的发展(事业)，他们互相成就了对方，所以在认识过程中教师和学生的关系是一种平等互惠的关系。在课堂教学中我们不能也没有必要片面地静止地从形式逻辑的角度站在教师或学生、主体或客体的角度单方面强调：教师的一切是为学生服务的，教师或者学生是教学中心的观点。我们主张平等、和谐、共赢的健康的师生关系，这样才能促进课堂教学系统中教师和学生高效发展。但也必须强调教师、学生在教学认识过程中主、客体的转化是有条件的，这个条件的掌握依靠教师，由教师的管理主体地位决定的，所以教师和学生在课堂教学中是教师管理下的平等互惠的关系。

综上所述，教师、学生教学中的关系的新认识归纳起来就是第三种教学关系(去中心)：**在课堂教学中教师与学生是在教师管理主体下的互相依存、辩证互动、平等互惠、生命共同发展的主客体关系**(注：这一观点作者撰文《课堂教学关系新解》，2016 年 6 月发表于《中国教师报》)。

三、新认识的课堂教学意义

班级教学即课堂教学。以捷克教育家扬·阿·夸美纽斯的名著《大教学论》为标志，确立的课堂教学形式，发展至今已四百多年。回忆课堂教学的发展历史，关于课堂教学过程中教师与学生的关系一直是教学论激烈争论的重要基本问题，但至今还没有统一的共识。首先在课堂教学初期，人们提出教师是课堂教学的主体，因而形成了"教师中心"的教学现象，即第一种教学形态，经过一段历史相当长的时期的课堂教学实践，人们发现"教师中心"的理念存在一些问题，继而提出另外一种观点，学生是课堂教学的主体，因而又形成了"学生中心"的教学现象，即第二种教学形态，四百年后的今天特别是我国新课程改革的初期，引发了教师、学生的主、客体关系的又一轮争论，最后也没有结果，今天，我们提出的教师与学生教学关系的新认识是教育历史发展的必然，这种认识客观地解决了四百多年来困绕在教育界关于课堂教学中教师、学生的教学关系的争论问题。它将引导课堂教学中出现"去中心"的第三种教学现象，即第三种教学形态，它象躁动于母腹中的婴儿，我们有充足的理由期待着他的降临。

1. 新认识孕育着新视角

形式逻辑只能反映事物静止的一面，人们运用静止的观点看待课堂教学过程教与学的关系，因而极端地认为教学过程是"教中心"或"学中心"。而辩证逻辑则反映相对运动、转化、发展的事物的关系，我们坚持用唯物辩证法的思想方法，即辩证逻辑去分析课堂教学过程中教与学的对立和统一，从而提出课堂教学过程中教师与学生教学关系的新认识。无疑新认识为人们更全面、更准确地刻画课堂教学中教师与学生的教学关系，提供了新视角。新视角打开了教师、学生认识课堂教学过程的一扇新窗户，透过新窗户，势必会扩大教师、学生的新视野，让我们看到了另外一番更靓丽的教学风景。

2. 新视角孕育着新动力

"教中心"的观念片面强调教师管理主体的作用，忽视了学生认识主体的作用，形成片面的"师道尊严"的教学氛围，甚至发展到不考虑学科内容的特殊性，一切听从教师讲的教学状况，走向了课堂教学的另一个极端。"学中心"片面强调学生认识主体的作用，忽视了教师管理主体的作用，形成了"一切以学生为主体"的教学氛围，甚至发展到不考虑教学内容的特殊性，一切听从学生的教学状况，使教师产生：教师象腊烛，照亮了学生，毁灭了自己的念头，走向了课堂教学的另一个极端。传统的教学关系不利于教师根据学科教学内容，激发教师和学生两个方面的积极性，新认识给了我们新视角，使我们同时看到教师、学生双方各自的作用，因而强调了教师、学生互惠的发展关系，提高了教师、学生发展地位（生命发展），赋予了教师、学生平等互惠共同发展的权利和义务，有利于激发教师和学生双方的教学新动力，实现课堂教学中教师和学生发展的双赢！

3. 新动力孕育着新理论

我们知道"教中心"的教学理论支持第一种教学形态。"学中心"的教学理论支持第二种教学形态。那么新认识提出了一种"去中心"的课堂教学观点，就好象打开了人们心灵的一扇新窗户，促使大家看到课堂教学的新天地——课堂教学的新问题。我研究这些新问题，提出解决这些新问题的新方法，就形成了新的课堂教学理论，这种由新认识形成的新教学理论，就是有力地支持第三种教学形态，支持"去中心"的课堂教学现象的新理论。"去中心"的课堂教学理论要求教师以教学管理者的主体身份和本身对元认识监控理论的认识，启动教师、学生认识的主、客体互动机制，抓住恰当时机，辩证的实施课堂教学。学校的教育理念，和课堂教学中教师与学生教学关系的新认识将引导我们去研究课堂教学碰到新的问题，形成一种新的课堂教学理论，我们愿作这一新的课堂教学理论的开拓者。

4.新理论孕育着教师终身学习与发展的思想

从教师，学生在课堂教学中的教学关系分析可以知道，教师的发展不再只是依靠在相应的大学所学的专业知识，就永远胜任相应学段相应学科的教学任务了。教师还要了解或理解生活的学科知识，理论的学科知识和其中包含的要素，并与教育心理学、逻辑学、方法论，甚至哲学等有关知识沟通，知道其共性和差异，甚至尽量多的了解其他学科与本学科有关的知识，这样才更有利于自己学科的双发展课堂教学。这些知识的了解或理解或感悟，要求教师付出终身努力，从而教师要有终身自学的意识，准备和能力，这样才能与学生的发展相匹配！这也是双发展课堂教学主张的教育理念，永远在给孩子更好的教育的路上，而要求校长具备的教育理念、思想品质和能力素质的主要理由。

第三节　关于课堂教学学习理论的认识①

学习，一般指个体获得经验，同时引起心理和行为较为持久变化的过程。学习渗透到了人类生产和生活的各个方面，是倍受人们关注的社会问

---

① 参阅引用湖北教育出版社出版，林崇德主编，张奇著《学习理论》的部分观点。

题。由于社会经济发展的需要,人的一般学习逐步发展成为当今一种社会主流的学习形式——学生课堂教学学习,一般学习理论肯定适用它,但课堂教学中学生的学习理论不一定完全适用一般学习。目前我们提出的双发展课堂教学理论,其目的要促进教师和学生在课堂教学中得到充分发展,那么我们一定要学习和借鉴前人所积累的有关课堂教学的学习理论,为此,我们从一般的学习理论中选择一部分与课堂教学有关的理论,阐述自己的学习体会。

一、古代学习的心理学思想

古代学习的心理学思想,指古代经验性、主观性较强的关于学习的认识,这些认识又分为中国古代学习的心理学思想和西方古代学习的心理学思想。

1. 中国古代学习的心理学思想

中国古代学习的心理学思想主要以孔子(公元前 551 年—前 479 年)为代表,在游学中初步形成,后经中国历代教育家、思想家在个体学习和私塾教学中不断杨弃、继承、补充和发展起来的主要涉及到学习意义、学习目的、学习方法、学习态度等方面的思想。

(1)关于学习的目的和意义

· 学习乃教化民众,安邦定国之策。

· 学习乃获得知识,增加才干,成才之道。

· 学习的目的在于正己修身,端正品德。

· 学习的目的不仅在于继承和发扬,更在于提高与发展。

·······。

(2)关于学习的方法与态度

· 学习与实践相结合。 · 博学与精专相结合。

· 学习与教学相结合。 · 劳逸相结合。

· 立志先学。 · 勤奋努力,好学无倦。

· 熟读精思。 · 循序渐近。

· 温故知新。 · 积渐成学。

· 知行统一。 · 学贵有恒。

· 专心致志,集中注意。

·深造自得(重视学习者的主体性和积极性)。

……。

这些有关学习的意义,学习的方法与态度的观点,对现代课堂教学仍有较大的借鉴和启发作用。

2.西方古代学习的心理学思想

西方古代的教育历史跟中国古代教育一样,历史悠久,也有着丰富的学习心理学思想,这些思想是在个别教学和17世纪初出现的班级教学中形成的,这些思想对当今中小学课堂教学也有一定的影响,西方学习心理学思想有三种代表学说。

(1)学习的心理训练说

学习的心理训练说有两种不同的形式:即古典人本主义(起源于古希腊,代表人物:柏拉图)的心理训练说;官能心理训练说[形成于德国官能主义心理学,他的代表人物为德国心理学家沃尔夫(1679年—1754年)]。心理训练说认为世界划分两种实体,即自然实体和心理实体,自然实体是客观存在且不变的实体,而心理实体是因人而异的,人是这两种实体的统一体。古典人本主义心理训练说认为人的心理加以适当的培养和训练,它能够认识世界的本来面貌。官能主义的心理学认为心理是一个统一的整体,但却具有性质截然不同的各种官能。官能也是可以训练的。总之,教师的任务就是去发现那些最能有效地训练各种官能和各种心理的练习。由此看来两种心理训练说都强调了学习过程中对人的心理及官能的训练作用和过程,这是有一定道理的,但从现代课堂教学看,他们都忽视了对知识掌握的认知过程。由此可以认为学习的心理训练说片面强调学习过程就是训练的过程,而训练的目的和作用相悖于新课改精神,这是偏颇的,我们现在实施的课堂教学应取其精华,弃其糟粕。

(2)学习的联想说

英国霍布斯(1588年—1679年)是联想主义心理学的创始人,联想主义心理学派产生于17世纪中叶,是西方心理学派中历史最为悠久,影响较为深远的心理学派别。

霍布斯较先提出"联想"的一种内涵是那些感觉中相互密切连续的运动,在感觉之后也会继续保留在一起,以致当前者再次发生并占有优势的时候,后者就接着发生，这显然描述的是相继联想。后来他在其概念划分时还描述了类似"控制联想"、"自由联想"。虽然霍布斯没有构建出联想主义心理学的细节，但却描述了其轮廓，涉及到联想主义心理学的一些主要观点，构成了一种关于学习的观念，可以称为一种学习观，再者联想过程是学习过程中十分重要的过程，单列出来研究，称之谓学习的联想说是有道理的。

后来很多学者为"学习的联想说"做出了贡献。

洛克（1632年—1704年）提出了"逻辑联想"和"观念联想"的概念。

休谟（1711年—1776年）总结和概括出联想的三条原则：相似原则、连续原则、原因和结果原则。

哈特莱（1705年—1757年）认为：简单观念通过联想的作用，不但可以组合成复杂的观念，而且可以结合为具有新性质的复杂观念。并认为传统的三大联想定律（有的学者认为四大联想律：接近律、相似律、对比律、因果律）实际上只是一条规律，即"接近律"。

托马斯·布朗（1778年—1820年）首次提出制约联想强度的九条联想副律：①原始感觉的相对持久性（考察对象的时间愈久，回忆它们的可靠性就愈大）；②原始感觉的相对生动性（原始感觉愈生动、联系得愈牢固）；③相对频率（重视次数愈多，引起的机会愈大）；④相对新近性（发生时间愈近，被回忆的机会愈多）；⑤并存的交替联想物的数量（并存数量愈少，联想的可能性愈大）；⑥个人之间的天性差异；⑦个人本身的变异（情绪）；⑧暂时的特殊状态；⑨先前的生活和思想习惯。

学习的联想说，将人的学习过程看成是联想的过程。毫无疑问人类的学习过程确实有很多联想成份，学生在课堂教学过程中也是如此，因此，学习的联想说中关于联想的观念，联想律与联想强度有关的联想副律应是教师学习、运用、发展的内容。

（3）学习的统觉说

学习的统觉说主要是十九世纪初德国著名心理学家、哲学家、教育家赫尔巴特的学习心理思想。统觉是一个哲学概念，采用统觉概念的心理学家都是德国人，这说明"统觉"在德国具有一定影响。然而，不同的心理学家对于统觉却有不同的解释，下面只介绍赫尔巴特的学习统觉说思想。

赫尔巴特认为：每一个观念在性质上是不变的（自然实体），但在心理上的性质是活动的(心理实体),这与学习心理训练的自然实体,心理实体在用词上有相似之处,但内涵不同,赫尔巴特的实体是指观念方面的集合,学习训练说的实体是物质方面的集合。

赫尔巴特的统觉说认为:统觉过程是把分散的感觉刺激纳入意识,形成一个统一的整体——统觉团[进入意识的任何观念通过阈限成为意识,便可引起统觉,不仅使这个观念成为意识(统觉),而且使它被意识观念的整体所同化,该整体就是"统觉团"]。实际上赫尔巴特是将统觉过程看成学习过程(统觉过程中观念之间的相互作用与学习心理学中的"顺应"与"异构"有相似的思想)。在这一过程中,教师的责任是呈现学习材料或提出指导方法,促使学生在意识之下的观念冲破阻力,通过阈门上升到学生意识中,再消除学生观念的对抗和矛盾,增强学生正确观念的强度,同化成自己的知识结构。

赫尔巴特的学说对于20世纪的美国教育的影响是巨大的,这一学说在美国的教学领域得到扩展与应用,他们又提出了如下新见解:

①根据统觉说,学习不是心理训练,而是构成心理的统觉团,教学的任务就是使学生适当的经验或某一观念与知识背景结合起来。

②学习具有步骤的。学习有三个阶段:即感觉、记忆、理解。

学习有五步:即,准备、提示、比较和抽象、概括、应用。

③学生的兴趣在学习中发挥重要作用,兴趣就是教材被适当地提示的时候,使学生对它感到满足的一种自然的爱好或倾向。他们提出六种兴趣,并将它们分成两大类:即自然现象所产生的兴趣、专注于研究人类的兴趣。

赫尔巴特做为一个德国的教育家,他的统觉说可以说是他教育工作的体会和认识,他从"统觉"和"统觉团"这一概念形成的侧面,谈到了他对学习过程的理解,我们站在现代课堂教学的角度,也有许多同感,他对教学过程的认识,对我们现在的教师课堂教学中有关概念的教学有许多有益的启示。

二、学习的早期实验研究

值得注意的是,我们先前谈到的国内外关于学习的心理学思想的提出都是针对学生的学习而言,没有涉及到动物,没有涉及到社会的人的学习和实验研究。每一种理论都需要一个基础,从这一方面看,国内外学习的心理学思想,还存在某些遗憾,由此,人们的学习理论的探讨进入实验研究的新阶段。

本阶段学习的早期实验研究具有里程碑式的代表人物共三位，他们都是非常著名的心理学家或生理学家，他们分别创造了学习理论研究领域的几个"第一"。德国著名的心理学家艾宾浩斯打破心理学界普遍认为学习的心理历程不可能用实验的方法进行研究的魔咒，第一个开展了著名的关于人的记忆的实验研究，并留下了传世之宝"遗忘曲线"供联想与教师遵照与效仿；美国著名的心理学家桑代克第一个设计动物学习实验研究——猫的迷笼实验，开了动物学习实验的先河；俄国伟大的生理学家巴甫洛夫第一个开展许多动物和人的条件反射实验和其他有关实验，从生理学角度为学习理论奠定了基础。这三位科学家开启了学习理论研究的新篇章，其实验成果都为学习理论提供了坚实的理论基础。

1. 人类联想实验研究

艾宾浩斯(1850 年—1909 年)是 19 世纪和 20 世纪初德国的著名心理学家，他首创人类联想和记忆的实验研究，并取得了成功，成为心理学历史上最杰出的心理学家之一。

他创造出一种能满足实验要求的实验材料——无意义章节，他用德文字母，共编造了二千多个无意义音节。在实验中他把这些无意义音节随机地排成长度不同的无意义章节系列，构成他实验的主要学习材料。用控制变量的方法，经过多年耐心地研究，得到如下主要成果。

(1)重复记忆的次数是章节系列长度的函数。

(2)重复记忆的次数愈多，保持的效果愈好。

(3)根据实验数据描述出著名"遗忘曲线"。

(4)分散学习的效果优于集中学习。

(5)提出直接联想和间隔联想的概念，并得出结论：间隔联想的强度与间隔的距离成反比。

(6)在距离相等的情况下，逆转连结的强度远比前进联想的强度微小。

(7)需要用 10 倍的努力背下与一首诗歌长度相同的无意义音节。

艾宾浩斯的实验研究方法与结果对现代课堂教学中教师指导学生学习有很大的现实意义。

2. 桑代克的学习联结说

桑代克(1874年—1949年)是美国著名心理学家,学习"联结说"的创立者,现代教育心理学的创始人,现代动物实验心理学的创始人。

桑代克的动物实验主要受达尔文进化论及现代动物心理学的影响,他认为"简单的观念"如感觉印象,知觉印象和记忆是动物和人所共有的心理现象;"复杂的观念"——联想的混合物乃为人和少数动物所共有;"抽象的观念"则为人类所独有。那么要了解人的学习,先必须从认识动物的学习开始,在这种认识下,桑代克研究过的动物有鱼、鸡、狗、猫等动物,其中"迷笼"实验最为著名。饥饿的猫被关在"迷笼"内,"迷笼"外放着猫喜爱的食物。这时迷笼中的猫胡乱冲撞,多次尝试,一个偶然的动作,触动了打开"迷笼"的开关,猫因此跑到笼外,吃到了食物。桑代克再次将猫关进笼内,如此反复多次,猫从被关进笼内到打开开关,冲出笼外所用的时间越来越短,桑代克把这段时间称之为"潜伏期";将猫笼内试图冲出笼外的动作过程称之为"尝试错误"(试误说),并根据试验次数和潜伏期的长短,绘制出"练习曲线"。桑代克根据自己多次或多种动物的实验研究认为学习就是联结,心即是人的联结系统(情境刺激——心(脑)——开关动作反应——学习结果)。并且认为人的本性也就是先天所能形成的情境与反应的联结倾向。这些先天的联结乃是一切教育和人类其他控制作用的起点。教育的目的就在于把其中的某些联结加以永久保持,把某些联结加以消除,并把另一些联结加以改变和利导。他设想人有三种原本的联结形式:其一是 S_1 导致与 R_1 的联结;其二是 S_1 导致与 R_1、R_2、R_3……R_n 的联结;其三是 S_1、S_2、S_3……Sn 导致与 R_1 的联结。学习的作用就在于把上述原本的联结或永久保持,或消除或改变,这些原本的联结是学习的基础。在桑代克看来,从动物的实验研究所揭露的各种规律也同样适用于人类的学习。他根据动物的实验研究结果提出了一些学习规律,20世纪30年代后又进行了一些修改,修改后的内容如下:

学习定律:效果律。

学习原则:多式反应或变式反应原则;情境中的个别要素具有决定反应原则;同化或类化的原则;联结转移原则;定向、态度或顺应原则;效果的扩散原则;相属性原则;联想的极性原则;刺激的可识别性原则;反应的可利用性原则。

桑代克的学习定律和学习原则的变化，反映出他受到行为主义心理学和格式塔心理学以及他后期实验研究的影响。现代课堂教学中的学习内容和学习过程有类似于桑代克所说的联结学习的内容和过程，因此，桑代克的学习定律和学习原则有一定的适应范围，但不是全部。另外人的学习远比动物学习复杂，从动物学习过程的规律简单推广到人，未免有点欠妥，所以在现代课堂教学中我们要吸取桑代克的观点中有利于现代课堂教学发展的营养。

3. 巴甫洛夫的条件反射实验研究

巴甫洛夫(1849年—1936年)是俄国伟大的生理学家和心理学家，生理学诺贝尔奖金获得者。他一生只从事了三项科学研究，最后一项便是条件反射实验的研究。该项研究起源于消化液分泌研究的发现，但条件反射的进一步研究受到俄国和美国反射学说的先驱谢切诺夫和桑代克的影响。巴甫洛夫这项研究本意不是研究学习理论，而是从生理角度研究条件反射，但客观上这项研究奠定了学习理论的基础。

(1)巴甫洛夫实验研究的主要成果

①条件反射的形成：条件反射是在某种先天的无条件反射的基础上形成的，这就意味着先天无条件反射是人或动物后天条件反射的最近发展区。

②条件刺激(CS)和无条件刺激(US)呈现的时间间隔在条件反射的形成上，条件刺激的呈现要稍先于无条件刺激。在不同条件下其间隔时间大致在5~30秒。

③条件反射的消退：已经形成的条件反射，经过较长时间的多次重复，即让条件刺激单独地多次出现，无不伴随无条件刺激，条件反应就逐渐减弱以至消失。

④条件反射的自然恢复：已经消退了的条件反射，经过一段时间的休息之后，当条件刺激又重新单独出现时，动物又作出相应的条件反应，即条件反射又重新地自然恢复了。

⑤条件反射的泛化：在训练时，狗对条件刺激的一定范围内的其他相似刺激也能作出条件反应，其反应的程序则随着相似刺激与原条件刺激的相似程度而定(这种现象称为条件刺激的泛化)。

⑥条件刺激的分化：如果要想让动物只对条件刺激作出条件反应，而不让动物对相似条件刺激作出条件反应，则需要在条件刺激出现时伴随呈现无

条件刺激，而在相似的条件刺激出现时不呈现无条件刺激，这样多次重复，就可以使动物对条件刺激发生条件反应，而不对相似的条件刺激作出反应（这种现象称条件刺激的分化）。

⑦**各种抑制现象**：抑制分为外抑制和内抑制。外抑制是指由于外部的分心刺激所引起的条件反应的暂时丧失现象。内抑制是一种习得性抑制，又称为条件抑制，它是当受试在不以原来的方式期待无条件刺激的情境中由一个得不到强化的刺激引起的。对这些抑制现象，巴甫洛夫做了研究（CS^+ 与 CS^- 的对比研究），并认为条件抑制是一种特殊的抗反应力量，这种力量直接阻止 CS^+ 引起的特殊反应。

（2）条件反射学说

为了解释条件反射现象，巴甫洛夫提出了以高级神经活动为基础的条件反射理论（主要通过动物实验获得）。巴甫洛夫的条件反射理论主要有下述几项内容：

①**条件反射的中枢神经机制**

条件反射是在高级神经活动的参与下实现的，没有大脑皮层不可能形成条件反射。

②**高级神经的活动**：巴甫洛夫假设，高级神经的活动有两种最基本的活动：兴奋与抑制。

③**神经系统的类型**：巴甫洛夫假设有四种神经系统的类型：多血质、粘液质、胆汁质、抑郁质。分类标准是依据假定兴奋与抑制有强弱之分；转化速度上的快慢之分；强度有平衡与不平衡之分。

④**两种信号系统的学说**

巴甫洛夫提出人类与动物共同具有的条件反射机制为"第一信号系统"；人类特有的只对人类语言形成条件反射的机制称为"第二信号系统"。巴甫洛夫虽然认识到语言的作用，但他并没有从实验或理论上发展这些思想，后来的前苏联心理学家们全面发展这些观点。

巴甫洛夫除了上述实验研究的主要成果和条件反射学说外，在理论研究方面有许多内容，这些内容与课堂教学关联甚少，在此略去。

巴甫洛夫从条件反射这一人类和动物最基本的学习过程研究了学习，并形成了从生理学角度解释条件反射学习现象的学习理论，我们认为：其他更高级，更复杂的学习现象和学习过程是在这一最基本的学习过程基础上，通过人的特有智慧发展演变而来的，这种未知的学习本质和学习过程是当代课堂教学应研究的问题！

三、近代重要的学习理论

受中西方学习心理学思想和学习的早期实验研究的影响，20世纪教育心理学的学习理论得到了充分发展，这一时期出现了更多更系统的学习理论。

1. 行为主义的学习理论

行为主义心理学是专门研究动物与人类行为的学科，它于20世纪初形成于美国，它的创始人是美国心理学家华生（1878年—1958年）。行为主义心理学极为重视学习过程的研究，他们认为：学习就是行为的变化过程，是一定的刺激与一定的反应形成联结的过程。在这种学习观指导下的学习理论当然主要以学习者的行为变化的结果去认识学习，去构建学习理论。几乎所有的行为主义心理学家都毫无例外地研究了动物和人的学习问题，当然他们在行为主义心理学的这面旗帜下，对于学习过程的认识上还是有些不同的，因此，行为主义心理学研究学习理论上也形成下述几种学说。

（1）华生的行为"习惯说"

华生是行为主义心理学的创始人，自然要研究学习，华生认为，巴甫洛夫的条件反射是研究行为的一个开端，条件反射实验已经清楚地揭示了一些基本的学习规律，我们学习实践中遵守就行了。同时他还认为：学习过程就是把条件刺激与条件反应组织起来，形成一定联系的过程，也可以说是行为习惯形成的过程。在这种认识的指导下，他认为反应可以分成习得反应和非习得反应，非习得反应是行为的基本元素，它是习得反应的赖以形成的基础，例如动物或人类的本能都是非习得反应。那么我们研究学习就是把习得反应组织起来，形成连贯的动作，这是形成一种行为习惯的过程。

华生认为刺激与反应联系应遵循频因律和近因律，频因律是强调刺激的次数的作用，近因律是强调刺激的时间，他想用"多次刺激和近时刺激"解释为什么一个动作会永久保持，而其他的动作却消失了。

华生明确表示不同意桑代克的效果律，认为效果律把问题引向神秘。

华生认为，年龄对于学习者来说不是重要的，换句话说年轻人可以学习，老年人也可以学习；在练习时间分配上他认为一般情况是分散练习优于集中练习；在过度练习方面，他认为过度练习不会再有进步；华生在研究中发现，由机体本身的运动而来的刺激（即机体动觉），在行为习惯的形成中有重要作用。

华生做为行为主义心理学的创始人，曾为行为主义心理学的发展做出了贡献，取得了很大成绩。但他的学习行为习惯说的工作显得不系统，不严谨，主要表现是只注意刺激与反应，致使刺激与反应的心理机制的过程变成了"黑箱"，忽视了行为的整体性，目的性和认知性。这个问题不影响现行课堂教学中可以借鉴他的学习观点。

（2）赫尔的系统性行为理论

赫尔（1884年—1952年）虽然同样也是美国的行为主义心理学家，但赫尔的行为主义观点与华生的观点不同的是，华生只注重刺激与反应的外部观察，而不考虑刺激与反应之间的内部过程，赫尔则想用发生在刺激与反应之间的假设过程来说明动物的行为。简言之，华生只注重"刺激—反应"形式的研究，赫尔却要注重"刺激—反应"过程的研究。赫尔研究采用的"假设演绎"和定量的理论研究方法，建立一种完整，系统的行为理论。有这种特征的理论，对人类学习有较强的指导作用，正因为如此，将该理论称之为系统行为学习理论，这一理论在指导当今课堂教学方面有三个重要概念。

①习惯强度（$_SH_R$）

赫尔认为行为的基本要素是刺激（S）与反应（R）的联结，赫尔进一步假设，把刺激与反应联系在一起的力量称为习惯强度，他用 $_SH_R$ 表示习惯强度，用下述公式表示他们的关系：

$$_SH_R = M(1-10^{-iN})$$

其中 i 为学习效率系数，它由各个不同被试的学习效率决定；N 是强化试验的次数；M 是 $_SH_R$ 所能达到的最大值，习惯强度值愈大，刺激与反应的联结愈牢固。

②内驱力（D）

单有习惯强度还不能决定动物的学习，还必需考虑学习的动机，即内驱力（D），并提出如下关系：

$$_sE_R = _sH_R XD$$

$_sE_R$ 是反应势能，即在刺激存在条件下，产生反应的潜力。由此可见，S 与 R 联结的主要潜力由习惯强度和内驱力的大小决定。

③反应抑制($_sE_R$)和反应阈限($_sL_R$)

赫尔认为，反应消退或自然恢复现象可以用抑制的概念说明，他设想有两类抑制力对抗反应的发生：一类称反应抑制(I_R)，另一类抑制称为条件抑制($_sI_R$)，那么有效反应势能 $_s\overline{E}_R$ 可用下式表示：$_s\overline{E}_R = _sE_R - _sI_R - I_R$

根据上式，我们可以解释自然恢复现象和反应消退现象。赫尔用上述假设解释实际动物学习时遇到一些问题，赫尔为此提出了两个概念：其一用振荡($_sO_R$)去解释动物学习和极性变化的状态；其二用阈限值 $_sL_R$ 去解释动物不产生反应或不表现学习活动的原因。

到目前为止，赫尔的系统行为理论的基本假设和解释有关概念已基本阐明，剩下的问题是赫尔动物学习过程的系统解释(解释略)。

赫尔系统性行为理论的假设，演绎的方法和定量的研究思想值得我们学习，值得我们借鉴！但他的假设出发的基础，定量研究的可测性值得我们再思考！

(3)斯金纳(1904年—1990年) 是美国著名的心理学家，新行为主义心理学的主要代表人物之一。操作性条件反射学说是斯金纳提出的。这一学说提出主要源自于他设计的操作性条件的实验。20世纪30年代末，斯金纳精心设计制作了"斯金纳"箱，箱内有一根可供动物用爪按压的杠杆，杠杆之上有灯光装置，其下有一食盒。如果动物用爪按压杠杆，食盒内就会自动出现一粒食物，箱外有一个电动鼓，它的转动一方面可以计时，另一方面其上有支铅笔与杠杆相连。每按一次杠杆，铅笔便跳动一下，蒙在鼓上的一张记录纸条便自动记下按压杠杆的次数。动物在箱内做出压杠杆的动作反应，然后在食物盒内得到食物的强化。食物的强化使动物重复按压杠杆，从而不断地获得食物的强化。如此下去，使动物按压杠杆的反应概率不断增加，从而使动物学会了按压杠杆的动作反应。斯金纳将这种操作性条件反射与巴甫洛夫经典性条件反射分别称为操作式条件反射学习(用以塑造有机体的操作行为)，经典式条件反射学习，西方学者认为这两种反射是两种不同的联结过程，经典式条件反射学习(用以塑造有机体的应答行为)是 S-R 的联结过程；

操作性条件反射是 R-S 的联结过程。这便补充和丰富了原来行为主义的公式。

斯金纳在上述两种学习形式中提倡刺激辨别学习(指有机体学会对两个以上的刺激中的每个刺激分别作出不同的反应),和反应分化学习[指通过这种学习,强化有机体的反应的某种特征,如反应强度,幅度或潜伏期(指动物开始学习到学会第一次操作的时间),均随着不同的强化而改变]。

斯金纳在上述两种学习形式中强调强化安排:即间隔强化安排(指两次强化之间相隔一定的时间,包含固定间隔强化、可变间隔强化)和比例强化安排(包含固定比例强化,可变比例强化),并对两种强化的效果进行了研究。

斯金纳根据操作性条件反射学习的特点,站在极端行为主义立场上提出了程序教学的(利用教学机器进行教学)思想,50 年代完成了程序教学的一系列研究,并提出了程序教学及基本要求和步骤。50 年代"程序教学运动"在美国兴起,程序教学思想,对我国 20 世纪八十年代的课堂教学改革,特别对学生自主学习有极大影响,当今的课堂教学改革尝试学生自学可借鉴其有益的经验。

2. 学习的早期认知理论

20 世纪初期,在教育领域中开始对行为主义的"刺激——反应"学习理论提出了尖锐的批评,并认识到课堂教学中学习的本质是一种认知改变的过程,因此,很多心理学者和教育工作者提出了许多与认知有关学习理论,例如早期认知理论就是其中的例子。学习的早期认知理论是以格式塔心理学流派的学习"顿悟说"和托尔曼的"认知——期待说"为代表的学习理论,之所以将其称为早期的认知理论,原因有两个:第一区别于后来的布鲁纳、奥苏贝尔、加涅提出的各种学习认知理论,第二这些认知理论还多少带有行为主义色彩。

(1)格式塔心理学的学习"顿悟说"

"顿悟说"的学习理论源自苛勒所做大量动物学习实验研究,这里仅举两例典型的有关大猩猩的学习实验研究:

①"接竿问题"实验

即指被关在笼子里的大猩猩将笼内一根较细竹竿拨到笼外的一根较粗的

竹竿玩耍,思考片刻后,将两根竹竿接起来(用较细的竹竿插入较粗的竹竿)够着了香蕉,并将香蕉拨到近处,终于取到了香蕉的实验。

②"叠箱问题"的实验

"叠箱问题"的实验先是单箱问题。香蕉挂在笼子的顶棚处,笼内有一个可以利用的箱子,要想拿到香蕉,须将箱子移到香蕉下面,然后爬上箱子,跳一下才能拿到香蕉。这个问题对于大猩猩来说是一难题,其中6只大猩猩在把箱子置于香蕉之下,或者观看到其他猩猩用木箱之后解决了这个问题。

叠箱问题就更困难了,香蕉挂在高处,大猩猩必须爬上叠起的三只木箱上面,才能取到香蕉。

大猩猩解决这个问题表现出一定的困难。起初站在一只木箱上取,取不到。大猩猩跳下木箱,对周围的木箱和高处的香蕉进行了良久观察,突然大猩猩终于表现出一种突然的理解,迅速地将三只木箱叠在一起,爬到箱顶,取下了香蕉。

上述两个动物学习实验的过程都有动物"经过思考,突然明白"的典型表现,这种突然明白的学习现象不能用前面学习理论去解释,苛勒把这种"突然明白"的现象叫"顿悟",并且对"顿悟"学习进行了研究,形成了学习的"顿悟说"。

"顿悟"这种心理现象在我们日常生活中经常发生,我们常常有这种心理现象的体会,但我们对它的心理活动机制的研究甚少,更谈不上关于"顿悟"学习的动机,学习方法、学习类型的研究,因此顿悟显得很神秘,甚至有些人把它看成是孕育创新发现的神秘摇篮。其实格式塔心理学的学习"顿悟说"是建立在实验基础上的最早的认知学习理论,它与桑代克"试误说"一样都是有机体在解决问题的过程中表现出两种基本形式,我们认为"顿悟"是在有机体头脑中,负责认知和经验的长期积累的神经元与接收处理新的问题的神经元"瞬间"接通的而产生的心理活动。对"顿悟"的许多问题,有待于深入研究。

(2)托尔曼的"认知—期待说"

托尔曼(1886年—1959年)是美国著名心理学家。他认为有机体的行为不是简单地"刺激—反应"决定的,而是受刺激和反应的中间变量的影响,这种认识将行为主义公式"S—R"变成"S—O—R",这里的"O"代表什么?托尔曼通过动物实验，在有机体学习的研究中，他提出了"认知—期待说"。他认为动物学会的不是简单的动作或反应，而且学会了对"O"的认识，也就是说，动物学会的不仅是动作，而是学会了意义，这是"认知—期待说"中认知的意思。另外期待是什么意思呢？托尔曼认为：期待包括目标、认知、能力、行为—调整，从内容来分，期待可分为目标—对象、期待；方向—距离—关系期待；手段—结局—关系期待；符号—格式塔期待。根据形成期待的认知水平，托尔曼将期待分成感性期待、记忆期待、推理期待、假设期待；（还通过动物实验证明了这些期待的存在）。这些期待是在先前的有机体活动中形成的，对后续活动有极大的影响。因此，托尔曼提出的"认知—期待说"认为学习就是获得有关的认知和知识，就是形成不同认知水平的期待过程。

托尔曼采用的研究方法是：假设—演绎—实验证法。他提出上述"认知—期待说"，后期又通过各类动物实验（位置实验、迂回路径实验、潜伏学习实验、空间记忆和认知地图实验、有关假设性期待实验）验证。

托尔曼的认知理论是以动物实验为基础得出的理论，并将这一特征的理念推广到人类，这样肯定有些缺陷，但托尔曼的学习理论突破行为主义学理论，上升成为认知领域的学习理论，从"S—R"的行为模式上升到"S—O—R"的认知模式，无疑是一种进步。这种进步对理解课堂教学的意义，促进教师加深对素质教育的理解，强化课堂教学中过程的设计，通过过程培养学生的知识以外的心理素养，解释各方面的素质的提高都有很大的帮助。

3. 布鲁纳的"认知—发现说"

布鲁纳（1915年—2016年）是当代美国研究儿童认知发展和认知学习的心理学家和教育家。布鲁纳的"认知心理学"、"认知—发现说"在20世纪80年代—90年代对于中国的教育有极大的影响。布鲁纳的"认知—发现说"的提出受其认知心理学思想的影响较深。因此，我们在了解布鲁纳"认知—发现说"有必要先了解其认知心理学的思想。

（1）布鲁纳做为心理学家没有做动物的学习实验研究，做为一个教育家做过许多教育实验研究。他的关于认知的认识大多从自己的教育实验，教育实践经验得到的结论。布鲁纳认为，人的认识过程是把新学得的信息和以前学习所形成的心理框架（或现实的模式）联系起来，积极地构建成他的知识结构的过程，这种现实的模式可以内推或外推更多的知识，构成新的现实模式，现实的模式与新的现实模式相互作用，又不断产生更新，促进了人的发展。布鲁纳认为：认知过程的基本操作是对外部事物的类型优化和概括化。

类型化是从观察到现象再到认出物体的种类所作的推理上的飞跃，概念化需要运用一定的策略，策略的选择有三个要素：信息的情境；认知难度；风险性。

(2)儿童的智力发展阶段

布鲁纳认为儿童智力发展按顺序分三个阶段：动作再现模式，即相当于皮亚杰的认知运动阶段；映象性再现模式(即相当于皮亚杰的具体运算阶段)；象征性再现模式(即相当于皮亚杰的形式运算阶段)。他把儿童的认知发展水平视为儿童学习的水平。

(3)布鲁纳学习的"认知—发现说"

①关于知识学习的过程和本质

布鲁纳认为，学习的实质是个人把同类事物联系起来，并把它们组织成赋予它们意义的结构。学习就是认知结构的组织和重新组织。认知结构包括知识结构，知识结构即是个体理解和掌握知识的编码系统。

②关于学习的内部动机和外部强化

布鲁纳在学生的知识学习的动机论述中，特别注意和强调除生理上受内驱动外的内部动机——认知需求。

关于外部强化，布鲁纳不反对外部动机和外部强化对学生的影响，只不过他认为当学生的认知结构和认知需要有了一定的发展，内部动机变得更为重要，随着刺激—反应—奖励顺序的重要性便下降，好奇心是一种较为持久的内部动机。

③关于"发现学习"

布鲁纳的学习理论被称为"认知—发现说"，一方面是他强调知识的学习过程是一种积极的认知过程，另一方面他倡导知识的"发现学习"认知过程与教学方法连接起来。与托尔曼的"认知—期待说"比较，相同的是他们都强调知识的学习过程是一种积极的认知过程，不同的是托尔曼把认知与学生认知水平的期待联系起来，而布鲁纳则把认知与发现学习中获得的意义联系起来。

布鲁纳所说的发现学习，并不限于发现人类尚未发现的事物，而是指学生通过自己独立地阅读书籍和文献资料，独立地思考而获得对于学习者来说是新知识的过程。布鲁纳把课堂教学方式分为讲解式教学和假设式教学，而且明确地指出，后一种方式比前一种方式更有利于培养学生进行发现学习。发现式教学和讲解式教学各有利弊，虽然布鲁纳倡导发现学习，这符合当今教育的口号——教育学生学会学习，但与课堂教学的优势是矛盾的，如何处理这种矛盾，如何做到发现学习与接受学习的相互补充，相互支撑，可惜的是布鲁纳没有研究。

④**关于概念形成的实验研究**

布鲁纳十分重视概念形成的学习，他20世纪50年代进行人工概念的实验研究(提出人工概念研究的实验材料并设计出研究方案)。根据实验结果提出了四种假设性考验的策略(同时性扫描、继时性扫描，保守性聚焦，博弈性聚焦)。这种概念的形成过程得到许多心理学家的认可，"假设考验说"(提出假设采用博弈性聚焦考验)成为目前最有影响的概念形成理念。

(4) 布鲁纳的教学论思想

布鲁纳的教学论思想分五个方面，其实质就是教师要做的五件事：

①**事先安排学生学习的最佳经验。**

②**为学生的最佳理解组织知识。**

③**为学生学习材料呈现最佳顺序。**

④**为学生学习提供合理的强化措施。**

⑤**为激发学生思想设计好程序。**

可以认为布鲁纳作为来自教学第一线的一个心理学家和教育家，提出学习理论，"认知——发现"是一个为数不多的接地气的课堂教学学习理论。这一理论构建在认知心理学基础之上，并具有坚实的教学实践经验。这一理论即系统又具体，系统与具体性表现在对课堂学习的实质、课堂教学的思想、课程开设、课堂教学方法、课堂教学措施等各个方面提出了自己有见地的思想。并且这些思想中有相当一部分符合我国新课程改革的精神，而且当时对全球教育有较大影响。这些思想对我们从事课堂教学研究具有较多启发，特别是他提出以提高学生学习主动性的"发现学习"，以提高课堂教学质量的概念学习，以激发学生认知需要为学习动机的强化学习，以教师突出五个方面为主要内容教学思想和措施，值得每一位教师认真思考！

但布鲁纳对于"发现学习"的研究，特别在如何认识"发现学习"在课堂教学的地位？如何安排课时？如何处理当前课堂教学改革与时间的矛盾？如何具体实施发现学习？值得每一位教师深入研究！

4.奥苏贝尔的有意义言语学习理论

奥苏贝尔(1918年—2008年)是当代美国著名的教育心理学家，他长期积极从事学校课堂教学环境中学生知识学习过程的研究，其思想成果如下：

(1)认知结构同化论

奥苏贝尔的认知结构同化论认为，新的客观事物和观念必须在人的原意识中找到"同化""类属"的东西(认知结构)才有意义，这种同化类属后的知识结构在后续的学习活动"不断分化"，又形成的新的金字塔式的结构，这样往复推动了有意义学习的深入。

基于这种观点，奥苏贝尔认为：学习新知识的过程就是学习者积极主动地从自己已有知识结构中提取与新知识有联系的旧知识(用来"固定"或"归属新知识)，寻找新知识的意义，构建新知识结构的过程。并用这种学习过程的观点，重新解释知识的保持和遗忘，因此，奥苏贝尔主张课堂教学中学生有意义的学习。

(2)有意义学习的实质条件和种类

奥苏贝尔认为，学生在课堂教学中，知识的学习主要是通过对语言文字(教师语言、文字、教材文字、语言)所表述的概念、原理、事实、信息的意义理解来获得知识。他根据学生学习的形式，将学习分为：接受学习、发现学习两种，又根据知识学习过程的不同性质，将学习分为：意义学习、机械学习。根据他自己对学习过程的理解，奥苏贝尔积极主张在课堂教学中学生应以有意义地接受学习为主要形式。区分有意义和机械学习的标准是，第一学习者表现出一种意义学习的心向；第二学习任务对学习者具有潜在意义。他还认为有意义学习有三种类型：第一代表性学习，即指学习单个符号或一组符号所代表的事物和意义；第二概念学习；第三命题学习。

(3)学习动机的三种内驱力说

与赫尔系统行为理论中的内驱动力有本质的不同，赫尔的内驱指动物行为的生理需要，而奥苏贝尔的三种内驱力均指学生学习的社会需要。有意义的言语学习理论十分重视这种学生社会需要的内驱力对学生学习的影响，它们分别是：认知的内驱力(指一种源于学习者自身需要的内部动机)；自我提高的内驱力(指一种通过自我努力,胜任一定的工作,取得一定成就,从而赢得一定的社会地位的需要);附属内驱力(指个人为了保持长者们和权威们的赞许或认可,而表现出来的一种把学习或工作做好的需要)。成就动机的这三种内驱力成份,在不同年龄,不同性别,不同社会阶层,不同民族的不同人格结构的学生中比重各不相同,也随着这些因素的变化而变化。

(4)"组织者"教学模式与学习迁移

奥苏贝尔主张有意义的学习,涉及到原有知识与新学知识的相互作用过程,这个过程必定存在新旧知识迁移问题,奥苏贝尔研究了这个问题。

①认知结构变量

奥苏贝尔提出了认知结构变量的概念,并认为认知结构中对新知识获得和保持的影响因素有三个变量:第一认知结构中对新知识起固定作用的旧知识的可利用性;第二新知识与同化它的旧知识之间的可辨别程度;第三认知结构中起固定作用的旧知识的稳定性和清晰程度。这三个变量影响着新知识的获得与保持,同时也影响着知识学习的迁移。

②先行"组织者"教学模式与学习迁移

先行组织者,即在有意义接受学习过程中先于学习材料呈现的一种引导性材料。为了增强学习效果,强化上述三个变量的有意义学习中的作用,奥苏贝尔提出了一种"先行组织"教学模式,这种模式也是促进学习迁移的一种有效模式。这种模式运用了"先行组织者策略"(即教师向学生传授新知识之前给学生呈现一个短暂的,具有概括性和引导性的说明),这种引导性材料分两类:陈述性材料、比较性材料。奥苏贝尔与他的同事们通过多项教学实验,证实了这种教学模式促进有意义学习的有效性。

(5)对奥苏贝尔学习理论的主要评价

①奥苏贝尔的有意义言语学习理论强调学生要有意义的学习。在课堂教学中,意义体现在学生内在知识结构和语言表达,体现在教师讲授引导的言语与文字,所以有意义言语的学习主张学生以接受学习,教师以讲授式教学方式为主的方法,这种观念比较奥苏贝尔以前的教学观点有新意,有进步,这种观念指导下的讲授式教学和学生接受学习,仍是当前的课堂教学中较经济、较快捷、较有效的教学方式。

②奥苏贝尔提出的"先行组织者"教学模式是现行新课程注意"铺垫"的

教法归纳。对当前教师讲授式教学在课堂教学中促进学生有意义的学，或教师有意义的教有很现实的指导意义。

　　③奥苏贝尔提出的有意义言语学习理论受时代的限制主要强调学生知识结构的构建。对解释学生陈述性知识的学习过程有用，但不完全适用教材中程序性知识的教学，教材是载体，它承载着学科知识、学科思想与方法、学科的学习方法、核心素养……等等因素，要发挥这些因素的育人功能，则强调"过程"和"体验"，这更不是用学科知识结构所能解释的。

　　5. 加涅的认知学习理念

　　加涅（1916 年—2002 年）是一位著名的美国教育学家，美国佛罗里达州立大学心理学教授，并以心理学教授的名义供职于多所大学。加涅对学习和教学心理方面的研究比较全面，又成体系，他的学习理论无论是在心理学领域，还是教育实践领域，不论在国外，还是在国内都有十分重要的影响。他关于学习的理论成果主要体现在如下几个方面。

　　（1）知识学习的过程

　　①学习的信息加工模式

　　过程描述：感受器从环境中接受刺激或输入信息，输入的信息在感觉登记器中保留非常短暂的时间。然后进入短时记忆，最长大约可持续 30 秒。然后把信息加以编码以便储存，并转移到长期记忆里。

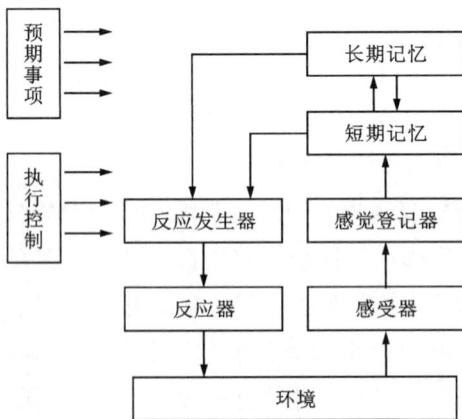

图 1-2　学习和记忆信息加工模式图

（引自湖北教育出版社出版，林崇德主编　张奇著《学习理论》2001 年 5 月版）

后来，信息经过寻找得以恢复，又转到短时记忆。在此，信息的适当性得到进一步考虑，结果是作进一步地寻找，或者利用反应发生器的活动，产生持久地反应。在这个模式中，重要的组织部分是执行控制过程，各种信息的转移都利用这些过程而被激化和改变。为了准备学习的行为而建立的预期事项也可以用相似的作用加以说明。在这个模式中，很值得我们注意的是，"执行控制"和"预期事项"这两部分的作用，它们的作用是对信息的加工过程进行自我监控和调整。这正是当前学习策略研究的重要内容。还值得我们注意的是"信息加工"是学习过程的新观点。"加涅认为，信息加工的基础是中枢神经系统的功能。

②学习和教学的八个阶段

一般学习的八个阶段：　　　　课堂教学的八个阶段：

· 动机。　　　　　　　　　· 动机。

· 注意和选择知觉。　　　　· 了解。

· 预习。　　　　　　　　　· 获得。

· 编码。　　　　　　　　　· 保持。

· 寻找和恢复。　　　　　　· 回忆。

· 概括和学习的迁移。　　　· 概括。

· 反应的生成。　　　　　　· 作业。

· 反馈。　　　　　　　　　· 反馈。

注意：课堂教学的八个阶段是根据学生一般学习的八阶段对应设置的。一般来说，学生学习的阶段和课堂教学阶段与课堂教学模式的程序有关联，我们从现行课堂教学模式的程序可以比较发现，现在我们对学生的学习阶段和课堂教学阶段的认识有了一些变化（本书第二章第十节关于双发展课堂教学模式群的阐述就是依据学生课堂学习心理层次，教师教学方式方法构建的）。

（2）学习的结果和学习的分类

①学习的结果

加涅认为学习的结果是学生心理状态（能力和倾向）的改变，能力和倾向包括五个方面：言语信息、心智技能、认知策略、态度、运动技能。我们可以认为学习的结果与学习的目标有相似之处，从课堂教学目标看学习结果可以知道，课堂教学目标与过去相比发生了很大变化，这与我们如何认识课堂教学过程有关。

②学习的分类

加涅认为学习分为五个层次：

· 联结与链索学习。　　　　　· 辨别学习。

· 概念学习。　　　　　　　　· 规则学习。

· 高级规则学习

比较我们目前根据学科教材内容进行学习分类，对我们会有什么启发呢？

(3) 加涅学习理论的评价

①加涅的学习理论比较他之前的学习理论有一个突出的特点，即比较全面，比较系统，比较具体地针对课堂教学中学生学习的本质，学习过程，学习目标，学习方法做了较广泛的研究，提出了自己的见解，并对当时国内外的课堂教学产生较大影响。

②加涅的学习理论在当时看来有几个创新的观念，至今还适应目前教育的发展，值得肯定：第一、将学生学习过程看成是信息加工的过程，这符合当今《信息论》的观点；第二、将学习结果（课堂教学目标）从学生的行为发展到知识、结构再到学生的心理状态或能力和倾向，事实上至今课堂教学目标内容基本上是沿着这个方向深入发展的；第三、明确提出：不主张完全的发现学习，也不主张全部的接受学习，而是主张"有指导的发现学习"，实践证明这有利于班级教学中扬长避短。

③加涅的学习理论虽然有上述两个特点，但也存在一些问题：第一、加涅学习理论虽然对课堂教学的一般问题研究比较全面，但深入研究不够，在深入研究方面没有重大突破；第二、加涅虽然坚持认为，他的研究成果都是从实验研究的结果中，用理性推断的方法引申而得出的假设性结构，但我们仍然觉得他的学习理论在实验研究方面还是存在一些缺陷。

6. 班杜拉的社会学习理论下的观察学习

班杜拉（1925年—2021年）是美国著名的心理学家，斯坦福大学心理学教授，社会学习理论的创立者。班杜拉的社会学习理论有一个重要的内容——观察学习理论，班杜拉的社会学习理论关心的是行为习得的两种不同的过程：一种是通过直接经验获得行为反应模式的过程；另一种是通过观察示范者的行为而获得习得行为的过程，班杜拉将它称为"通过示范所进行的学习"，因为这种观察学习是课堂教学中经常遇到的学习现象，特别是学科技能的学习中更是如此，所以这也是我们所关心的学习的行为。

（1）观察学习的过程

①注意过程

注意过程是观察学习的起始环节，在注意过程中有诸多因素影响着学习的效果，其中主要的因素有三种：第一是观察者与示范者之间的关系；第二是示范行为本身的性质和特征以及观察者本人的认知特证；第三是示范行为的明确性和复杂性。

②保持过程

观察学习对示范行为的保持依存于两个储存系统，一个是表象系统，另一个是言语编码系统。表象系统把示范行为以表象的形式储存在记忆中，言语编码系统的言语编码能更准确地促进习得，保持和再生。

③运动再生过程

班杜拉将这一过程分解为反应的认知组织、反应的起动、反应的监察和依靠信息反馈对反应所进行的改进和调整等几个环节。

④动机过程

班杜拉认为有三个方面影响着学习者做出示范行为：第一，他人对示范者行为的评价；第二，学习者本人对自己再现行为的评估；第三他人对示范者的评价。这三种对行为结果的评价就是三种强化，即外部强化，自我强化，替代性强化。

（2）观察学习的有关心理学问题的研究

①观察学习的发展心理学研究

班杜拉认为，观察学习所必需的低级机能随着成熟和经验而发展。即观察学习依存于年龄发展阶段，研究观察学习的发展及其决定因素要从儿童早期的即时模仿和延时模仿开始。

班杜拉批驳了皮亚杰在感知运动阶段关于儿童不能模仿那些他们没有自发做出过的反应，而只符合现存图式的行为才能被同化的观点，并明确提出他的社会学习理论与皮亚杰的模仿发展的理解有明显的不同之处。

②在观察学习中进行反应综合的位置和反应信息的传递

班杜拉提出新的行为模式通过把反应组织成某种模式和顺序而形成。关于这些反应主要是在中枢水平还是在外围水平组合成新的形式这一问题上，社会学习理论和强化理论之间存在着分歧。强化理论认为：反应的因素、外部的行为被提出来，并通过强化联结起来形成了更为复杂的行为单位，即反应模式是在外围水平组合而成的。而社会学习理论则认为：行动在被作出之前是通过中枢对反应信息的符号处理而习得，即反应模式是中枢水平上构成的。

关于示范行为的信息传递，班杜拉指出有三种形式进行示范行为的信息传递：即通过身体行为表现；通过图像显示；通过言语描述。

③强化在观察学习中的作用

强化理论提出：要学习与示范行为一致的反应就必须得到强化，其公式是 S^d—R—S^r，其中 S^d 表示示范刺激，R 代表观察学习者所做出的与示范行为一致的外部行动，S^r 指的是强化刺激。班杜拉认为，强化理论的这种观点，不适用于观察学习的一些特殊情况，他们对强化在观察学习中的作用给出了如下公式：

$$S^r \rightarrow 注意 \rightarrow S^m \begin{cases} 象征性编码 \\ 认知的组织 \\ 复\qquad述 \end{cases} \rightarrow R$$

上式中 S^r 代表预期的强化刺激，S^m 代表示范刺激，R 代表观察学习者再现的示范反应。

④示范影响的范围——观察学习的功能

·抽象示范的影响功能：所谓抽象示范是指在诸多不同的示范行为中，包含着某一个共同的规则和原理。通过抽象示范可以使人学到言语方式、概念、信息处理策略、认知策略、行为准则、道德判断和道德行为等。

·创造性示范的影响功能：人们常常把不同的榜样各个方面，通过不同观察者的不同感知觉的取舍组成一个不同的混合体，这个新的、混合的模式就成为后来观察者的新榜样，这样的新示范也就成了创造性示范。因此，多种榜样和多种示范会导致观察学习者创造出新的，具有创造性的示范。

·示范的其他效果：榜样除了教给人们新的思维和行为方式外，还有其他效果，示范的作用还可以造成观察学习者的行为抑制，去抑制和情绪激活的作用。

(3)对班杜拉学习理论的观察学习的评价

①观察学习在当代课堂教学过程中经常遇到，例如各学科的某些技能，需要观察学习，尤其是体育、美术、音乐的艺术技能更是如此。这些间接经验性的技能通常是通过具体的教师的肢体行为示范或言语示范的形式传授，这需要教师学习、理解观察学习的规律，掌握观察学习的方法，提高示范的效果。因此运用班杜拉社会学习理论中关于观察学习的成果对于当今的课堂教学有积极的指导作用。

②班杜拉的社会学习理论针对社会活动的人，而且主要是针对人的直接经验学习而言的理论，他们研究过程既有行为主义认识观，又有认知主义认识观，因此，有些学者认为：班杜拉的社会学习理论是个"混血儿"，那么班杜拉的社会学习理论下的观察学习也显然有社会性的烙印，而课堂教学是一种特殊的学生学习过程，其中它既具有班级教学的特殊性，又有个别教学的需要性，既有国家意志的特殊性，又有体现个体充分发展的必要性，既有间接经验学习的特殊性，又有直接经验学习的个别性，这时班杜拉学习理论下的观察学习对于课堂教学的学生来说，不一定完全适用(例如强化作用和有关公式)，要有根据课堂教学的特点运用该观察学习理论的意识。

四、对课堂教学学习理论的整体认识

上述古代学习的心理学思想，学习的早期实验研究，近代重要的学习理论的简介参阅了大量学习理论的论文和著作，并从中选出与课堂教学有关的部分，这一部分学习理论我们统称为课堂教学的学习理论。其目的是方便教师对已形成的课堂教学理论有一个较清晰的了解和理解，有利于教师在课堂教学中取其精华，去其糟粕，提高课堂教学质量。如何从整体上认识这些学习理论呢？在此谈谈我们体会。

1.课堂教学的学习理论发展的四个阶段。

(1)学习经验总结阶段(—19世纪中叶前)

中西方学习心理学思想的形成就属于这一阶段。在这一阶段中国古代从事群体游学的指导者，或从事个体和私塾教学的教师，依据自己的教学经历，认识到学习的目的和意义，学习的方法与态度对于学习的重要性，总结而形成的中国古代学习的心理学思想。西方古代从事个体教学，特别是 17世纪初形成的班级教学的教师，从自己的教学经历认识到学习的过程是心理训练的过程，或是联想的过程，或是统觉的过程。因此总结形成西方古代有代表性的学习心理训练说；学习联想说；学习统觉说。

（2）学习的行为主义阶段（19 世纪中叶—20 世纪初）

从 19 世纪初开始，学习理论研究的先驱们（德国著名心理学家艾宾浩斯，美国著名的心理学家桑代克，俄国著名的生理学家巴甫洛夫）受到自然科学研究方法及成就的启发和影响（物理实验的方法，数学公理化系统的方法），开始怀疑建立在总结和思辨基础上的学习结论是否可靠？是否完全令人信服？他们因此开始向传统的心理学观念挑战（当时的心理学界普遍认为：学习、记忆、思维等心理历程不可能用实验的方法去研究）。这样艾宾浩斯成了最早从事人类学习实验研究心理学家，桑代克成了最早从事动物学习实验研究的心理学家，巴甫洛夫成了最早从科学研究领域步入心理学殿堂研究人和动物学习的著名的科学家。这些先驱们提出学习的早期实验研究成果，就像物理学的实验和数学公理一样为学习奠定了坚实理论的基础。因为他们的学习观点与行为主义学习观点有许多相似之处。所以，我们将学习的早期的实验成果归类于学习的行为主义行列。之后，学习行为主义派别内部又出现了对学习行为性质不同认识，因而形成了学习的行为主义理论的不同流派。首先是以美国著名的心理学家华生为代表的学习的行为主义流派，这一流派最大特点便是认为，学习的过程就是人的行为变化过程，他们这种认识显然受到桑代克和巴甫洛夫的影响，在这面旗帜下，一个强大的心理学流派和研究范式曾在 20 世纪上半叶占据了心理学研究的统治地位。后来由于对行为的性质又有不同的认识，在它旗下的理论又分成两大流派，包括赫尔的系统性行为理论和斯金纳的操作性条件反射学说（与巴甫洛夫的经典性条件反射一并称为两大条件反射）。

学习理论从经验、思辨上升到以实验为理论基础的层面，这是一个历史的飞跃！

（3）学习的认知发展阶段（20 世纪初—20 世纪 70 年代）

华生在其行为主义的学习理论中认为刺激 S 与行为 R（反应）的公式是

"S—R"，托尔曼则认为是"S—O—R"，"O"是中间变量(心理因素)。托尔曼认为的理由是：人的行为不是简单地由刺激决定的，而是受刺激和反应之间的中间过程和中介因素影响，那么我们研究学习过程就是弄清"O"是什么。在这面旗帜下聚齐了许多学者对此问题开展研究。20世纪60年代一门新的学科——认知心理学诞生。因此，在这面旗帜下聚集的认知学习理论有学习早期认知理论、布鲁纳的"认知——发现"说、奥苏贝尔的有意义言语学习理论、加涅的认知学习理论、班杜拉的社会学习理论下的观察学习，这些理论都统称为认知学习理论。认识认知学习理论中的公式"S—O—R"，关键要理解"O"的意义。格式塔心理学认为"O"是学生知识的长期积累和突然明白；托尔曼认为"O"是学生的学习期待，布鲁纳认为"O"是"发现"；奥苏贝尔认为"O"是"有意义言语"。加涅认为"O"是信息加工；班杜拉认为"O"是思维和观察，因此形成了具有各自特色的认知学习理论。

(4)人工智能对学习理论发展的作用阶段(20世纪70年代及以后)

20世纪50年代，行为主义学习理论的代表人物斯金纳完成了程序教学的一系列研究，他的一种教学装置——教学机器，开始投入使用，受教学机器的启发，几乎同时，人工智能这一学科诞生了。它希望与行为主义学习理论联系，赋予机器的学习智能，但由于行为主义心理学在回答人类复杂认知过程上的失败，心理学上一门新的学科—认知心理学应运而生。这门新兴的学科专门研究人类学习的认知心理过程，这恰恰是计算机科学实现人工智能学习技术的关键因素，这时，认知科学，计算机科学技术、人工智能三者的合作是一种绝妙的组合。

与人工智能和计算机模拟的要求，目前的认知心理学对学习问题的探讨虽然取得了显著成绩，但它对学习过程的描述仍然显得过于粗糙和含混不清，所以人工智能和计算机的科学家们向认知心理学的科学家们提出了要求：第一，对人类的学习类型进行重新的审视和划分，将学习类型划分为有利于计算机模拟的基本单元；第二，认真探索具体学习类型的微认知过程，搞清楚每一种学习过程的具体步骤或环节，为计算机模拟学习过程提供既详细又方便的参考资料；第三，弄清每一种学习过程的条件，功能和具体的结果形式。以上要求实际上就是计算机和人工智能的科学家们向认知心理的科学家们提出了他们需要具体的可操作性的认知程序，这种要求将促进认知心理学中学习理论的进一步深入发展，学习理论的研究将迎来一个新的春天！这就是我们预设的学习理论发展的第四个阶段！

2. 课堂教学学习理论的学习观

目前有两种截然不同的哲学观：理论上看，一种是理性主义哲学观，它强调个体在认识活动中，根据个体在认识对象的知觉的基础上得到认识结论，体现了知觉是认识的最初来源的观点；另一种是经验主义哲学观，它强调个体在认知活动中，根据个体在认识对象的感觉基础上得到认知结论，体现了感觉是认识的唯一源泉的思想。这两种哲学观对于现实中的具体对象有时不是能够严格区别的，这时在现实社会中也许存在一种介于这两种哲学观的第三种哲学观，即个体对认识对象最基本认识的来源中既有知觉的成分，又有感觉的成份，例如，原始的欧几里德的几何公理系统中既含有知觉的成份，又有感觉的成份。在这种观点指导下，我们认为：古代学习的心理学思想，是属于第二种哲学下的学习观，行为主义学习观是第三种哲学下的学习观，认知主义学习观是第一种哲学观下的学习观。

3. 课堂教学学习理论的应用

课堂教学的学习理论有许多种，有在本书简介的课堂教学学习理论之列的，也有不在此列的，在许多种课堂教学的学习理论中也许存在看似相同，但实际不同的学习理论，甚至矛盾的。这时做为教师在课堂教学中就会碰到如何运用这些学习理论的问题。

如果有人问：这么多课堂教学的学习理论，究竟哪一个是正确的呢？可以这样讲，所有的学习理论都是正确的，至少有正确的成份，因为每一种课堂教学学习理论都是针对某一种具体学习过程的研究结果，它有正确的成份，但课堂教学中的学生学习过程是一个相当复杂的过程，没有哪一种课堂教学的学习理论是针对任何一种学习类型通用的，这时教学中运用学习理论的总原则是理解学习理论的针对性，区分学生类型，教材类型、教师类型、不搬用、不套用，而是选用和创造性的运用课堂教学理论。

第二章 双发展课堂教学的理论

　　课堂教学中教师、学生教学关系在新认识中发生了变化，它给人们打开了心灵的一扇窗户，使大家看到了根据课堂教学实际"去中心教学"的一道靓丽的教学风景——第三种教学现象。在第三种教学现象的教学中应遵循什么样的教学理论呢？本章内容就是我们在实验学校研究中构建的双发展课堂教学理论，在此提出，起到抛砖引玉的作用！期望同行讨论。

第一节　双发展课堂教学的内涵

在中小学课堂教学中，教师与学生是在教师管理下的互相依存，辩证互动，平等互惠，生命共同发展的主客体关系。这一新的认识包含与传统师、生教学关系不同的特点：首先，新认识明确指出教师做为国家赋权其在课堂教学管理过程中的管理权威，没有因课程改革，相当一部人片面强调学生的主体作用，而回避这个问题，而且这种管理权威也是社会、家长、班级教学制基于教师具有的道德、思想品质和先行掌握一定的学科知识以及教育教学技能所认可的，有权力就一定有义务，教师的义务是始终在上述三个方面保持领先地位，这就要求教师坚持终身学习，不断进取，全面发展；其次，新认识提出在课堂教学的认识过程中，教师和学生的主体、客体在一定条件是辩证互动的，在辩证互动的过程中实现了各自的共同发展（双发展）的观点，这种共同的发展对于各自的认识过程而言是平等的，不是区分主次的，是双方的，不是单方的，是全面的，不是个别的，是水乳相融的，不是水火不融的；是互惠的，不是谁为谁服务的，这种共同发展的区别只不过是教师，学生各自的发展内容不同罢了；再次，新认识强调了双赢的社会发展理念，这样才能调动双方的积极性，才能既促使矛盾的双方共存，共同、和谐健康的发展，又能在认识领域发挥各自的主体作用，体现各自的发展内容和价值，共赢的观点符合当今世界发展潮流。我们把在中小学课堂教学中体现上述三个特点的第三种课堂教学形态，并完成在课堂教学中促进教师不断提升自己的专业知识和技能，以及实现自己心理结构和行为不断变化，并且促进学生不断有意义的创新知识结构，在学习体验中实现心理结构、行为的变化与发展的现象定义为双发展课堂教学。

如何促进教师和学生在第三种教学形态下共同发展，是双发展课堂教学要研究的内容。双发展课堂教学关系新认识重新定义了教师与学生的地位，这种观点下的课堂教学理论会有许多新的内容，新内容包括双发展课堂教学意义上的课堂教学理念、课堂教学质量观、课堂教学中学生自主创新能力的心理结构、课堂教学中学生自主创新学习能力、课堂教学目标(双目标和双过程,其内涵后面有说明)、课堂教学目标的设计原则和落实策略、学习与发展的学习策略、学科教材的定位、课堂教学模式群、双发展课堂教学原则、课堂教学评价等。

第二节 双发展课堂教学理念

新的课堂教学理念,应该从双发展课堂教学的新认识出发。既然我们认识到在教师管理下教师、学生是教学过程中相互依存、辩证互动、平等互惠,生命共同发展的关系,那么教学理念就应该充分考虑促进教师和学生这两个因素的和谐、高效发展,从而改变目前片面、耗时、低效的课堂教学现状。因此,我们向学校的教师提出什么样的教学理念能激发学生和教师的学习工作积极性,有效提高课堂教学质量的问题呢?并进行讨论。围绕这个问题我们搜集了大量教改经验,组织教师学习,通过比较,总结出提高教学质量的方法有三种。第一,加强教学管理;第二,增加教学时间;第三,开展教学研究。如果长期、过度使用第一、第二种方法,学生和老师的教学关系都不能正常长期维系。这种教学质量的提高没有发展后劲。例如,湖南省永州市曾总结的一种教学经验叫"三苦精神",即苦教、苦学、苦练,如果将这种经验作为教学理念,肯定不能推广。我们需要找到一种学生、教师乐于接受而且有发展潜力的教学理念,这才是提高教学质量的根本。我们引导教师思考课堂教学的两个主要因素是什么?缺少任何一方的积极性会对课堂教学质量产生什么影响?什么情况下能最大程度地发挥两个主要因素的积极性和创造性?经过教师讨论研究,最后形成了双发展课堂教学的教学理念:**感受学习的兴趣!享受教学的幸福!**只要教师的一切教学措施切实使学生感受到学习的兴趣,学校的一切教学政策、措施和教学制度切实使教师享受到教学的幸福,学生和教师就都成为学和教的主人,并得到充分发展,课堂教学过程就会生气勃勃，发挥出最高效率。学校创办以来，处处考虑到如何让教师感到在学校工作的幸福；在学生学习方面，处处以增进学生学习兴趣为要求，取得了良好的效果。理解这一理念的重点是，第一，全面关注课堂教学两个主要因素的积极性；第二，关注课堂教学中两个主要因素积极性发挥的最基本动力，即兴趣、幸福，它们分别是学生、教师基本的行为动机——原动力；第三，关注到课堂教学两个因素人性发展的需求，即关注学生学的动力和教师教的动力从兴趣、幸福向更高一级(价值)内容的发展。第四，一方面注意学生感受学习的兴趣的关键是教师，教师要处理好教材内容，使许多枯燥无味的教学内容变得生动有趣，同时教师也要提高学生对学习意义的认识，促使学生的学习动力从兴趣发展到社会需求和人生价值的高度；另一方面要注意教师享受教学的幸福的关键是教师的人生价值观和校长的教育行为，学校应引导教师人生价值观的发展，并给予教师更多的幸福感。事实证明，实验学校在课堂教学中贯彻这一教学理念后，学校教学发展取得了可喜的成绩，家长对学校实施的教学理念非常满意。

第三节　双发展课堂教学的质量观

我们都知道英国哲学家培根有句名言：知识就是力量。因而传统教学普遍认为课堂教学质量重在学生知识的发展，这一观念形成后，不断被强化，根深蒂固地植入了人们的头脑中，又由于十多年来人们片面地认为教师的教仅仅是为学生服务的，教师的教是次要的，因此教师的全面发展渐渐被忽视了。在师生课堂关系新认识的基础上，教师很自然地认识到学生和教师的发展在认识过程中是平等的，他们双方的发展都是课堂教学要追求的，进而认识到课堂教学质量是学生和教师发展的总和。而且在双发展课堂教学中学生的发展也不仅仅是知识的发展，教师的发展也赋予了许多新的内容，关于学生，教师的发展目标后面将详细阐述。这一观点隐含着对影响课堂教学质量因素的认识问题，它有两个特点，第一，否定了学生发展质量是课堂教学质量的唯一标准，承认了学生发展与教师发展的平等地位，赋予了教师发展的权利，调动了教师和学生两方面的积极性。第二，比较全面客观地考虑到影响学生教学质量的因素。既然教师的教和学生的学都是影响教学质量的两个非常重要的主客观因素，我们为什么非要区分彼此，将学生看成是决定课堂教学质量的唯一因素，将教师看成是为学生服务的呢？事实上，名师出高徒，名师的作用不可小觑，因此，与其在教学中忽视教师的作用，不如在教学中鼓励发挥教师的作用。这样去看问题，客观上对教学的促进更大。课堂教学质量是学生和教师发展的总和，这一观念归结为一点，就是充分肯定了教师和学生的课堂教学成果，这样去看问题，对课堂教学中教师和学生的共同发展是十分有利的。

第四节 中小学生自主创新能力的心理结构和自主创新策略

双发展课堂教学认为，课堂教学中要发展学生的自主创新能力，这一发展责任应由教师来承担，需要落实到学生。因此，教师就要做到明确学生自主创新能力的心理结构，发展自己承担这一任务的能力。课堂教学中学生创新能力发展的心理结构包括下述内容。

一、学生的认知结构

这里讲的认知结构，是指学生在知识点、知识背景、知识点的逻辑顺序和在知识内容实践的感知、心理体验的基础上，逐渐内化成在头脑中的一种图式或表象。学生在认知领域内凭着自己已有的各种图式或表象，通过同化、顺应，去认识新的事物。显然，已具备的这种认知结构对后续的认知过程和实践活动具有极大的影响，对后续的创新活动有较强的制约作用。从这个意义上说，已具备的认知结构的优良程度为后续认知结构的建立和后续的创新活动提供了一种潜在的可能，我们把有利于创新活动的良好的认知结构叫创新认知，这种正在建立的认知结构的方式，是我们考虑开发学生自主创新潜能时十分关注的问题。认知结构的质量包括认知内容的丰富性、认知结构的简略性和认知结构的效能。

1.认知内容的丰富性

认知内容的丰富性即个体已纳入自己知识结构中的知识量，用一句通俗的话来讲，就是个体要具有丰富的知识。一方面，世界上万事万物都可以通过无穷尽的方式联系起来，人对事物的认识越多，越深刻，越全面，越灵活，则联系的方式就越丰富，越新颖，越有创新的社会价值。这种无穷尽的联系方式，将激活无穷尽的创新机会；这种激活的机会将组成一个广阔无垠的创新世界，等待着人们去探索，去发现，去把握，这正是创新无限的道理。知识量是万事万物的一个组成部分，同样服从于这个规律，在以知识生产、传播为特征的知识经济时代和即将到来的人工智能时代更是如此，也就是说知识的多少对个体创新潜能的影响同样是巨大的。另一方面，从知识的认识过程来看，知识的认识和实践过程，培养了人的学习习惯。人们在学习习惯的支配下进行学习和实践，刺激自己的头脑，给自己带来许多感悟的机会。这种感悟也许如"哥伦布发现新大陆"一样，发现一片崭新的创新"天地"。因此，不管是从知识的多少，还是从知识认识的过程来看，内容丰富的知识都将给人们提供许多无穷尽的联接方式和感悟机会，形成个体日后创新的潜能。虽然知识并不等于能力，但没有知识就没有较强的能力，知识与能力是正相关的。无数事实证明，现代每一项含金量较大的创新成果的发明人都必然在某一领域具有较丰富的背景知识，这已是人们的共识。

2.认知结构的简略性

认知结构的简略性是指人们原有认知结构的图式的抽象程度和联接简捷化的程度，它体现了认知者概括、同化正在认识的知识的能力。认知结构的简略性，是以抽象程度为基础，反映了学生对某类事物共性认识的深刻程度。从人们已经形成的认知结构来看，这一结构越简略，结构的迁移性越强，同时在认识的过程中，越能洞察更广一类事物的共性，看到别人观察不到、理解不到的另一番天地，给创新带来一片绿洲。相对于人们认知结构形成的过程来看，简略性认知结构的形成过程需要建立在深刻地观察，广泛地比较，类比、抽象的思维过程基础上。其过程就是一种能力的提升过程，这种能力的提升对学生日后的创新实践是会有很大影响的，势必会促进学生创新能力的提高。因此，不管是从简略性的认知结构形成过程来看，还是从已具备的简略性认知结构对后续的认识活动作用来看，简略性的认知结构都是学生创新能力发展的基础。

3.认知结构的效能

认知结构的效能是指个体在认识新事物的顺应、重构过程中表现出的能力。这种能力的发挥受到元认知监控的影响，即主体在认识新事物时，在原有的认知结构框架内对新事物不理解时，会感到同化有困难、有矛盾，主体意识则要产生调节原有认知结构的意识，改变自己的某些知识的结构，以便于使新事物纳入到自己重构的知识框架中去。确定改变方式后，主体采取相应的行动，并进行检验，直到"顺应"完成。受到这种主体意识的支配调节的过程就是元认知监控过程。这种"顺应""重构"过程中的元认知监控水平，反映出个体认识的主体性水平。这种"顺应""重构"的完成受到思维的制约，"顺应""重构"水平主要反映出主体的思维能力。创新必然要经过原有认知结构的重组过程，个体知识结构的效能正反映出这种重组的能力，所以个体知识结构的效能是学生自主创新能力发展的潜能。

二、学生的心理结构

这里讲的心理结构是指影响学生学习的心理要素构成的整体。良好的认知结构是心理活动的结果，它蕴含着创新的潜能。在产生这种结果的过程中，参与的心理因素很多。这些因素的参与不仅直接决定着认知结构的生成，还决定着认知结构生成的质量，更重要的是决定着人的一切思想和行为，当然也决定着个体的创新意识和创新行为。这些因素是创新能力生成最重要的因素。中小学生正处在身心快速发展时期，他们这些心理要素的质量和结构蕴含着极大的创新潜能，有待于我们开发。因此，这些因素自然就成了我们要关注的焦点。为此，我们首先应明确心理的主要因素，然后再明确这些主要因素的质量及创新结构问题。

1. 心理现象的主要心理要素

人的一切行为多数都伴随着心理现象，除本能和条件反射外，多数是先有了心理现象再有行为。所以，心理状况是决定人行为方式的重要根据，创新行为也不例外。因此，我们在研究创新的心理因素时，必须从分析心理状况的心理要素入手。心理现象包括心理过程和个性心理，心理过程包括认知过程、情感过程、意志过程；个性心理包括个性倾向性和个性心理特征。心理学研究表明，个性心理是通过个体特殊的心理过程形成的特殊表现，如果没有对客观现实的认识，没有对外界事物的情感体验，没有对客观现实积极主动改造的意志行动，人的性格、能力、信念、世界观都是不可能形成的。另一方面，已形成的个性心理，又反过来调节心理过程，并在个体行为中得以表现。如人们的兴趣、动机不同，他们认识活动的指向、内容也不同，性格不同的人，情绪的表现也不同。因此，心理过程和个性心理特征二者既有区别，又相互联系、相互制约①。但心理过程是主导性的，因此，我们在考虑开发学生创新潜能的心理因素时，应着重抓住心理过程中主要因素。当然，在具体的课堂教学中，强调主要因素培养的同时，也不可忽视其他因素的作用。我们认为主要的心理因素(即要素)有以下三个方面。

(1) 思维

思维与观察、感觉、知觉、记忆、想象、联想一样，都属于认识过程的范畴。心理学认为，思维是人以已有的知识为中介，对客观现实的概括的间接反映，它是人在实际生活过程中于感觉经验的基础上，在头脑中对事物进行分析与综合，抽象与概括，形成概念，并应用概念进行判断和推理，认识事物一般的和本质的特征及规律性联系的心理过程②。在这一过程中，诸如感觉、知觉、记忆、想象、联想等因素都会积极参与，但比较而言思维始终起着主导和核心作用，它是认识过程中由表及里的关键因素。创新必然经过认识旧事物，建立新理念，感悟新思想的认识过程，所以思维是创新活动中的关键心理因素。历史上，社会学中马克思主义理论上的创新，物理学中爱因斯坦"广义相对论"理论上的创新，以及科技领域中各项创新，无一不是思维的结晶。事实证明，人对事物认识的深刻程度与人的思维水平高度呈正相关关系。虽然思维水平高并不一定完全等于创新能力强，但较强的创新能力必须以较强的思维水平为前提，较强的创新能力是在较强的思维水平上发展而来的。正因为如此，我们将思维这一心理要素列为创新的主要因素之一。

(2) 情感

情感属于情感过程的范畴，它是人对客观事物的态度体验。人类的高级社会情感可分为道德感、理智感、美感。美国心理学家普里布拉姆提出，"人的体验和感受对正在进行着的认识过程起评价和监督作用"。在现实生活中，一个人在为事业而奋斗时，可能因道德感去赴汤蹈火，甚至献出自己的生命也在所不惜；一个人失去至亲的亲人时，悲痛欲绝，可能因失去理智而长期陷于悲哀之中，甚至影响自己的生命也毫不顾及；一个人在事业的追求中，可能由于美感的作用，中断、改变或者坚持原有的认识倾向，这方面的

---

① 张世富.心理学[M].北京：人民教育出版社,1994.
② 朱智贤.心理学大词典[M].北京：北京师范大学出版社,1991.

具体例子不胜枚举。总之，情感在人的认识过程中，对认识的导向起着举足轻重的作用。事实上，情感是情感过程的主要心理因素，个体在创新过程中无一不伴随着丰富的情感体验，创新过程的发展无一不受到情感的推动，甚至是决定性的推动。这就是我们将情感列为创新心理的主要因素之一的理由。

（3）意志

意志属于意志过程的范畴。意志是指人自觉地确定目的，并根据目的调节支配自身的行动，克服困难，去实现预定目标的心理过程。人任何活动的顺利完成，都必须依赖自己的意志行动，创新过程是推陈出新的过程，也是一个艰巨的意志过程，在这一过程中始终存在新旧之间的诸多矛盾，要克服这些矛盾，达到创新的目的，创新工作者要付出许多常人难以想象的努力，没有顽强的意志支撑是难以完成创新活动的。例如，著名数学家陈景润毕生致力于"哥德巴赫猜想"的证明，忍受了长时间的寂寞、众多的误解和疾病的折磨，但仍然数十年如一日地潜心钻研。如果没有坚强的意志是不可能做到的，科学家在说到自己的成功时，没有一个不强调这一点，著名物理学家爱因斯坦总结自己成功的经验时说："成功＝勤奋＋少说空话＋正确的方法。"爱迪生谈到天才时说："天才是百分之一的灵感加百分之九十九的汗水。"可以想见在"勤奋"和"百分之九十九的汗水"中，科学家们需要付出多么大的意志力！科学史上也有许多智力因素并不超群，但都成就一番大业的科学家，在他们的成功中非智力因素起着重要甚至是决定性作用。意志是意志过程的主要心理因素，也是诸多非智力因素的集中体现，是科学家科技创新的重要因素，因而也是一般创新活动中的重要心理因素。

2. 自主创新主要心理要素的结构

思维、情感、意志是中小学生自主创新素质的三个主要心理要素。在这些单个的要素中，适宜创新心理发展倾向的心理结构称之为创新思维、创新情感、创新意志。以创新思维、创新情感、创新意志为支撑，适宜创新心理发展倾向的心理结构，又形成创新思维、创新情感、创新意志的总体心理结构。

（1）创新思维的心理结构

思维是认识过程中的核心因素，思维水平是学生智力水平的核心指标。

思维水平的高低并不是思维单个因素的作用，而是在与认识过程中其他因素相互作用，相互促进中得到体现的。这里我们从认识过程这个角度来分析思维的结构。

在认识过程中，思维的结构主要包括思维目的、思维材料、思维过程、思维检验等因素。

思维目的是指人类特有的理解和解决问题的有目的性的活动。思维是在一定条件下，实现自己的主观目的的一种心理活动，是由人的自身心理发展在无条件反射的基础上，逐步产生条件反射，以发展到具有人类特有的思维心理活动，使得人类能通过思维自觉地、能动地、有意识地改造自然，改造社会，调节自己的行为。

思维材料可分成三类：第一类是包括感觉、知觉、表象等感性认识材料；第二类主要指头脑中已有的概念、原理、法则等理性材料；第三类是指个体原有的观念和经验。思维材料是思维凭借开始的依据。

思维过程是指以概念、判断、推理为基本形式的思维的基本过程，即分析与综合以及由此派生的抽象与概括、比较与分类、系统化与具体化等过程。分析的过程即在思想上把整体分解为各个部分或各个方面，或把整体的个别特征或个别属性分出来的过程。综合过程是指思想上把整个的各部分或各个方面联系起来，把整体的个别特征或个别属性结合起来的过程。例如，我们在掌握课堂教学中师生的关系时，首先将课堂教学中的因素分成二种，即教师、学生，然后分析各个因素的作用，这一过程就是分析；在分析的基础上，再将二个因素的作用联系起来，综合成整体，得到师、生关系在课堂教学中是在教师管理下的辩证互动的关系的结论，这一过程就是综合；分析与综合是思维的基本过程。抽象是在思想上把某种事物的本质属性或特征和非本质的属性或特征区分开来，从而舍弃非本质的属性和特征，并抽出本质的属性或特征的过程。概括是在思想上将某些具有共同的特征的许多事物或将某种事物已分出来的一般的共同的属性特征结合起来的心理过程。例如，概念的形成过程就是抽象与概括的过程，因此抽象和概括是形成概念的关键。比较是在思想上确定这一事物和另一事物或者这一特征与另一特征的相同点和不同点的过程，它是理解问题和解决问题的基础。分类是通过比较事物的异同程度，在思想上加以分门别类的过程。分类的实质是为了认识事物之间的种与属的联系，没有这种区别就没有科学。比较与分类是认识世界的重要过程。系统化是在概括的基础上，把整体的各个部分纳入某种顺序，在这个顺序中，各个组成部分彼此发生一定的联系构成一个统一体。具体化是把抽象概括过程中所获得的某种一般的属性、概念与相应的实际事物、对象对应作具体说明的过程。例如：在学习过程中，特别是复习过程中，我们总是想将已学过的知识建立起知识框架，并将每一个抽象的结论与具体的知识对象建立起联系，这一复习过程就是系统化与具体化的事例。系统化和具体化可以促使人更系统、更抽象地认识事物，更好地理解把握整体事物。

思维检验是指人将思维成果纳入自己已有的认知结构中，或者在另外的知识领域、在实践中去检验其正确与否，并进行修改的过程。

从认识过程的角度看，上述因素按一定顺序在个体头脑中逐步反映，就构成了个体的思维流程。完整的个体思维流程是，个体在思维目的的引导下产生思维意识，通过注意，再寻求感受思维材料，按照思维的基本形式和基本过程进行思维，然后进行思维检验。当思维目的实现时，思维暂告一段落；当思维目的没有达到时，个体在思维意识的指导下，可对任一因素进行分析、反思、修正，再重复上述步骤，直至取得思维成果。这一流程并不是刻板的，而是可在思维意识的监控下随时切换的。具体运行见流程图（图2-1）。

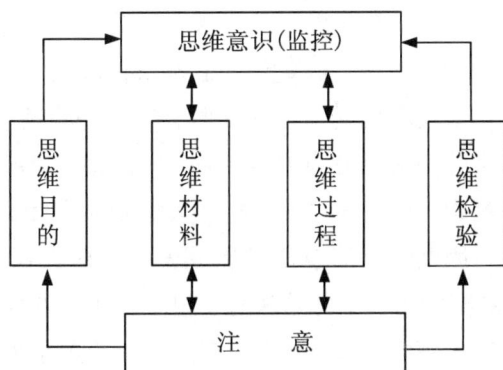

图2-1 思维流程图

在这一流程中，影响思维成果水平的关键因素是寻求感受的思维材料的多寡及精确度和按思维的基本形式及基本过程进行思维的质量。下面我们着重分析这两个关键步骤。

我们知道思维材料的获得与个体的感觉、知觉及个体原有知识经验有关。感觉主要指个体对事物个别特性的直接反应。感觉是认识事物的开端，是知识的源泉。一切高级和较复杂的心理活动都是在感觉的基础上进行的。知觉是个体对整体的直接反映，是个体选择、组织、解释感觉信息的过程。它在很大程度上依赖于人的主观态度和过去的知识经验。原有知识经验是指个体获得思维材料前头脑中储存的知识结构和心理结构。感觉、知觉、原有的知识经验这三者是什么关系呢？我们认为，个体的知觉通过感觉获取直接信息表象，再从原有知识经验中提出间接信息表象，然后经过知觉的组织，解释形成新的表象，由此组成为思维的材料。思维材料的质量直接受到知觉通过感觉获取直接信息的方式、知觉在原有知识经验中提取间接信息的方式、知觉组织解释直接信息和间接信息的方式的制约。三种方式决定了思维材料的质量，这三种主要方式分别是观察方式、联想方式、想象方式。观察是一种受思维影响的有意的、主动的和系统的知觉活动，是有意知觉的高级形式。因此，观察能力是知觉获得感觉信息的决定性因素。联想是个体由一事物的观念想到另一事物的观念的心理过程。联想可分为简单联想和复杂联想两大类。简单联想又可分为接近联想、类似联想和对比联想；复杂联想可分为因果关系联想、种属关系联想、部分和整体关系联想、作用与效应关系联想。联想遵循一定的联想律，是知觉从个体原有知识经验中提取间接信息的主要方式。因此丰富的联想是知觉提取原有知识经验信息的又一决定性因素。想象是个体在头脑中对已有表象进行加工、改造、重新组合、简单推理，形成新形象的心理过程，它是知觉加工感知表象和原有知识表象形成思维材料表象的主要方式。因此丰富的想象是形成思维材料表象的又一决定因素。综上所述，敏锐的观察能力、丰富的联想、想象能力是决定思维材料质量的三个决定性因素。它与感觉、知觉、原有知识经验的关系可用图 2-2 表示。

个体掌握一定的思维材料后便可开始思维，这时思维过程成了影响思维质量的关键。我们知道正确的思维过程是在思维意识的监控下，个体使用基本的思维形式——概念、判断、推理，按照思维的基本过程——分析综合，

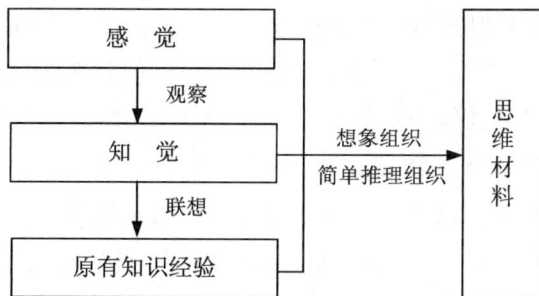

图2-2 感觉、知觉、原有知识经验关系图

采取一定的思维方式——具有某种特征的思维，遵循一定的思维规律——形式逻辑或辩证逻辑规律，进行思考的心理过程。这一心理过程可用图 2-3 表示。

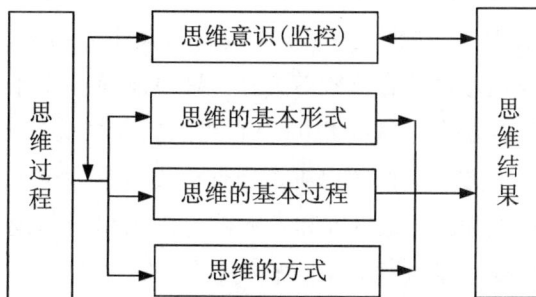

图2-3 思维心理过程图

影响这一心理过程的主要因素有两个。第一是思维品质。思维品质主要包括思维的敏捷性、思维的灵活性、思维的深刻性、思维的批判性、思维的独创性五个方面。这五个方面是相互联系且密不可分的。思维的深刻性是一切思维品质的基础。思维的灵活性和独创性是在深刻性基础上引申出来的两个品质。灵活性和独创性是交叉关系，两者互为条件，不过前者更具有广度和顺应性，后者则更具有深度和新颖的生产性并能获得创造力。前者是后者的基础，后者是前者的发展。思维的批判性是在深刻性基础上发展的品质，只有深刻地认识，周密地思考，才能全面准确地做出判断。同时，只有不断地自我评判，调节思维过程，克服思维定式的负迁移，才能使主体更深刻地揭示事物的本质和规律。思维的敏捷性是以思维的其他四个思维品质为必要前提的，同时它又是其他四个品质的具体表现①。思维品质是在思维活动的不同思维方式中得到体现和发展的。按照不同的观点分类，思维方式有很多形态。按抽象性分类，思维方式可分为直观行动思维方式、具体形象思维方式、抽象逻辑思维方式。直观行动思维方式是指直接与物质活动相联系的思维方式，具体形象思维方式是指以具体表象为材料的思维方式，抽象逻辑思维方式是以抽象概念为形式的思维方式。按思维的智力品质分类，思维方式可分为再现性思维方式、创造性思维方式。再现性思维方式即体现某种已有的形态的思维方式，创造性思维方式即创造活动中以体现某种新的形态的思维方式，创造性思维是人类思维的高级过程和阶段。按思维的方向分类，思维方式可分为顺向思维方式、逆向思维方式。顺向思维方式即以事物的正面为思考方向的思维方式，逆向思维方式即以事物的反面为思考方向的思维方式。按照思维的聚敛性分类，思维方式可分为集中思维方式、发散思维方式。集中思维方式是通过综合比较等方法，聚集演绎，指向问题中心或核心思维方式；发散思维方式是从问题的中心出发，沿着众多不同方向、角度、层次开展思考的思维方式。按照思维逻辑性分类可分为逻辑性思维方式、非逻辑性思维方式。例如，灵感思维和发散性思维都属于非逻辑性思维，它们都是创新思维的重要思维方式。灵感思维是依靠人的长期积累，神经元的完整沟通连接而引起顿悟性理解的思维，发散性思维是以知识经验为基础，以联想、想象为中介的思维。按照不同的观点，思维还可分为许多不同的类别，因而区别成众多不同的思维的方式。**从思维发展的角度来看，进行各种不同的思维方式的训练，是促进思维发展的有效途径，但要防止思维定式的负迁移，这要靠个体思维的元认知监控冲破这种定势。**

反映思维过程中思维能力的第二个因素是联想和想象。联想和想象不仅在思维材料的准备过程中起着非常重要的作用，而且在思维的过程中起着非常重要的导向作用。首先，联想和想象始终伴随着思维出现在思维过程中。

---

① 朱智贤.思维发展心理学[M].北京：北京师范大学出版社，1995.

另外，联想和想象在思维过程中起着引导、推动思维发展的重要作用。与感觉、知觉相比，思维的显著性特点在于认识事物的间接性。只要自觉地按照思维规律去认识事物所得到的思维结果，经实践检验就会具有很大的可靠性。而联想与想象本身就属于认识过程，当然有认识事物的特性。虽然这两种认识的可靠性不及思维，但认识事物的范围、路径比思维更广阔、更走捷径、更不受约束。从这个意义上讲，联想是思维的桥梁，想象是思维的翅膀。联想与想象积极参与思维，就会更有效地发挥思维认识世界的威力，因而联想与想象是创造性思维的重要因素。

从以上分析可以看出，思维材料的准备过程以及思维过程是思维流程中的两个关键步骤。在这两个关键步骤中，观察、联想、想象、思维品质是影响思维成果水平的关键因素，也是创新活动中的关键因素。如果这些关键因素能在个体创新思维意识的支配下发展，那么个体的创新潜能就会得到快速积累。**因此，我们将思维中有关的因素，即强烈的创新意识、敏锐的观察力、丰富的联想和想象力，以及体现以思维的深刻性、批判性、敏捷性、灵活性为基础，以思维的独特性为集中表现的优良的思维品质和较强的自我思维监控力为特征的思维叫创新思维。如何发展学生的创新思维呢？简单地讲，就是以众多思维方式的训练为突破点，努力强化学生的创新思维意识，着重培养学生的敏锐观察力、联想力和丰富的想象力，促使学生自觉克服思维定式的负面作用，逐步形成具有一定层次结构的优良思维品质，从而发展学生的创新思维能力。**

（2）创新情感的心理结构

我们知道情感是人对客观事物的态度体验。水能载舟，亦能覆舟。情感也是一样，具有两重性，它能舒展人的灵魂，亦可扭曲人的灵魂；它可以催人向上，也可使人萎靡不振，关键是看学生有什么样的情感和情感结构。正因为如此，我们将情感列入创新心理的主要因素之一。我们把适合个体创新需要的情感结构叫创新情感。那么个体什么样的情感结构才能促进个体创新活动呢？要明确这个问题，首先要弄清情感的产生过程和情感对创新活动的作用。

从广义上理解，情绪也是情感。情绪较情感产生要早。一般来说，情感的产生，首先建立在个体的生理需要之上。个体满足生理的需要时产生体验，逐渐强化成情绪，然后这种情绪在个体的社会活动中，在环境的影响下，特别是在教育的作用下，受到熏陶，逐渐使个体的生理需要上升为个体的精神需要，个体在得到精神需要的满足时产生体验，经过强化、教育，逐渐转化为情感。情感具有相对的稳定性，它反过来又转变成个体的需要，渴望得到心理满足成为个体的追求。这时的情感是以个体精神需要的满足为基础的。个体精神需要有健康的也有不健康的，有低级的也有高级的，所以情感也有健康与不健康之分。健康的情感经过进一步发展，个体逐渐将自己精神需要再上升为社会的需要。随着个体需要内容的层次的提升与教育和环境的不断强化，个体的这种情感，就会逐渐转化为个体的高尚情操。它较一般的情感更具稳定性、概括性、复杂性和倾向性。情操是高级的情感。高尚的情操是人的精神生活的重要内容，它对调整人的行为，指导人的行动，催人奋发向上，具有重要的意义。

情感可分为道德感、理智感、美感三种。

道德感，即个体运用一定的道德标准评价自身或他人行为时所产生的一种情感体验。道德感主要表现为爱国主义、集体主义、同志感、友谊感、义务感、事业心和良心等。心理学表明，道德感的发展与个体接受道德教育而形成的道德认识紧密相关。个体首先在系统的思想品德教育中获得并形成自己的道德认识；道德认识在实践中不断得到升华，产生道德行为；个体的道德认识与道德行为再受到其他环境因素的影响，不断激发，不断培养，进而正确的道德认识和道德行为就会内化成个体高尚的道德感。高尚的道德感可以促使人在艰苦的创新活动中无私奉献，还可以使人产生高尚的创新动机，使人以无比的热情投入到创新活动中去。

理智感，即人对认识活动成就进行评价时产生的情感体验。人的认识活动越深刻，求知欲望越强烈，追求真理的情趣越浓厚，则人的理智感越深厚。它在认识活动中表现出来的形式有：对新对象的好奇心和新异感；对认识活动初步取得成就的愉悦感；对矛盾事物的怀疑与惊讶感；对判断证据不足时的不安感；对问题解答的坚信不疑感；对科学的热爱；对真理的追求；对偏见、迷信、谬误的憎恨；对错失良机的惋惜；对取得巨大成就的欢喜与自豪。

理智感不仅产生于认识活动中，而且也是推动人们探索，追求真理的强大动力①。对新生事物的好奇心，对成就的自豪感，对问题的怀疑感，对科学的热爱，对真理的追求，正是创新活动中十分重要的情感。

美感，即人对客观事物或对象美的特征的情感体验。它是主体根据自己审美需要，运用自己的审美观点、审美标准和审美能力对外界事物或对象的美进行评价时产生的一种肯定、满意、愉悦、爱慕的情感。美感受到环境、历史的影响。美分两类：第一类是外在美，第二类是内在美。外在美是事物和对象的外观引起审美主体愉悦的情感体验，它建立在感官基础上。内在美是事物或对象的内部结构关系、规律等的美引起审美主体愉悦的情感体验，它建立在审美主体对事物或对象的理解的基础上。美存在于大自然，存在于社会的各方面，人们在感受、发现、欣赏这些美的过程中形成美感。美感反过来又会促使人去创造美。一切有社会价值的创新成果都蕴含着许多美，创新的过程就是创造美的过程，所以创新就是美的发展。

道德感、理智感、美感构成了情操。高尚的情操对个体的创新活动起着极大的推动作用，这是思维不可替代的。**根据道德感、理智感、美感在个体创新活动中的心理作用，我们认为以高尚的道德感为创新动机，以全面的理智感为创新动力，以科学的美感为创新导向，由此构成这样一种有利于创新活动的情操结构叫创新情感。**

（3）创新意志的心理结构

意志必然通过内隐的和外显的意志行动表现出来。分析意志行动的过程可以更清楚地帮助我们了解意志中有关因素的结构。心理学指出，意志行动过程分为采取决定和执行决定两个阶段，采取决定阶段又分为三个步骤。第一个步骤是通过双趋或双避或趋避等形式的动机斗争，选定动机。动机的选定与个性倾向的其他因素，如习惯、需要、兴趣、信念、世界观，有极为密切的联系。例如，在学习动机中选择为祖国而学还是选择为谋取一个好职业而学就渗透着世界观的问题，选择语文学习还是选择数学学习涉及兴趣问题。第二个步骤是确定目的。目的是指意志行动所要达到的目标和结果。目的和动机既有一致性也有差异性，同一结果不一定对应于同一种动机。目的要明

---

① 朱智贤.心理学大词典[M].北京：北京师范大学出版社,1991.

确、远大、具体，近期目的与远期目的相结合，才能更好地发挥目的对意志行动的动力作用。目的的确定与个体认识水平有极为密切的联系，同时也与个体的个性倾向有关。第三个步骤是选择方法与策略。切实可行的方法、策略使行动结果事半功倍，反之则事倍功半，甚至导致行动的失败。方法与策略的选择显然也与个体的认识水平有极为密切的联系，同样也与个体的个性倾向因素有关。例如，在选择以什么样的途径实现目的动机时，往往受到自己的兴趣的影响。执行决定阶段是意志行动的完成阶段，是头脑中有目的、有计划地通过措施具体实施、支配意志、调节行动达到预定目的过程。这一过程能够顺利完成，认识的参与是十分重要的因素。其中，个体的个性倾向以及个人的习惯在坚持的过程中也起着不可忽视的作用。

意志过程的顺利完成与否，涉及很多因素，这些因素在个体上是有差异的。这种差异集中体现在个体的意志品质上。意志品质包括自觉性、果断性、坚持性、自制性四个方面。自觉性是指人能清楚地深刻地认识意志行动与目的的正确性和重要性，并有效地支配自己行动的意志品质，与之相反的意志品质是盲从性；果断性是指善于明辨是非，适时而坚决地采取决定和执行决定的意志品质，与之相反的是意志品质优柔寡断；坚持性是以充沛的精力和坚韧的毅力，不断地克服困难以完成意志行动的意志品质，与之相反的是动摇性；自制性是指自觉控制自己的情绪、约束自己的动作和言语的意志品质，与之相反的意志品质是冲动性。

人的一般活动都要付出一定的努力。创新是要有所突破，无论是对前人还是自己，都是一种超越。超越之路坎坷，荆棘丛生，成功者无一例外地付出比常人更大的脑力、体力、更多的时间，甚至付出生命，这更加需要坚韧不拔的意志。而这种坚韧不拔的意志，需要良好的意志品质做支撑。不管是从意志过程的两个阶段的分析中，还是意志品质的内涵中，都可以看出学生良好的意志品质与学生的个性倾向因素，即需要、动机、兴趣、信念、世界观及个体的习惯之间有密切的联系。**我们把有利于开展创新活动的意志品质结构叫创新意志。这种创新意志以学生较高的需要层次、强烈的具有社会价值的动机、广泛而良好的兴趣爱好、坚定而崇高的体现学生社会价值的信念、坚定的辩证唯物主义世界观、良好的习惯为基础，以创新活动所需要的优良的意志品质为内容。如图 2-4 所示。**

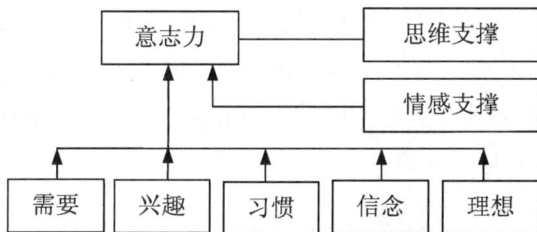

图 2-4　创新意志关系图

　　课堂教学就是要通过提高学生对创新意志的认识，创设意志锻炼的情境，鼓励学生到学习实践中磨炼，从而提高学生的创新意志力。

　　3.自主创新心理结构

　　前面我们仅仅分别对思维、情感、意志等要素的心理结构进行了分析，这是不够的，还必须进一步理解这些要素之间的关系结构，只有这样才能较全面地了解创新心理的结构。讨论创新心理结构时，当然离不开认知结构。

　　如果我们将学生原有的认知结构、原有的思维、原有的情感、原有的意志分别叫原认知、原思维、原情感、原意志，那么他们通过学习过程就会产生变化，而且这种变化朝着有利于创新活动的方向变化，变化后分别成为新的认知结构、新的思维、新的情感、新的意志，这就是前面所述的创新认知、创新情感、创新思维、创新意志。这些原认知、原思维、原情感、原意志和创新认知、创新思维、创新情感、创新意志，在学生的心理变化中都是互相影响，互为基础，互为条件，互为结果，共同发展的。例如，情感中的成就感、成功感和兴趣可以促进该领域的意志发展，原认知是在原思维、原情感、原意志基础上构建起来的，但反过来，原认知在创新思维、创新情感、创新意志的形成中又起着非常重要的认识作用，可以制约或促进创新思维、创新情感、创新意志的发展。同样，原思维、原情感、原意志与创新思维、创新情感、创新意志也是互相渗透、互相影响的，形成相当复杂的因果关系。互相渗透、互相影响的形式是多种多样的。有些是直接的自然互相渗透、互相影响；有些是通过个体的认识监控有意识的互相渗透、互相影响，这种具体例子不胜枚举。所以思维、情感、意志在创新活动中是分不开的。影响学生创新思维、创新情感、创新意志的有关因素，与这些因素的发展关系以及它们之间的互为影响的发展关系，构成了创新心理的结构。双发展课堂教学的重要任务之一，就是要促进学生从原有的心理结构逐步向高一级的创新心理结构发展，为学生将来进入更高一级的学校和社会积蓄创新的能量。创新心理结构可以用图 2-5 表示。

三、强烈的自主创新意识表现和高效的自主创新策略

优良的认知结构、优秀的心理品质结构只是学生自主创新的最基本的条件。除此之外，还必须具有强烈的创新意识、高效的自主创新策略，才能实质性地促使学生发挥基本条件的作用，在创新领域内有所作为。

1. 具有强烈的自主创新意识的表现

意识是人们对客观事物的反映，自主创新意识是主体创新定向的体现。一个有创新能力的人，如果没有强烈的自主创新意识，就谈不上自主创新行为，更谈不上自主创新潜能的开发，这是一个众所周知的命题。学生强烈的自主创新意识主要体现在以下几个方面。

（1）期望性

自主创新的期望性主要指学生在间接或直接的学习实践过程中，有渴望发挥自己最大作用的迫切心情，有亲自经历知识学习、探索、发现、体验的要求，有达到最佳创新活动效果的迫切愿望。

（2）坚持性

自主创新的坚持性是指学生在间接和直接的学习、实践过程中，不唯官，不唯利，不信邪，敢于坚持真理的科学态度。

（3）主动性

自主创新的主动性是指个体在间接和直接的学习、实践过程中，主动思考，主动采取措施，以主动的姿态介入到整个学习实践活动中去，从而发生体现主动价值的行为。

（4）目的性

自主创新的目的性是指学生在间接或直接的学习、实践活动中，主体对创新的总体目标有十分明确的认识，对自己已采取的学习行为和应该达到的目标与可能达到的目标也同样有十分清醒的认识。

一般心理结构	原认知	元认知监控	学习过程	知识内容的丰富性		良好的认知结构	创新认知	创新心理结构
				知识结构的简略性				
				知识结构的效能				
	原情感		认识行为体验激发强化	高尚的道德感	创新动机	高尚的情操	创新情感	
				全面的理智感	创新动力			
				科学的美感	创新导向			
	原思维		激发强烈的创新思维意识	多种思维方式的训练与激发	敏锐的观察力	优良的思维品质	创新思维	
					丰富的想象力			
					丰富的联想			
	原意志		认识激发培养强化	强烈的动机		良好的意志品质	创新意志	
				合理的需要				
				广泛的兴趣				
				坚定的信念				
				辩证唯物主义世界观				
				良好的习惯				

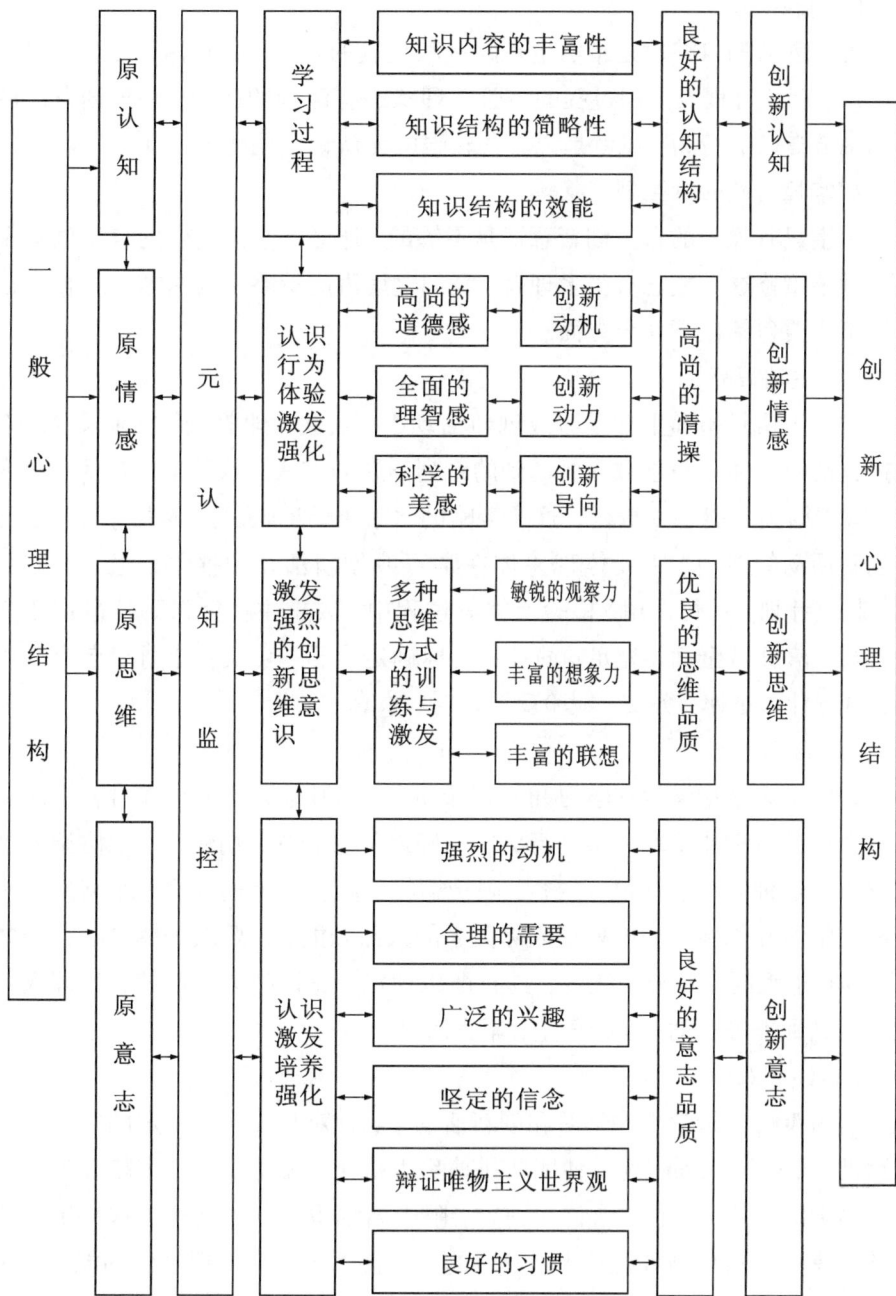

图 2-5　创新心理结构图

（5）自控性

自主创新的自控性是指学生在间接和直接的学习、实践活动中，对自己的认识、创新过程及认识过程的体验心理状态有深刻的认识，并根据自己的目标调节自己的行为，也就是说具备较强的元认识监控能力。

2. 掌握高效的自主创新策略

学生只有强烈的自主创新意识是不够的，还必须掌握高效的自主创新策略。对于策略这一概念有很多理解，我们这里讲的策略主要指方法。自主创新策略主要包括以下几个方面。

（1）主动策略

主动策略是指学生在学习或创新活动中，独立、科学、恰当地采取一系列措施解决主体本身领域内所遇到的系列问题的方法。这种策略包括许多内容，限于篇幅不能一一赘述。这一策略的水平主要反映出主体本身驾驭学习或创新活动的能力，主要体现主体在学习或创新活动中搜集信息、确定目标、制定计划、执行计划、检验反馈等过程中，要求主体能做到信息搜集方法科学，信息量全面、充足、简捷；目标确定合适、切实；计划制定合理可行；执行计划迅速、务实；检验反馈及时、求真。

（2）合作策略

合作策略是指学生在学习和创新活动中，与其他人员的合作过程中应具备的个性品质和能采取一系列行为，较好地促进合作、愉快合作、协调发展的方法。这种策略包括很多内容，限于篇幅不能一一赘述。这一策略反映出个体在学习和创新活动中处理人际关系的人品和能力，要求个体具有合作精神，具有求大同存小异的气度，具有严以律己、宽以待人的品格，处理人际关系要做到平等互助，互相尊重，紧密团结。

（3）组织策略

组织策略是指学生在学习和创新活动中，针对自己涉及一定的组织领域的活动，采取一系列行为促使团队拼搏努力奋斗的方法。这一策略反映出个体的领导组织能力，它包含许多内容，限于篇幅也不一一赘述。这一策略要求学生有一定的预测事物发生、发展的洞察能力，具有处理事件的能力，具有较深的专业知识功底，具有一定的组织协调能力，具有一定的人格魅力，能做到预测精准，指导有力，组织有序，协调有方。

第五节　中小学生自主创新学习能力的内容

听讲学习方式、自主学习方式、合作学习方式、研究性学习方式是学生走向社会后终身学习过程中经常使用的学习方式，我们将学生在这些常用学习方式的学习能力称之为自主创新学习能力，自主创新学习能力是中小学教育阶段学生发展的重要内容，这些学习能力的培养将被纳入双发展课堂教学目标的范畴。

自主创新学习能力在内容结构上较为复杂。从其学习过程方面来看，应包含下述几个方面的内容。

一、自主创新学习定向能力

自主创新学习定向能力解决学什么、怎样学的问题。个体要决定学什么、怎样学，必须在心理上对自己元学习知识进行分析，认识所学的知识在自己人生中的作用，了解所学的知识条件，在此基础上经过综合比较，作出自主学习方向上的决策。在整个决策过程中，除了一定的智力因素外，需要、动机、兴趣、信念、世界观等非智力因素也起着重要作用。这些非智力因素，不仅影响个体在学习方向上的决策，而且影响以后自主学习过程中的意志因素，因此，它是自主创新学习定向能力的最重要的因素，也是双发展课堂教学中需要强调的内容。

二、自主创新学习运作能力

明确了学习目标，确定了学习步骤后，接下来就是自主创新学习的实际运作过程。某些学者在分析国外元学习理论后指出：个体在身心发展的基础上，由社会传递，在外部对客体或符号化的客体进行的新操作活动，在解决主客体矛盾的过程中，这种新的活动方式与主体原有的图式实现协调、整合，从而内化为新的心理活动方式，这就是个体心理机能提升的习得过程。

这个习得过程有两种学习方法：第一，从整体到局部再到整体，即先了解整个学习对象的概况，然后对学习对象的要点一个一个突破，最后理解整体学习对象的内涵；第二，从局部到整体，即先对学习对象的要点一个一个突破，然后再整体理解学习对象的内涵。不管采取哪种方式或者两者兼而有之，都必须从知识的载体中尽量获取更多的元认识体验。思维始终是这一过程中的主要角色，而感觉、知觉、记忆、想象是十分重要的基础。所以，思维是自主创新学习运作能力的最主要因素，它将作为要素列入双发展课堂教学目标。

三、自主创新学习调节能力

自主创新学习运作过程有时不能顺利按自主学习定向时的设计进行，经常需要及时调节。调节的内容有两类：第一类，对原定的学习计划、学习内容进行调节；第二类，对所学习内容的理解偏差进行调节，调节的过程就是元认知理论中的元认知监控过程。只有明确了认知目标，并对自己的认知过程和效果之间的关系产生了深刻的体验，才可能对自己认知活动的成败和得失作出正确的判断与评价，从而产生对策性的意识动机，进行自动化的监控与调节。从这个意义上讲，自主创新学习的调节主要依赖于元认知知识及在自主创新学习运作过程中产生的元认识体验，受自我调控意识的控制，所以，自我调控意识是培养自主创新学习调节能力的重要内容。双发展课堂的教学中强调强化这种调控意识，注意这种学习调节能力的培养。

四、自主创新学习激励能力

随着社会的发展，自主学习活动将伴随人的一生，而且自主创新学习过程是一个艰辛的创造性劳动过程，需要极强的意志力才能取得成就。很多著名科学家与同龄人相比，并没有突出的智力，但在科学研究方面取得了显著成绩，为人类做出了突出贡献，这与他们较强的内激励能力相关。内激励能力主要与有关意志的需要、动机、兴趣、信念、世界观等非智力因素相关。这些非智力因素是有水平层次的，其中信念、世界观是最高层次的，也是最持久的内驱力，但最高层次的内驱力是从最基本的内驱力——需要，发展形成的。所以，培养学生自主创新学习激励能力的关键是逐步从低层次到高层次，抓住上述与意志有关的非智力因素，有序地进行。双发展课堂教学的理念对于学生而言是感受学习的兴趣。因此，我们希望在课堂教学中紧紧抓住这些非智力因素中最基本的因素——兴趣，有序地引导学生的非能力因素向高一层次水平发展。

五、自主创新学习意识

自主创新学习意识是自主创新学习定向、运作、调节、激励能力的集中体现，培养学生自主创新学习意识是双发展课堂教学的重要内容。自主创新学习意识是学生在不断地学习中逐步形成发展起来的，它是学生主体对自己在学习中的主体地位的主观意识，使学生可以调节和控制自己的学习行为，使之具有自觉性和目的性。它以学习的自觉性、主动性、积极性、创造性为具体体现，以求得主体自主发展为目标。它既帮助学生在自主创新学习中定向、运作、调节、激励，又促使学生在自主创新学习中学会学习和思考，并从中获得成就，体会其中的乐趣，形成内驱力，在其驱动下逐步提高，向高一层次发展。因而，培养学生自主创新能力首先要培养他们的自主创新学习意识，而这一意识又必须通过自主创新学习整个过程的强化逐步形成，双发展课堂教学十分注重这一教学过程的设计。

综上所述，自主创新学习能力是一种综合性很强的能力，它需要很高的思维素质、丰富的情感、坚强的意志作为支撑。在双发展课堂教学过程中，我们突出众多的智力、非智力因素相互配合，与客观环境条件相互作用，在课堂教学中着力培养学生的自主创新学习能力。

第六节 双发展课堂教学发展目标

中小学校的学生、教师的发展是双发展课堂教学发展的主要对象，再根据双发展课堂教学质量观，课堂教学质量不再是单纯的学生学习质量，而是学生和教师共同发展的质量，那么学生、教师的发展目标是我们必须明确的问题。如何确定学生和教师的发展目标呢？通过在学校组织教师进行广泛、深入的讨论，我们确定了下述教师和学生两个方面的发展目标。

一、教师发展目标

1. 专业知识发展

教师学科的专业知识包括理论的学科知识，教学的学科知识、生活的学科知识。理论的学科知识是指学科理论工作者将生活的学科知识按照思维的特点和顺序，依据哲学的有关观点组成的学科系统的知识发展结构；教学的学科知识是将理论的学科知识材料按照学生的认识规律和能力适当组织成的学科教材系统的知识结构；生活的学科知识是指在生活实际和社会发展过程中，学科知识真实发生发展的事实。教师理解教学的学科知识，是为学生提供了学科教学认识的标准，教师了解和知道生活的学科知识和理论的学科知识，是从学科实际认识角度和理论角度为教师和学生的学科知识提供了丰富的材料。

教师专业知识除包括教师学科的专业知识外，还包括对本学科的发展历史和文化的感悟以及对未来学科发展趋势的认识，还包括教师对本学科知识及教学在心理学、教育学等领域的理解。教师专业知识发展的层次是：学科的专业知识、学科专业知识及教学的文化感悟(包括生活的学科知识)、终身学习。专业知识是最低发展层次，这一发展基本靠学历教育提供；学科文化感悟是纯专业知识发展的第二个层次，它强调教师对专业知识及与专业知识有关知识的融会贯通，对学科历史文化的领会，这一发展基本通过参加教学工作后的自觉努力学习获得；终身学习是教师专业知识发展的最高层次，它强调教师结合自己的体会，始终坚持对所教学科知识和教学学科有关知识的学习，加强对终身学习重要性的理解，树立终身学习的意识，养成终身学习的习惯。

2. 教学思想发展

教师的教学思想发展指教师在课堂教学中对社会及教育发展趋势的理解，对教育教学理论、教育心理学理论的感悟，对双发展课堂教学中学生自主创新能力的心理结构、自主创新学习能力的认识，以及对优化学生自主创新能力的心理结构和提高学生自主创新学习能力的技能的掌握。教师教学思想发展的层次是：知识传授、智力发展、素质培养。知识传授即教师课堂教学只注重知识的传授；智力发展即教师课堂教学中不仅仅注重知识传授，而且注重对学生智力和非智力因素的开发；素质培养即教师课堂教学中以学科知识为载体，在传授知识的过程中注重提高学生各方面的素养和素质(包括站在发展和课程总目标的高度提高学生核心素养和素质的意识)。

3. 职业价值发展

教师的职业价值是指教师对职业的态度。教师职业价值发展的层次是：谋生、事业、兴趣、幸福、价值。谋生即教师将教育教学当成一种谋生的手段，这种教师受条件的约束，可以随时另换职业，谈不上对教师职业的长远规划；事业即教师将教育教学当成自己的事业来完成，这种教师把教育教学当成自己的事业，对教师职业有一种追求、信念，对教师职业有较长规划，对教育教学行为有一定的坚持性；兴趣即教师对教育职业有一种发自内心的喜爱，这种喜爱能促使教师克服工作中的一些困难，完成其承担的教育工作；幸福即教师对自己的职业产生了一种幸福感，这样的教师追求这种职业给自己带来的幸福感，他们对自己的教育教学生涯有更长远的规划；价值即教师将自己的教育工作与事业、国家振兴，民族发展联系起来，并体现自身价值的过程，对促进学生发展的教育教学行为有更强的自觉性，对自己所从事的职业有更强烈的奉献精神，这是教师职业发展的最高层次。双发展课堂教学理念就是要强调教师追求这种实现自己教育价值的幸福。

4. 经济待遇发展

教师的经济待遇是指教师从事教师职业，学校给予教师的经济待遇。教师经济待遇发展的层次是：按劳取酬、长远发展、价值体现。按劳取酬，即学校依据政策，比较同类型的学校制订工酬规定，按规定给予教师经济待遇，这是教师经济待遇的最低发展层次；长远发展，即学校按规定付给教师工时工资后，还制订了有利于教师个人长远发展的福利待遇制度，例如：资料费、生日礼品、出差培训费等；价值体现，即学校制定了按教师工作成绩给予丰厚奖金的制度，给教师的发展提供了较充分的物质条件，这是教师经济待遇发展的最高层次。

专业知识发展、教学思想发展、职业价值发展、经济待遇发展是教师发展目标的四项指标，这四项指标不是孤立的，他们互相支撑、互相促进。学校制订有关教师的待遇制度时，应尽量考虑促成教师这四个方面的发展。例如：制订工资制度、奖励制度、教师福利制度时，都要考虑这些制度是否有利于促进教师发展。学校应将教师追求自身合理的经济待遇的发展视为教师的正当权利，并尽可能满足教师在经济方面的需求。教师也应努力通过自己专业知识、教育思想、职业价值三个方面的长足发展，在国家和学校经济允许的条件下获得正当的经济待遇。

二、学生发展目标

1. 学业水平发展

学生的学业水平发展主要通过课堂教学来实现，其具体内容在中小学阶段课程标准中做了明确规定，在有关课堂教学目标内容中，我们还将详细讨论。

2. 道德与法治水平发展

学生的道德与法治指中小学生在社会主义制度下遵守社会道德和法治的意识和行为。其水平发展层次是：知道、理解、行为、需要。知道，即学生通过国家设置的道德与法治课程和学校的有关专项教育教学活动，知道社会主义道德和法制的内容，这是道德与法治发展的初级水平；理解，即学生从内心真正理解学校所授道德和法制的内容；行为，即学生在理解社会主义道德和法制内容的基础上产生一种遵守的意识，再演变为自己的遵守行为；需要，即将遵守社会主义道德与法制的行为变成自己内心的需要，将行为变成自觉、自然的行为，这是学生道德与法治发展的最高水平。学校的道德与法治课程的开设以及有关专项教育教学活动的开展就要沿着这个层次不断发展。

3. 身体素质发展

学生的身体素质指学生在中小学教育阶段应掌握一定的体育知识和技能，养成良好的锻炼习惯，为个人以后的发展打下的良好的身体基础。学生身体素质发展的层次是：掌握锻炼的知识和技能、形成科学锻炼身体的习惯、发展自身的身体素质。掌握锻炼的知识和技能，即掌握中小学教育阶段体育课传授的相应的体育知识和技能；形成锻炼身体的习惯，即认真上好体育课和两操课，积极参加学校组织的各种体育活动，科学地安排自己体育锻炼的时间；发展身体素质，即通过体育课、学校的体育活动，使自己的身体素质得到提高。

三、课堂教学目标

根据《基础教育课程改革纲要》精神，按中小学教育《课程标准》要求，结合《中国学生发展核心素养》目标，以及对学生创新心理结构和对学生自主创新能力内容的理解和实验研究，我们提出了下述中小学各学科统一的课堂教学目标。

1. 知识与技能

知识与技能指中小学阶段学科《课程标准》中规定的陈述性的知识和技能。

2. 要素与素养

要素指中小学阶段学科《课程标准》中规定的知识与技能中所蕴含的程序性知识和蕴含的对人的素质发展有普遍指导意义的思维、情感、意志等心理要素，还包括教学方法中所含的思维、情感、意志等因素。素养指学生对学科认知和身心发展产生深远影响的学科意识、学科方法、学科思想、学科文化、学科体验、学科知识体系、学科价值以及学科习惯。

现将语文、数学、英语学科的核心素养，摘录如下：

九年义务教育阶段(2022年《课程标准》修订版)：

语文学科核心素养：

文化自信、语言运用、思维能力、审美创造。

数学学科核心素养：

小学：符号意识，数感、量感、空间意识，几何直观、推理意识、模型意识、数据意识。

初中：抽象能力、空间观念、几何直观、推理能力、运算能力、模型观念、数据观念。

英语学科核心素养：语言能力、文化意识、思维品质、学习能力。

高中阶段（2020年《课程标准》修订版）：

语文学科核心素养：

语言建构与运用、思维发展与提升、审美鉴赏与创造、文化传承与理解。

数学学科核心素养：

数学抽象、逻辑推理、数学建模、直观想象、数学运算、数据分析。

英语学科核心素养：

语言能力、文化意识、思维品质、学习能力。

目前从小学到高中，都以《中国学生发展的核心素养》为指导，修订本学科的《课程标准》。在修订的过程中，众多学者对学科的本质与素养，素养的内容与表述做了许多探索。我们认为：第一，一个人的学科核心素养在某种程度上是学生学科要素综合的产物；第二，学科核心素养应按学科外在表现和学科内心思维，学科意识，学科发展分类；第三，学生的学科核心素养不等同于学生的核心素养。学生核心素养在学科方面要具有阶段性，一致性，连贯性。在综合方面要具有辩证性，社会性，发展性。

当前我们可以以小学、初中、高中《课程标准》中提出的核心素养比较理解双发展课堂教学目标中的学科素养。值得指出两个问题，首先是学科核心素养的内容和表述以及解读将随着社会的发展，随着学科教学研究的深入，随着学科教学内容的变化而变化！其次我们所理解的核心素养，是指落实各学科要素的基础上形成的学科素养，再由学科素养辩证统一构成综合的核心素养，这种综合的核心素养很大部分是中小学生通过课堂教学和中小学校其他教育活动发展而成，最后通过社会实践活动形成适应社会和社会发展的中小学生发展核心素养（参看本书77页图2-6），综合的核心素养内容是双发展课堂教学要研究的一个重要内容。

3. 学习与发展

学习与发展指课堂教学中以终身学习及自主创新学习意识和策略为基础的听讲学习能力、自主学习能力、合作学习能力、研究学习能力的发展。当然这四种学习的学习内容包括教材及教材以外的内容。值得强调的是我们这里讲到的研究性学习包括对现实生活中提出的问题进行研究(社会实践),也包括对教材内容提出问题的研究,这是研究性学习内容的一种延伸。因为听讲学习方式、自主学习方式、合作学习方式、研究学习方式是学生走向更高一级学校或今后在社会工作中经常碰到的和经常用到的四种学习方式。为了使学生今后进入更高一级学校学习或走向社会更好地使用这四种学习方式进行学习,教师必须在中小学校的课堂教学中结合学生年龄特点,分阶段突出重点引导学生使用这四种学习方式进行有关的训练和学习,培养和发展学生这四种学习能力。为此教师首先要明确上述四种学习方式的学习功能、学习方法和学习策略,以便课堂教学中施教。

(1)明确四种方式的功能

①听讲学习

·**教育功能**:养成遵规守纪的习惯,学会倾听、尊重的礼貌,形成听讲、思考的习惯,培养认真、细心的品质。

·**教学功能**:借鉴、接受、深入、省时、提效、整体、系统。

②合作学习

·**教育功能**:学会交流(倾听、表达)、尊重、谦让、协调、提升主动性。

·**教学功能**:学会借鉴、思考、反思、提高兴趣、强化体验、提高课堂教学质量。

③自主学习

·**教育功能**:强化学生的主体意识,提高学生的主体创新能力(自主创新学习定向能力、自主创新学习运作能力,自主创新学习调节能力、自主创新学习激励能力)。

·**教学功能**:掌握学科自主学习方法,强化学科学习体验,为听讲学习做好准备,提高双发展课堂效率。

④研究性学习

·**教育功能**:培养独立自主的精神,掌握独立自主的方法,提高独立自主的能力。

·**教学功能**：提高提出问题的能力，提高深入研究问题的能力，提高系统研究问题的能力，提高课堂教学质量。

(2) 掌握、创新学习方法

①**听讲学习**

·结合预习认真听讲，弄清教师讲解思路。

·结合预习积极思考，理解重点内容。

·做好重点难点记录。　　　　·模仿练习。

·主动课后反思，积极查漏补缺。　·及时复习。

②**合作学习**

·明确合作学习内容。　　　　·自主学习有关内容。

·合作交流探索。　　　　　　·展示个人心得。

·归纳总结学习内容。　　　　·理解、感悟学习内容。

③**自主学习**

·确定学习目标(确定学习内容，明确自己的心理已发展区和最近心理发展区，搜集参考资料，确定学习目标)。

·阅读学习内容(初读课文，了解大意，精读课文理解重点，品读课文内化要素，整体感知，清楚结构)。

·模仿练习(初步模仿，自主评论)。

·归纳知识[归纳本课知识，建立与已学相关知识的联系，构建知识结构，提出问题，确定听课策略(学懂的比较教师讲解理解，不懂的，重点听教师讲解)]。

④**研究学习**

·提出研究的问题和猜想。　　·寻找研究的思路和方案。

·按方案开展探究。　　　　　·归纳、总结、研究成果。

·撰写研究报告；　　　　　　·交流研究成果；

·修正补充研究报告。

关于四种学习方式的学习策略将在后面详细著述。

四、课堂教学目标的地位

依据本章课堂教学教材定位的思想，可以知道各学科教材是实现双发展课堂教学目标的载体，又根据双发展课堂教学思想可知，中小学生的素养是课堂教学目标的核元素，这一认识可以用下图表示：

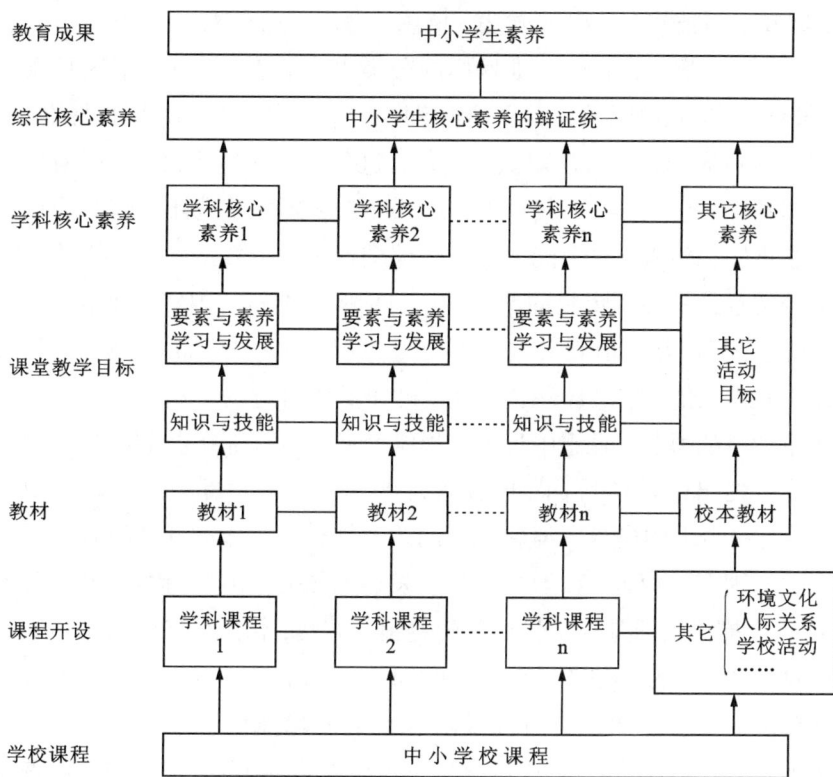

教育成果　中小学生素养

综合核心素养　中小学生核心素养的辩证统一

学科核心素养　学科核心素养1　学科核心素养2　……　学科核心素养n　其它核心素养

课堂教学目标　要素与素养学习与发展　要素与素养学习与发展　……　要素与素养学习与发展　其它活动目标
知识与技能　知识与技能　……　知识与技能

教材　教材1　教材2　……　教材n　校本教材

课程开设　学科课程1　学科课程2　学科课程n　其它（环境文化 人际关系 学校活动……）

学校课程　中小学校课程

图 2-6　中小学课堂教学目标的地位

五、双发展课堂教学目标体系的特点

新课程改革前，课堂教学目标在《学科教学大纲》中做了明确表述，这种以传授知识为主的课堂教学目标是新课程改革的内容之一。新课程改革后，关于课堂教学目标有很多种提法，下面将我们提出的课堂教学目标与国家层面提出的有关课堂教学目标做一个比较。

第二章 双发展课堂教学的理论

1. 双发展课堂教学目标与有关新课程改革教学目标的比较分析

(1)与《基础教育课程改革纲要》有关目标的比较

目前九年义务教育阶段教师在设计课堂教学目标时，采用的是三维目标分类，即知识与技能，过程与方法，情感、态度与价值观。分析这一分类的背景可以知道：第一，上述三维目标的分类出自教育部2001年6月颁发的《基础教育课程改革纲要》(以下简称《纲要》)。此纲要指出，课程标准"应体现国家对不同阶段的学生在知识与技能，过程与方法，情感、态度与价值观等方面的基本要求"；第二，《纲要》关于教学目标分类是针对当时应试教育普遍只注重知识传授，忽视能力培养的弊端提出的；第三，《纲要》关于教学目标的分类意义是强调传统的课堂教学目标应增加新的内容，即增加过程与方法，情感、态度与价值观。过程即学科知识发生、发展的过程，过程蕴含了思维、情感、意志等因素；方法即学科知识所对应的学科方法，方法中也蕴含了本学科的思想，思想中肯定有思维因素。教育部在《纲要》中针对传统教学的实际提出的教学目标，比较传统课堂的教学目标——传授知识与技能，无疑是一个大的进步。但新课程的改革推行已二十多年，随着教育对课堂教学目标理解的深入，以及中国学生发展的核心素养目标的提出，我们认为《纲要》中提出的课堂教学目标中的过程与方法，情感、态度与价值观应再具体一些(我们认为，将来很长一段时间关于课堂教学目标的内容的表述会沿着下述方向变化：知识与技能随着知识内容增删引起变化，而过程与方法，情感态度、价值观将以《中国学生发展核心素养》为导向，和以新课程改革深入的研究为根据向着具体、明晰的方向发展，事实上高中各学科《课程标准》的课堂教学目标已沿着这个方向变化)。所以，双发展课堂教学目标在过程与方法，情感、态度与价值观的基础上，增添了一些具体内容，我们将原来过程与方法，情感、态度与价值观等内容和我们新增加的内容一并表述为要素与素养。

(2)与《课程标准》中的课堂教学目标的比较

《课程标准》是教学的纲领性文件，《课程标准》中的课堂教学目标分类应体现《纲要》中的三维目标，教师应按《课程标准》中更具体的教学目标分类进行课堂教学，为此各学科首先按照"纲要"精神于2001年、2003年相继制定了九年义务教育和普通高中各学科《课程标准》(实验稿)，随着新课改的深入，又在《课程标准》实验稿的基础上多次修订（2011 年曾对 2001 年版义务教育学科课程标准做过一次修改），目前 2020 年修改后的高中版课程标准和 2022 年修改后的义务教育版课程标准成为了当前基础教育各学科教学的指导性文件。我们以九年义务教育和普通高中阶段语文、数学、英语三科课程标准中关于课堂教学目标分类为例，说明我们的观点。2011 年版的《语文课程标准》关于课堂教学目标分类是：知识与能力，过程与方法，情感、态度与价值观；2011 年版的《数学课程标准》关于课堂教学目标分类是：知识与技能、数学思考、问题解决、情感态度。2011 年版的《英语课程标准》关于课堂教学目标分类是：语言技能、语言知识、情感态度、学习策略、文化意识。2022 年九年义务教育阶段各科《课程标准》都以学科核心素养为中心叙述课堂教学目标。2020 年高中各学科《课程标准》都提出了本学科的核心素养（小学、初中、高中语文、数学、英语核心素养见要素与素养叙述中），并以核心素养为重点，以知识与技能为基础叙述了本学科的教学目标。分析中小学教育阶段各学科课程标准可以知道：第一，各学科对知识与技能的理解基本一致，大多数学科沿用了"知识与技能"的提法，并且有关内容逐步向学科核心素养抽象；第二，各学科站在学科角度对知识与技能所承载的内容、过程与方法，情感、态度与价值观方面的认识有较大差别，基本上只是强调学科特点，没有从更高的角度看待目标的分类；第三，2011 年、2020 年、2022 年修订版的学科《课程标准》中的课堂教学目标比较 2001 年、2003 年版的《课程标准》实验版有所变化，这说明基层教育工作者对课堂教学目标的认识逐渐深入，所以，站在教研教改的角度探索提出双发展的课堂教学目标也是有必要的；第四，学科《课程标准》是教学的纲领性文件，教师书写课堂教学目标时应按学科《课程标准》书写，但是课堂教学的现实并不完全是这样，这说明教师对《课堂标准》中的教学目标认识不统一，双发展课堂教学目标的提出实际上是给出了一种自己对目标的理解。双发展课堂教学实施初期我们强调教师书写教学设计时，分类书写课堂教学目标，目的是强化教师课堂教学目标改革意识（树立并落实即时性发展和体验性发展双目标意识），这只是一种手段，最终可放宽要求，但可以肯定学科课堂教学目标的设计内容将随着社会的发展和教学改革的深入而不断变化，永远在不断完善的路上。

（3）与《中国学生发展核心素养》的比较

《中国学生发展核心素养》的主要内容可概括为："三个维度"（文化基础、自主发展、社会参与）；"六大素养"（人文底蕴、科学精神、学会学习、健康生活、责任担当、实践创新）；"十八个要点"（人文积淀、人文情怀、审美情趣、理性思维、批判质疑、勇于探究、乐于善学、勤于反思、信息意识、珍爱生命、健全人格、自我管理、社会责任、国家认同、国际理解、劳动意识、问题解决、技术应用）（图 2-7）。显然中国学生发展核心素养是针对中国基础教育和高等学校的学生，而且这一核心素养不是空洞的，由基础教育应承担的任务应该落实到基础教育的课堂教学活动和相关的教育活动中去。

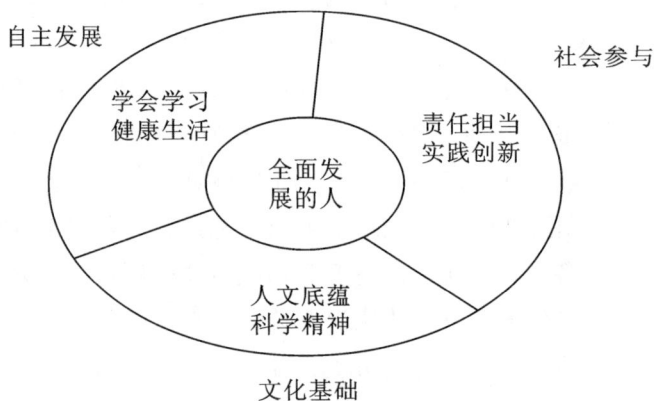

图 2-7　中国学生发展核心素养

因此，这一核心素养已成为指导修改现行的中小学各学科各阶段《课程标准》中关于学科教学目标的重要依据。从双发展课堂教学目标的内容中可以看出，文化基础（人文底蕴、科学精神）、自主发展（学会学习、健康生活）是其重要内容。可以说，双发展课堂教学目标是《中国学生发展核心素养》在学校课堂教学目标中的一种校本表述。中国学生发展核心素养的部分目标的最终落实，必须经历在学校课堂教学目标的校本表述中落实的阶段，才能体现其价值，否则中国学生发展核心素养将是一句空话。我们关于《中国学生发展核心素养》的校本（基础学校）表述和落实正是一种有意义的尝试。

2. 从教育学、心理学、哲学高度统一抽象的教学目标

双发展课堂教学目标是以学科教学内容为载体，从心理学或哲学高度抽

象而成的教学目标体系。目标中的知识与技能是即时性发展目标，学生必须每节课当堂落实，这种目标带有小学科教学的观念；要素与素养、学习与发展是体验性发展目标，这种目标不是每节课一定要学生完成的目标，而是要经过较长时间的渗透教学，使学生在潜移默化中逐渐达成的，这种目标不仅带有小学科的特殊性，而且带有教育学、心理学、哲学抽象的特点，例如要素就是从各学科知识目标中抽象而成的心理学目标，学科方法就是从各知识目标抽象而成的哲学目标。长期坚持这些体验性目标的教学，对学生素质发展有很大的好处。这些目标都是从各学科教材内容中抽象出来的，这种体验性目标虽然也具有小学科特点，但从心理学角度和哲学高度看更具有普遍性，所以更具大学科的特点，所以双发展课堂教学不仅主张小学科教学，而且更主张大学科教学。大学科教学有些教师不理解，例如思维是从理科教材中抽象出的要素目标，但文科教师则感到茫然。例如：语文中的"比喻"。从语文知识的角度理解是修辞手法，但从思维角度来看是一种比较思维。将 A 比喻成 B，作者的目的是使读者通过 B 去比较理解 A。如果 A 是读者的最近心理发展区，B 是读者的已发展区，这种比较的目的就自然达到；如果 A 不是读者的最近心理发展区，作者的这种比较目的就达不到。所以语文教师不仅要从语文的修辞手法上理解"比喻"，还应上升到心理学方面的比较思维和最近心理发展区来认识"比喻"，这是语文教师专业发展的内容。又例如：在英语教学中，英语是一种语言，语言要交流，需要利用一种读音去交流。教授英语的国际音标时，联想到汉语的交流——利用拼音，很自然地将国际音标与汉语拼音联系起来进行比较教学。联想、比较都是一种思维，学生通过联想自己心理已发展的基础——汉语拼音，比较自己需要的心理发展区——英语国际音标，设计这种学习过程就便于学生建立自己的知识结构，这种教学不仅要求教师知道英语的国际音标，而且要理解它与语文的联系，还要从心理学方面理解思维发展的重要内容，这些内容都是英语教师专业发展的内容。教师要感悟到这些在学科教材内容之上的要素再进行教学，才能促使学生完成各学科（大学科）的统一目标——要素与素养、学习与发展，实现新课改大学科的理念。目前，这种统一的目标设计因人而异，带有不确定性，但我们的教师要有这类目标的设计意识和能力。当然我们还可以从哲学的角度去抽象课堂教学目标。

第七节　双发展课堂教学目标的设计原则和落实策略

为了更好地在课堂教学中落实教师发展、学生发展的目标，教师在教学中必须遵循下述原则和掌握下述策略。

一、课堂教学目标的设计原则

课堂教学目标的设计可以反映出教师的教学思想，而教学思想转变是教师深入课堂改革的第一步，也是教师新课改的关键一步，为了更好地设计好课时教学目标，双发展课堂教学要求教师遵循如下原则。

1. 即时性发展目标设计原则

课时目标分两大类：即即时性发展目标和体验性发展目标（即双目标）。即时性发展目标指当堂课必须设计并落实的教学目标——知识与技能。这种课堂教学目标必须基本坚持每节课按教材规定设计，当堂课不打折扣地完成。例如，数学课中的掌握利用消元法解二元一次方程组；语文课中的通过活动使学生初步掌握书写"孝事敬老"活动方案的格式；英语课中的能掌握【æ】【e】【i】【ɔ】【ʌ】五个短元音，五个元音字母在闭音节单词中的发音规律。

2. 体验性发展目标设计原则

每节课设计的目标中，除知识与技能目标外，必须还要设计体验性发展目标。例如，英语课中运用类比思维的方法沟通本节课内容与语文相似内容的联系，更进一步理解本节课学习的内容，这是一种体验性目标。类比思维不要求学生当堂课掌握，但要经过一段时间的体验使学生潜移默化后内化。

3. 整体连续性原则

每节课的即时性发展目标和体验性发展目标都要设计，从一个阶段来说，这些目标的设计要有整体性和相对连续性，以确保对学生的整体连续刺激，取得最好的教学效果。即时性发展目标的整体性和连续性，学科《课堂标准》和学科教材给出了规定，我们容易掌握；体验性发展目标设计的整体性和相对连续性较难把握，主要是目前师范教育阶段没有开设这个方面的课程，教学的学科中也没有系统的论述，教育实践也无人研究。这就要求教师需要在自己专业充分发展的基础上，认真学习教育心理学知识，认真钻研教材，从宏观上把握，做到将体验性发展目标串点成线，拓线成面，这是教师在课堂教学中落实双发展课堂教学目标的一个难点，也是双发展课堂教学后期研究的重点。

二、落实课堂教学目标的策略

好的教学目标的设计一定要在课堂教学中落实，落实的策略从侧面反映出一个教师的教学素质和教学水平。双发展课堂教学目标的落实要掌握下述策略：

1. 语言策略

好教师的教学语言有如下特点：清晰、简捷，具有逻辑和趣味，还包含丰富的情感。清晰指教师的课堂语言清楚，不含混其词。简捷指教师的课堂语言不啰嗦，直指问题要害。逻辑指教师的课堂语言的联系具有明显的逻辑关联，避免大的跳跃。趣味指教师的课堂教学语言很风趣，能激起学生的兴趣，吸引学生的视觉，丰富学生的联想和想象。丰富的情感指教师的课堂语言能显示教师的丰富情感，例如音调的抑扬顿挫，肢体语言丰富、高雅、准确。这些特点，需要教师在教学中长期刻苦修炼。

2. 程序策略

好的教学目标的设计要有相应的程序去落实。掌握程序性策略，双发展课堂教学认为落实要注意两点。首先，防止忽视要素与素养的体验程序。有些教师认为每一项知识与技能目标都有一定的教学程序去落实，但错误地认为要素和素养目标是软指标，设计这种教学目标只是为了摆设，不需要实际性教学程序去落实，实际是挂了羊头却不卖肉。其次，双发展课堂教学强调发展学生的听讲学习、自主学习、合作学习和研究性学习的能力，我们要根据教学内容恰当地指导学生按后述的学习方式的基本程序和学习方法开展学习，防止课堂教学中不指导学生学习、走过场的倾向，切实促进学生学习和发展。

3. 积极互补策略

受元认知结构的限制和主体认识的心理机制的影响，在同样的认知外部环境下，不同的认识主体可以得到不同的认知结构，这就是个体差异。要减少个体差异，教师必须积极引导学生讨论，及时反馈，尽快消除头脑中先入为主的错误联结痕迹，实现认识结构的正确转换。教师在课堂教学中要特别注重指导学生自觉在听讲学习、自主学习、合作学习及研究性学习过程中，积极与同学讨论，取长补短，感受积极互补的益处，形成互补的习惯，提高互补的能力。

4. 高效练习策略

高效练习是提高课堂教学的重要措施。有人说高效练习占提高课堂教学质量的 50% 的份额，这是有一定道理的。高效练习要遵循如下规律，第一，要遵循 H·艾宾浩斯遗忘规律，不要认为 H·艾宾浩斯遗忘曲线只适合复习时用，其实练习也是一种复习，每一次同一知识练习的间隔时间安排要遵循这一规律；第二，要遵循练习律，即练习的次数太多就会浪费时间，练习的次数太少，就达不到练习的效果，次数多少才合适呢？练习律可以回答这个问题。下面以中学数学为例，谈谈我们在实验学校探索数学练习律的过程。

过程资料如下。

数学练习曲线心理测试方案

一、测试时间

教学内容为湖南省编数学教材初中七年级上册 4.3.2"角的度量与计算"，教师按平常讲课程序进行，讲完例 1、例 2、例 3 后开始该项测试活动。

二、测前准备工作

1. 发给每一位学生一本测试本（每本共 8 页，每次测试使用一页）。

2. 明确测试方法。

①本项共设计了 8 次测试，每次有两道测试题，采取逐次进行的方式，具体实施测试的次数，由教师根据具体情况决定。

②第一次测试的程序和需记录的事项。

a. 要求学生在测试本的第一页上写好自己的姓名，并在第一页上进行第一次的测试解答，解答完毕将第一页答卷交给教师。

b. 教师在黑板上板书第一次测试的两道题的答案，两分钟后宣布第二次作答开始，并记录好开始时间。

c. 学生作答完毕后交卷，这时教师要记录第一个交卷学生和最后一个交卷学生的交卷时间，还要记录交卷学生最多的交卷时段。

d. 学生交完卷后，教师公布本测试题的答案，再让学生思考两分钟，准备下一次测试。

e. 将答卷和有关记录数据合并装订成一本，并标明第一次测试资料，待统计。

③按第一次测试的程序和记录内容和要求重复后面几次的测试。

④教师根据测试的具体进展情况确定测试中止时间。

三、测试统计(略)

四、数据分析(略)

五、提出研究结论

测试题

第一次：$56.26° =$＿＿＿＿度＿＿＿＿分＿＿＿＿秒　$49°36'18'' =$＿＿＿＿度

第二次：$37.5° =$＿＿＿＿度＿＿＿＿分＿＿＿＿秒　$45°30' =$＿＿＿＿度

第三次：$34.6° =$＿＿＿＿度＿＿＿＿分＿＿＿＿秒　$24°36' =$＿＿＿＿度

第四次：$25.4° =$＿＿＿＿度＿＿＿＿分＿＿＿＿秒　$35°15'36'' =$＿＿＿＿度

第五次：$72.18° =$＿＿＿＿度＿＿＿＿分＿＿＿＿秒　$54°42'36'' =$＿＿＿＿度

第六次：$113.25° =$＿＿＿＿度＿＿＿＿分＿＿＿＿秒　$57°48'18'' =$＿＿＿＿度

按方案完成测试后统计成绩，得到下述练习曲线(图 2-8、图 2-9)。

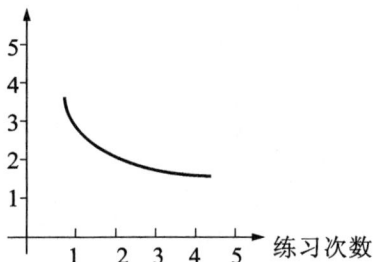

图 2-8　练习曲线图①

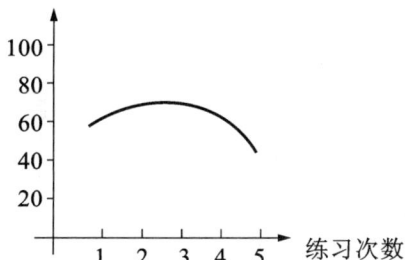

图 2-9　练习曲线图②

研究结论：

1.随着练习次数的增加，练习时间急剧减少，练习次数达到 3 次及 3 次以上时，练习时间趋于平稳。

2.随着练习次数的增加，得分开始有大的增加，练习次数达到 3 次时，得分最高。

3.对同一性质的问题，最佳练习次数不能超过 3 次。

部分教师会更多地采取题海战术，提高学生的学习质量，这种题海战术有很多无效的练习，使得教师、学生疲惫不堪。针对这一问题，我们要求教师研究学生的练习规律，减轻学生的练习负担，减轻教师的作业批改负担。我们首先带领教师进行数学练习曲线的研究示范，再要求其他学科教师仿照研究，这些研究结果组成双发展课堂教学的练习曲线，再配合 H.艾宾浩斯的遗忘曲线，指导学校的《动态练案》练习设计。

5.积极反思策略

学生反思的过程其实质是学生认知监控的过程。学生积极反思自己的学习过程有很多好处：可以清楚自己学习的心理过程，调整学习措施；可以及时分析学习结果，修正自己学习中的误区；可以帮助分析自己的学习路径，使自己学习少走弯路；可以强化自己的认知体验，提高元认知监控能力。总的来说，反思可以提高学生自己的学习效率和学习质量。教师要努力学习元认知知识，正确指导学生的反思过程，促进学生元认知监控水平的提高！

第八节　学习与发展的学习策略

双发展课堂教学要求每一个在中小学阶段开设学科课程的教师，将学习发展纳入自己学科课堂教学的目标内，并予以落实。这是双发展课堂教学落实《中国学生发展核心素养》的一个有力举措，也是双发展课堂教学目标有别于其他课堂教学目标的一个显著区别。为此我们组织教师学习元认知理论知识，归纳各学科学习方法，构建了双发展课堂教学中有关四种学习的学习策略。

一、学习与发展的内涵

双发展课堂教学中的学习与发展是指在课堂教学或有关课堂教学的学习活动中，运用听讲学习、合作学习、自主学习、研究性学习等四种学习方式教学，学生的学习能力与发展，它不是一般学习意义下的学习与发展。具体讲：听讲学习方式是传统的讲授式课堂教学方式下的学习方式；合作学习方式是学生与学生，学生与教师共同参与课堂教学活动的活动式教学方式；自主学习方式是学生个体在教师指导下自主完成学习教材内容的教学方式或课前预习；研究性学习方式是学生在教师指导下提出与教材或与社会实践有关的问题，并完成研究课题的教学方式。这四种学习方式的应用可以在课堂教学中进行，也可以是课堂教学的适当延伸，例如课后辅导或自习课或晚自习课或学校组织的学习活动中进行。

二、学习策略的主要内容

一般意义下的学习策略包含下述核心元素。

1.元认知的内容

元认知包括元认知知识、元认知体验、元认知监控等三个方面。元认知知识是个体关于自己的认识活动、过程结果以及有关的知识；元认知体验是个体伴随着认知活动而产生的认知体验或情感体验;元认知监控是个体在认知活动进行的过程中,对自己的认知活动积极进行监控,并相应地进行调节,以达到预定的目标。

2.*学习方法*

学习方法是学习者获取学习结果的工具。不同的学习内容有不同的学习方法,不同的学习目的有不同的学习方法,不同的学习个体也有不同的学习方法。很多心理学家,教育学家,教育工作者,教师及优秀学生都根据自己的学习体验提出了许多有效的学习方法。学习方法是学习策略的重要组成部分,如果不掌握一定的学习方法,也就谈不上学习方法的应用,学习策略也将失去赖以生存的基础,因此我们要认真学习和应用他人有效的学习方法。

我们认为四种学习方式意义下的学习策略也应包含上述一般意义下的学习策略中的核心元素。

3.*应用四种学习方式应注意的几点*

(1)学生不同的学段应有不同的侧重点。

尝试和使用四种学习方式,促进学生有关学习能力的发展,应根据学生不同的年龄阶段,不同的学习内容选择。我们主张听讲式学习方式可以普遍在中小学生各个阶段采用,这是由班级教学的特点决定的;另外,小学生应侧重使用合作学习方式,初中应侧重自主学习方式,高中应侧重研究性学习方式。

(2)相同学习方式的学习内容要有从简单到复杂逐渐加深的过程。

学生在使用同样的学习方式时,学习内容要注意逐渐加深。首先应促使学生对简单的学习进行某种学习方式的学习,以达到明确学习方法的目的,然后在明确学习方法的基础上逐渐发展成对较深学习内容的学习,再达到提高效率的目的,对内容的变化要有循序渐进的过程,使学生的学习能力逐渐提高。

三、四种学习方式的学习策略

下面我们以文化考试科目为例谈谈四种学习方式的学习策略。

1.*听讲学习方式的学习策略*

学生在听讲学习方式中,主要从教师对学习内容的讲解中了解、理解、掌握、应用知识。这种讲解作用于学生的头脑，特别作用于学生元认知系统，通过学生元认知系统分析，再经过比较、调节、调控的心理过程，然后学生确定一定的学习方法，激发学生进入学习执行阶段，在学生执行过程采取这种确定的方式进行学习，如果学习目的达到，则完成了学习过程。如果反思后，有疑问，再将反馈的信息反回给教师或学生，然后在教师的指导下或在学生元认知策略的指导下寻求另外的学习方法，直到学习过程完成，用图表示如下：

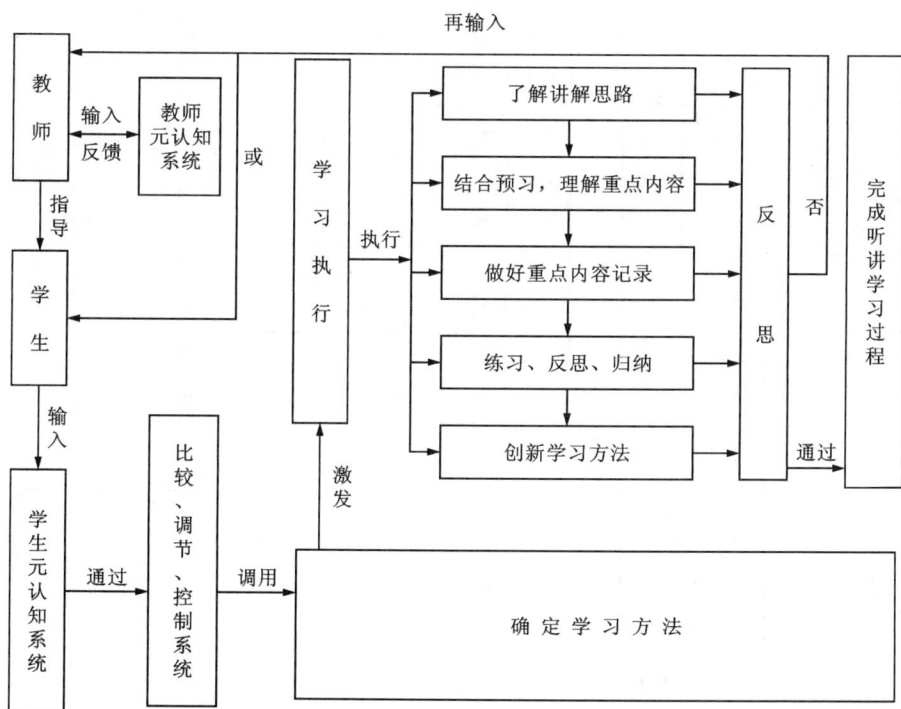

图 2-10　听讲学习方式的学习策略示意图

2. 合作学习方式的学习策略

学生在合作学习方式前按教师的安排，对部分或全部教学的内容采取学生合作的方式去了解、或理解、或掌握、或应用相应的知识。这时教师提示学生学习的内容，要达到的学习目标，合作的程序，然后将这些输入到学生元认知系统，通过学生元认知系统分析，再经过学习的调节，控制心理过程，然后确定一定的学习方法，进入学习执行的阶段。学生按这种学习过程进行学习，学习执行告一段落后进行反思，反思无问题则学习过程完成，否则问题的信息将反馈给教师或直接反馈给学生的元认知系统，再反复上述过程，按原学习程序搜集有关信息或修改学习方法，反复上述过程，直至学习过程完成。用图表示如下：

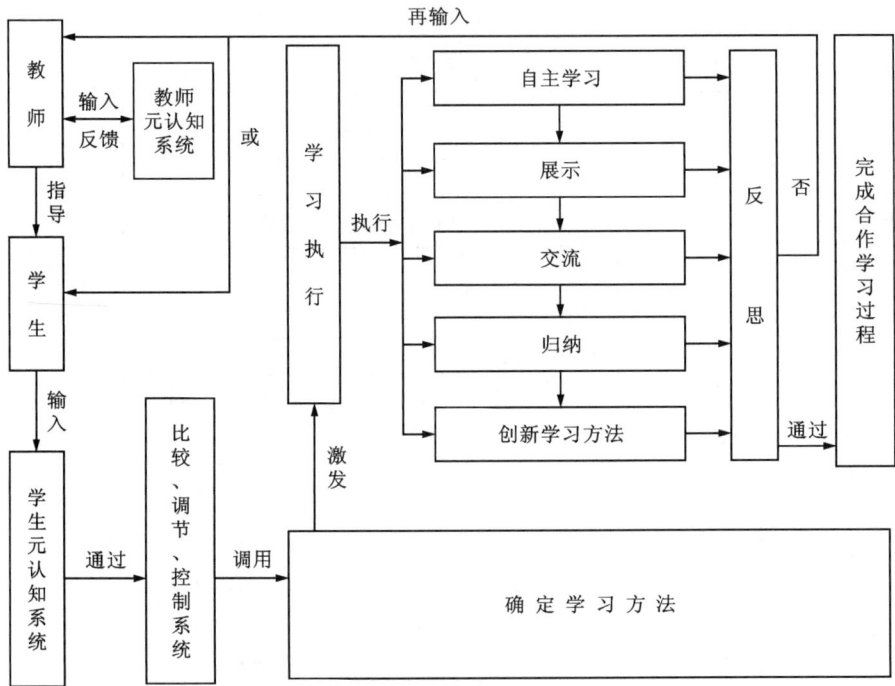

图 2-11 合作学习方式的学习策略示意图

3. 自主学习方式的学习策略

学生在自主学习方式前按教师安排的课内或课前进行预习，这时教师在课前会要求学生学习什么内容，达到什么学习目的，并要求学生通过自主学习的方式完成预习过程。这一预习过程的某些程序与前面两种学习方式有些相似，故此处略，其过程用下述图表如下：

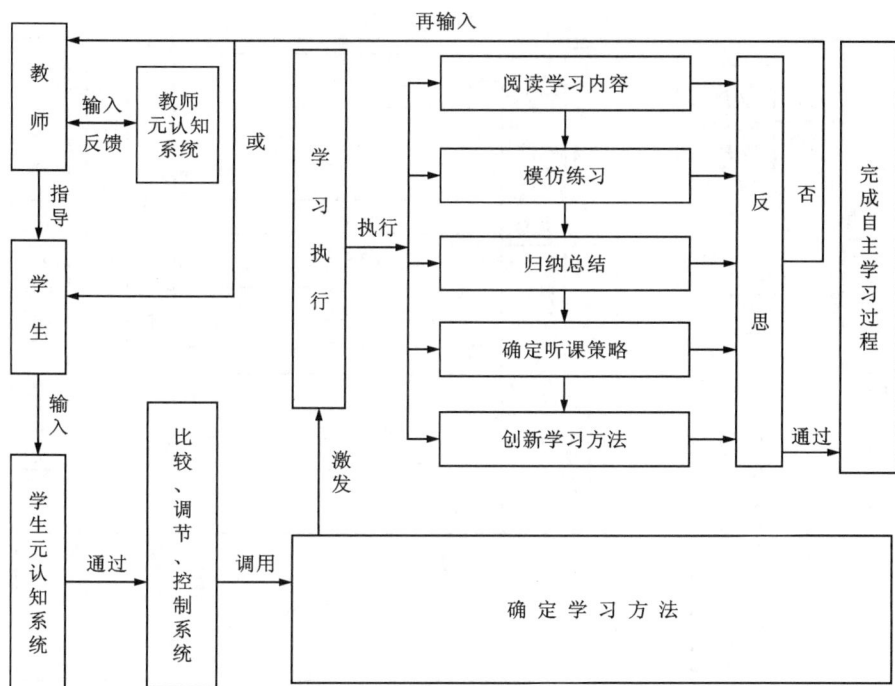

图 2-12　自主学习方式的学习策略

4.研究学习方式的学习策略

研究学习是对于学生认识教材内容过程中容易产生的问题或有待进一步探索的问题，提出研究专题，教师指导学生在课堂教学中或在与课堂教学有关环节中开展研究性学习的过程。这一过程基本与上述三种学习方式的基本程序有相似之处。故此处略，其过程用图表示如下：

非考试科目学科的学习策略与文化考试科目的学习策略有许多相同之外，主要区别是这些学科的学习方法与文化考试科目的学习方法有所不同，非考试科目教师应根据这些不同点，确定它们的学习策略。

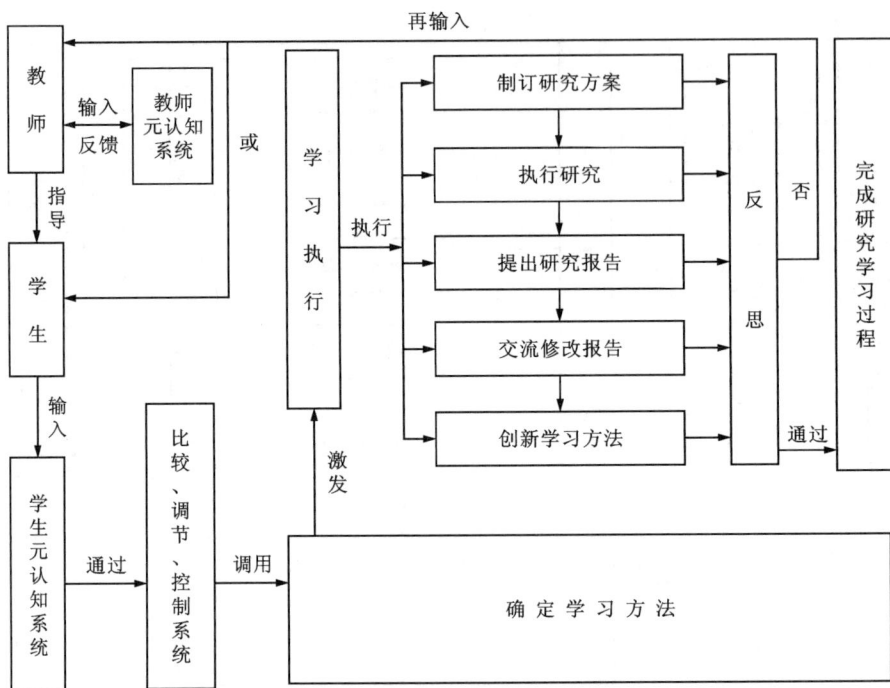

图 2-13 研究性学习方式的学习策略

四、四种学习方式学习策略的教学

关于学生学习策略水平是否可以通过教学的途径得到提高的问题，有两种观点：第一学习策略是不需要进行专门教学的，理由是：首先是学习策略属于能力范畴的内容，难以传授；其次是学习策略水平随着学生个体的心理发展而得到不断地发展和成熟，与教学无关。第二学习策略是需要专门教学的，理由是：学习过程中学习策略的运用是在一定的规则指导下进行的，而这些规则是可以通过研究逐步发现的。

我们赞成学习策略是需要专门进行教学的，但不赞成上述观点的理由，上面两个观点有一个共同的认识，即知识与技能可以传授，能力是不可传授的，我们反对这一观点。我们认为虽然能力较难传授，但能力可以在"体验"和"内化"的认知过程中逐渐潜移默化的培养而得到提高，新课程改革强调素质教育，正是基于这个理由。双发展课堂教学拓宽了课堂教学目标，增设了"体验性发展目标"，学生可以在实现"体验性发展目标"和"内化"中达到提高能力的目的，学习策略中的"元认知系统"属于"体验性发展目标"，所以有必要开展学习策略的教学。

第九节　双发展课堂教学学科教材的定位

　　教材是国家课程、地方课程、学校校本课程的一种重要表现形式，传统的理念习惯将教材仅仅看成是知识的载体，即小学科教学观。其实教材这个载体具有多维功能。学科教材作为知识的载体，可以丰富学生的认知内容，可以丰富教师对知识内容的处理思想；学科教材作为语言，可以训练学生对世界精确地表述，可以使教师深刻感受到学科语言的精美；学科教材作为一种思维，可以训练学生的判断推理能力，可以丰富教师的思维世界；学科教材作为一种情感，可以丰富学生的情感世界，可以深化教师的情感体会；学科教材作为一种意志，可以训练学生良好的意志品质，可以使教师感受到学科发展的艰难历程；学科教材作为思想方法，可以发展学生的学科思想，促进学生掌握其领域的方法论，可以使教师从哲学的角度理解学科思想方法的深刻内涵；学科教材作为文化，可以培养学生实事求是、严谨认真的科学态度，可以发展教师学科文化意识。总之，学科教材对于学生和教师的发展，具有多种重要作用，要发挥多种重要作用的功能，需要教师具有将所有中小学课程看成是为实现某种更高层次课堂教学目标整体的载体的眼光，即大学科教学观。这些作用的高效发挥需要教师去开发，这给教师提供了一个崭新的、广阔无垠的发展空间，需要教师树立终身学习的思想。双发展课堂教学不再单纯地将学科教材看成知识与技能的载体，不仅仅是通过学科教材的学习丰富学生的认知内容，而是将所有学科教材看成是学生、教师素质发展等内容的载体，通过这样的大学科教学观的教学，使学生、教师获得更高层次相应的充分发展，这一认识可用下图表示：

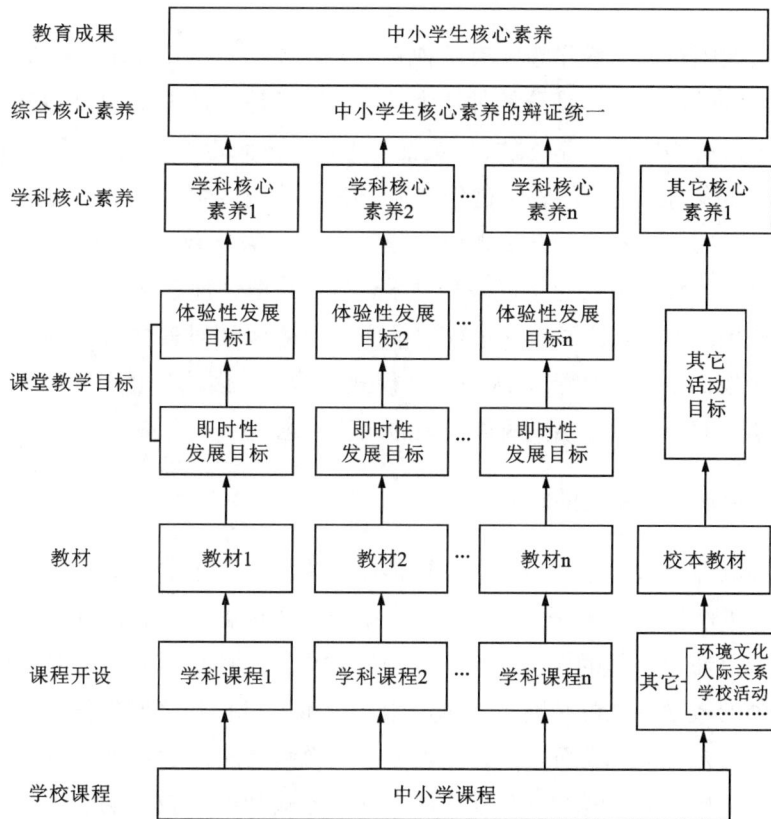

图 2-14 中小学教材载体定位示意图

教育成果	中小学生核心素养
综合核心素养	中小学生核心素养的辩证统一
学科核心素养	学科核心素养1 · 学科核心素养2 · … 学科核心素养n · 其它核心素养1
课堂教学目标	体验性发展目标1 · 体验性发展目标2 · … 体验性发展目标n · 其它活动目标
	即时性发展目标 · 即时性发展目标 · … 即时性发展目标
教材	教材1 · 教材2 · … 教材n · 校本教材
课程开设	学科课程1 · 学科课程2 · 学科课程n · 其它〔环境文化 人际关系 学校活动 …………〕
学校课程	中小学课程

图 2-14　中小学教材载体定位示意图

第十节 双发展课堂教学模式群

当前教师对课堂教学模式有两种偏见。首先，一部分教师反对在课堂教学中学习教学模式。这部分教师认为，教学模式是一种固定的教学方法，而教学根本没有固定的教学方法(有灵活的方法，无固定的方法)，我们用固定的方法，实施到无定法的教学过程中去，违背了"教学有法，但无定法"的教学常识。其次，部分学校开展课堂教学改革，一部分教师总结教改成果时，习惯将自己的教学方法总结成一种教学模式，并把这种教学模式当成最有用的教研成果，在所有课堂教学过程中推广。上述两种对教学模式的偏见，主要是因为他们没有从本质上认识教学模式的作用，因此产生了"教学模式无用"或"教学模式非常有用"两种极端的认识和态度。

一、课堂教学模式的本质

教师的课堂教学艺术分两个方面体现，即教师的课堂教学素养和教师的课堂教学方法。教师的语言素养、形态举止、文化涵养、亲和力等都属于教师素养的范畴。教师的课堂教学程序、教学思想、教学方式、教学技巧等都属于教师的教学方法的范畴。教师的素养较难通过教师之间的学习转移，有的甚至可能是先天的，而教学方法则可通过教师之间的学习进行传递。课堂教学模式本质是教学思想、教学程序、教学方式和教学技巧的载体，它所承载的内容可以通过教师的学习和应用进行传递。教学素养和教学方法紧密相关，互相促进，它们深度融合就形成了教师的课堂教学艺术，我们要从课堂教学模式的本质上认识其对课堂教学的作用，正确看待课堂教学模式的地位和作用。

二、课堂教学模式的作用

双发展课堂教学不反对教师学习教学模式进行课堂教学，也不赞成将发现教学模式看成是一种至高无上的教学研究成果，并误将某一种教学模式，不分教学内容，教师特点，学生学情，一刀切地推广运用，我们应客观公正地评价学习应用教学模式对教师专业发展的作用。

学习新教学模式可以引导教师学习新的教学程序。教学模式承载了新的教学程序，教师学习应用某种新教学模式规定的程序去教学，这样无疑强化了教师对新的教学步骤的认识。对老教师而言，他们习惯了自己原有的教学程序，不易接受新教学方法中的教学程序。这时，要改变其内心禁锢僵化的教学程序，尝试使用新教学模式的教学程序进行教学就是一种有效的办法。因为教师尝试的过程就是学习的过程，学习过程能给教师开启另一扇教学的窗口，使教师透过这扇窗口看到另外一番教学的天地，从而开拓了教学的视野。对于新教师而言，他们的教学经验不足，对课堂教学的基本程序认识不清，常常盲目探索有效的教学程序，这种盲目性滞后了教师自己的教学发展。新的教学模式是优秀教师的经验总结，学习这种新的教学模式可以加速新教师的教学发展。所以学习应用新的教学模式对所有老师的发展都是必要的。

学习应用新的教学模式可以引导教师体验新的教学思想。教学模式是优秀教师新的教学思想的体现，教师在熟练地掌握教学模式的教学程序后，自然会提出疑问，这样的教学程序体现了创建模式者什么样的教学思想，从而开启体验、感悟新教学思想的阀门。通过体验和感悟，教师对教学模式的教学思想就会有自己的认识和理解，这种认识和理解对教师自己的教学发展是至关重要的。

学习应用新教学模式可以引导教师创新具有自己特色的教学模式。教师在体验和感悟新教学模式的教学思想的基础上，就会通过比较思维发现自己教学的优缺点，发现自己正在学习的教学模式与其他教学模式的区别，发现自己正在学习的教学模式中还存在的问题，通过比较思维，创新符合自身特点的教学模式。

学习应用新教学模式可以引导教师升华自己的教学境界。教师在学习应用新教学模式时，经过学习课堂教学步骤，体会课堂教学思想，创新具有自己特色的教学模式。这一过程循环往复，在这一过程中反复借鉴别人的经验，反思自己的问题，就会快速提升自己的教学境界。

这就是我们之所以研究课堂教学模式，并学习运用课堂教学模式的关键所在。

三、双发展课堂教学模式群提出的过程

1. 学生课堂教学中学习心理层次与教师教的层次

我们常说教师的课堂教学要符合学生的认知规律，这个规律是什么，很多教师都讲不清。针对这个问题，必须弄清楚课堂教学中学生的心理变化层次。为此，我们在学校组织教师学习教育心理学、教育测量评价等理论，进行广泛讨论，从心理学角度认识课堂教学中学生心理变化层次。运用心理学的"反省法"，通过对优秀学生的心理调查分析，感悟学生课堂学习的心理过程，我们认为学生在课堂教学中有成效地学习，心理必须经过以下四个连续变化的心理层次。

（1）情境认同

依据教育心理学理论以及对学生课堂学习心理的调查分析，我们认为，学生的课堂心理活动往往是这样开始的：即在一定的教学环境中接受外界一定的信息刺激，这种刺激触发人体感觉器官，通过大脑引起学生对事物的注意，心理活动由此开始。心理活动开始后会在外界因素刺激下形成某种动力，这种动力驱使学生的心理沿着某种确定的方向发展，例如，数学教学中为达到教学目的，需要某种情感，教师针对学生的最近心理发展区设计相似的情感环境，使用相应的教学手段，使学生的情感沿着教学目的所需情感的方向发展。又如，数学教学中为了使学生理解所教的内容，教师根据学生的最近心理发展区创设类比联想环境，使学生沿着教学目的所需思维要求的方向发展。再如，教师为使学生在学习上积极配合，根据学生心理特点，从兴趣、学习目的等非智力因素入手设计教学环境，使学生的非智力因素支撑智力因素沿着教学目的方向发展。这些方向的确定，主要是在外界信息的导向状态与学生心理发展水平的相互作用中实现的。外界信息的导向状态主要是指信息的刺激方式、刺激强度、刺激量及刺激量的背景；学生心理发展水平，主要指学生当前的需要、动机、兴趣及原有知识结构。这两个方面的因素决定了学生个体对外界刺激信息的择取方式和择取质量，从而使学生的思维、情感、意志等心理活动具有方向性。教师在设计教学过程中，总是力图使学

生的思维、情感、意志、个性倾向沿着自己的指向发展(**入境教学**),但这个情境意图必须得到学生心理上的认同,并在心理上做出响应,这样才能使学生真正成为学习的主人。这是学生的第一个学习心理层次——**情境认同**。

(2)理解认同

情境认同在学生心理上只解决了思维、情感、意志、个性倾向的定向问题,这仅仅是学生学习的良好开端。学生真正的学习还必须借助于原有知识和原有经验,借助于教师在情境认同层次中建立起来的类似思维、情感、意志的环境,再发展成为对所学内容,所学内容与已学内容的关系,以及对所学内容的内在联系的理解,从而进一步建立起思维所需的联结学习和运算学习的学习机制。通过对学生心理调查得知,80%的学生要花 10~25 分钟进行上述理解,理解也带有方向性。教学实践证明,教师进行教学设计,总是将社会对知识的理解方式与自己的认知水平相结合,形成理解的传授方式,在教学中力图使学生沿着自己设计的方式按一定的理解方向发展(**入心教学**),在思维、情感、意志(注:这种思维、情感与情境认同中思维、情感内容是不同的)上引起心理共鸣,这样才能使学生在认识上注入新的血液,有新的进步。这个过程就是学生课堂学习的第二个心理层次——**理解认同**。

(3)内化

学习的目的是掌握前人的知识,形成新的思想观点,掌握自己改造现实的本领,而理解认同只解决了学生心理上对知识的初步认识问题,还没有使学生形成自己的思想、观点,产生自主的操作行为,即不能运用。要达到能运用这一目的,在理解的基础上,心理上还必须有一个内化过程,也就是在学生心理上产生一个质的变化,实现知识的社会性向个体性转化。在这个过程中,学生通过对知识的初步认识,在思维、情感、意志等心理活动的作用下,进一步通过同化、顺应,重构新的知识结构,再通过训练(**入行教学**),进一步强化这种结构,形成这一结构的外在表现——内隐(含内部语言)和外显的操作行为,反过来相对强化新形成的知识结构,成为下阶段学习的最近心理发展区的基础,提高下一个阶段的学习起点。这是学生课堂学习关键的第三个心理层次——**内化**。

(4)感悟

学生在课堂学习中经过以上三个层次的心理变化,在某种意义上说只是部分继承了社会对知识的掌握方式。由于教师的专业水平，教学过程的局限性，以及学生本身对知识的择取方式等，学生不可能全面掌握新的教学内容，也不能使知识个性化。这时，在教师的进一步指点下，在训练中或在师生交流中学习进一步发展，学生会产生一些独特的体会，出现一些独特的联想，得到一些独特的结论，使自己对认识的理解更具有个性化，使原有的理解层次内化程度得到进一步升华（**入神教学**），因此书越读越薄。这就是课堂学习中学生的第四个心理层次——**感悟**。

学生学习心理层次用下图（图2-15）表示。

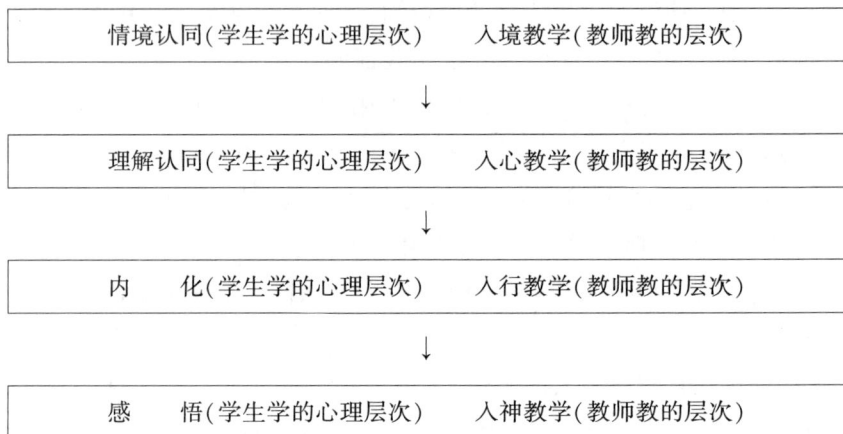

```
┌─────────────────────────────────────────────────────────┐
│  情境认同(学生学的心理层次)    入境教学(教师教的层次)    │
└─────────────────────────────────────────────────────────┘
                            ↓
┌─────────────────────────────────────────────────────────┐
│  理解认同(学生学的心理层次)    入心教学(教师教的层次)    │
└─────────────────────────────────────────────────────────┘
                            ↓
┌─────────────────────────────────────────────────────────┐
│  内    化(学生学的心理层次)    入行教学(教师教的层次)    │
└─────────────────────────────────────────────────────────┘
                            ↓
┌─────────────────────────────────────────────────────────┐
│  感    悟(学生学的心理层次)    入神教学(教师教的层次)    │
└─────────────────────────────────────────────────────────┘
```

图2-15 学生学习心理层次

2.教师教的方式与学生学的方式

依据双发展课堂教学的内涵，在研究双发展课堂教学模式时，探索学生的课堂学习心理变化层次后，还应从教师的教和学生的学两方面考虑。根据教学论，教师教的基本方式包括：讲授式、活动式、综合式。讲授式有利于教师节约时间，但不利于学生完整地接受知识；活动式有利于学生完整地接受知识，但耗时；采用综合式教的方式，教师可根据教学内容扬长避短。课堂教学中大多采取综合式教的方式，但也可以根据教学目标单独采取其他两种中的某一种教的方式。与教师教的基本方式对应的是学生学的基本方式。根据教学论，学生学的基本方式包括：接受式、发现式、综合式。接受式有利于学生节约时间,但容易忽视学生的学习主体性;发现式有利于突出学生学习的主体性,但耗时;综合式能根据学习内容扬长避短。

根据学生情境认同、理解认同、内化、感悟这四个心理层次和教师教的层次(入境教学、入心教学、入行教学、入神教学)的发展特点,我们提出相应的教师教的方式和学生学的方式。如下图(图2-16)所示:

讲　授　式	(教的方式)
接　受　式	(学的方式)
情　境　认　同	(学生心理层次)
综　合　式	(教的方式)
综　合　式	(学的方式)
理　解　认　同	(学生心理层次)
综　合　式	(教的方式)
发　现　式	(学的方式)
内　化	(学生心理层次)
综　合　式	(教的方式)
发　现　式	(学的方式)
感　悟	(学生的心理层次)

图2-16　教的方式和学的方式

3. *教学方法*

(1)课堂教学方法的选择应考虑三个维度

有效的课堂教学是以促进教师、学生共同发展为核心的。课堂教学失效，课后再弥补，虽说亡羊补牢，实则弊端多多。弊端一是占据了学生的休息时间，增加了学生的身心负担，学生不情愿，效果肯定大打折扣。弊端二是长此以往，学生产生依赖心理，认为课上没学好，会有老师补课，于是上课随随便便，懒懒散散，学习的激情没了，学习的习惯坏了，学生的精神状态就差了。弊端三是课后再补课，增加了家长的经济负担。弊端四是课后补课，老师得不到休息，增加了教师的身心负担，如果再搞有偿补课，直接损害了师德，教师在学生心目中的圣洁形象瞬间黯然失色，良好的师生关系沦为金钱关系。

如何才能提高课堂教学的有效性？课堂教学方法是关键。教无定法，贵在得法。选定什么样的教法，才能达成有效教学？双发展课堂教学认为要遵循三个维度。这三个维度指教学内容、学生特点、教师特点。

首先看教学内容这个维度。教学内容大凡分为描述性的内容、说明性的内容、议论性的内容。描述性的内容有的具体形象，可感可知，易读易懂；有的有故事性，有趣有味；有的具有情感倾向性，引人入心入境。针对此类教学内容，可采用学生默读、朗读等方法让学生多读，在读中体味，读中感悟，通过自学自思，读懂悟透，以此培养学生的自学能力，形成自学习惯，达到教是为了不教的终极目的。说明性的内容浅显易懂，条分缕析，一目了然，这些内容的教学可采用自学法、归纳法，通过学生自学总结，归纳出文本主要信息，达到自主学习的要求和目的。议论性的内容比较抽象，甚至有些枯燥、艰涩，这些内容学生往往不易接受，也不喜阅读。据此，可采用讲授法、讨论法，通过老师的讲解，化难为易，化繁为简，让学生豁然开朗，也可以通过学生讨论、师生讨论，于讨论中深入理解，释疑解惑，让学生茅塞顿开。

其次看学生特点这个维度。从学习基础来看，有基础好的学生，也有基础差的学生；从思维品质来看，有的思维简单，有的思维深刻，有的思维迟缓，有的思维敏捷，有的思维片面，有的思维全面；从非智力因素看，有的学生好动，有的学生喜静，有的专注，有的不专注；从情感因素看，有的易暴易怒，有的情感平静。以上这些因素都是我们选择教法的主要依据，贴近于学生实际，学生乐于接受的教法应该是最有效的。这需要教师心中有学生，以心换心，换位思考，选择好教法，求得效率最大化。

最后看教师特点这个维度。教师本身各具特点，有的教师激情四射，口若悬河，一开口，学生的情绪就调动起来了，所以，这类教师可发挥他善讲的特点；有的教师内敛、腼腆，不善于表达，甚至讲课没有激情，一开口，学生就昏昏欲睡；有的讲课思路不清或表述不清，不讲则罢，越讲越糊涂，把简单的问题讲复杂了，把复杂的问题讲得更像一团麻，让学生如雾里看花，这类教师则要避短，尽量少讲，多指导学生自学，多引导学生讨论，或发挥优秀学生的引领作用，让优秀学生充当小老师，辅助老师完成教学任务。善于朗读的教师指导学生朗读，学生如沐春风，不善于朗读的教师如若仿照，学生可能就无精打采；善于讲故事的老师一开口，绘声绘色，活灵活现，学生听得津津有味；不善讲故事的老师，血肉丰满的故事经他一说，平淡无奇，味同嚼蜡，学生听得昏昏入睡。

（2）学生不同认识层次教学方法的选择

教师促使学生完成情境认同可选择的教学方法（图2-17）有：

| 目标入境 | 兴趣入境 | 问题入境 | 类比入境 | 经验入境 | 比较入境 | 意志入境 | 情境入境 | …… |

图2-17　情境认同的教学方法

省略号表示教师可以创立新的方法，给教师留下的创新的空间（下同）。

教师促进学生完成理解认同可选择的教学方法（图2-18）有：

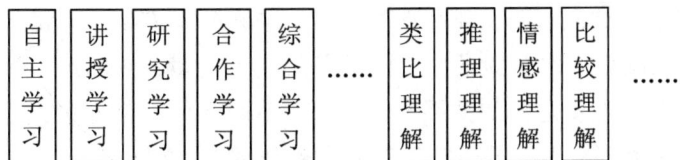

| 自主学习 | 讲授学习 | 研究学习 | 合作学习 | 综合学习 | …… | 类比理解 | 推理理解 | 情感理解 | 比较理解 | …… |

图2-18　理解认同的教学方法

教师促进学生完成内化可选择的教学方法（图2-19）有：

| 系统练习 | 个性练习 | 专题练习 | 合作练习 | 研究练习 | 迁移练习 | 自主练习 | …… |

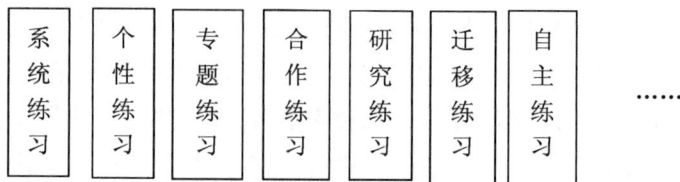

图 2-19　内化的教学方法

教师促进学生完成感悟可选择的教学方法(图 2-20)有：

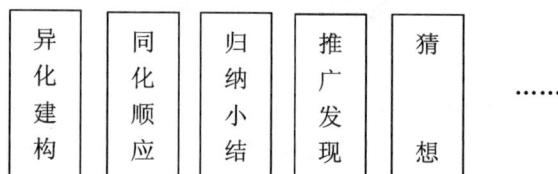

| 异化建构 | 同化顺应 | 归纳小结 | 推广发现 | 猜想 | …… |

图 2-20　感悟的教学方法

4.教学模式群

综合 1~3 构成的教学模式群如图 2-21 所示。

5.提出双发展课堂教学模式群常用的研究方法

我们在研究建立双发展课堂教学模式群时，经常引导教师用到比较研究法，教师在这一过程中提高了自己的教学研究水平。我们将课堂教学变化因素分成三个变量：教师、教学内容、教学模式。将教学模式分成两部分内容：教学程序、教学方法。其中教学程序相同，教学方法不同，也可以认为同构。开展研究课堂教学模式时，重点研究教学程序和教学方法；研究三个变量关系时，采用控制其中两个变量，比较研究另一个变量；或确定一个变量，比较研究另外两个变量之间的关系及效果；或不确定任一个变量，比较研究三个变之间的关系及效果，其研究思路和过程如图 2-22 所示：

讲 授 式 (教的方式)

| 目标入境 | 兴趣入境 | 问题入境 | 类比入境 | 经验入境 | 比较入境 | 意志入境 | 情感入境 | …… |

接 受 式 (学的方式)

情境认同(学生学的心理层次)　　　　　　　入境教学(教师教的层次)

综 合 式 (教的方式)

| 自主学习 | 讲授学习 | 研究学习 | 合作学习 | 综合学习 | …… | 类比理解 | 推理理解 | 情感理解 | 比较理解 | …… |

综 合 式 (学的方式)

理解认同(学生学的心理层次)　　　　　　　入心教学(教师教的层次)

综 合 式 (教的方式)

| 系统练习 | 个性练习 | 专题练习 | 合作练习 | 研究练习 | 迁移练习 | 自主练习 | …… |

发 现 式 (学的方式)

内　　　　化(学生学的心理层次)　　　　　　　入行教学(教师教的层次)

综 合 式 (教的方式)

| 异化构建 | 同化顺应 | 归纳小结 | 推广发现 | 猜想 | …… |

发 现 式 (学的方式)

感　　　　悟(学生学的心理层次)　　　　　　　入神教学(教师教的层次)

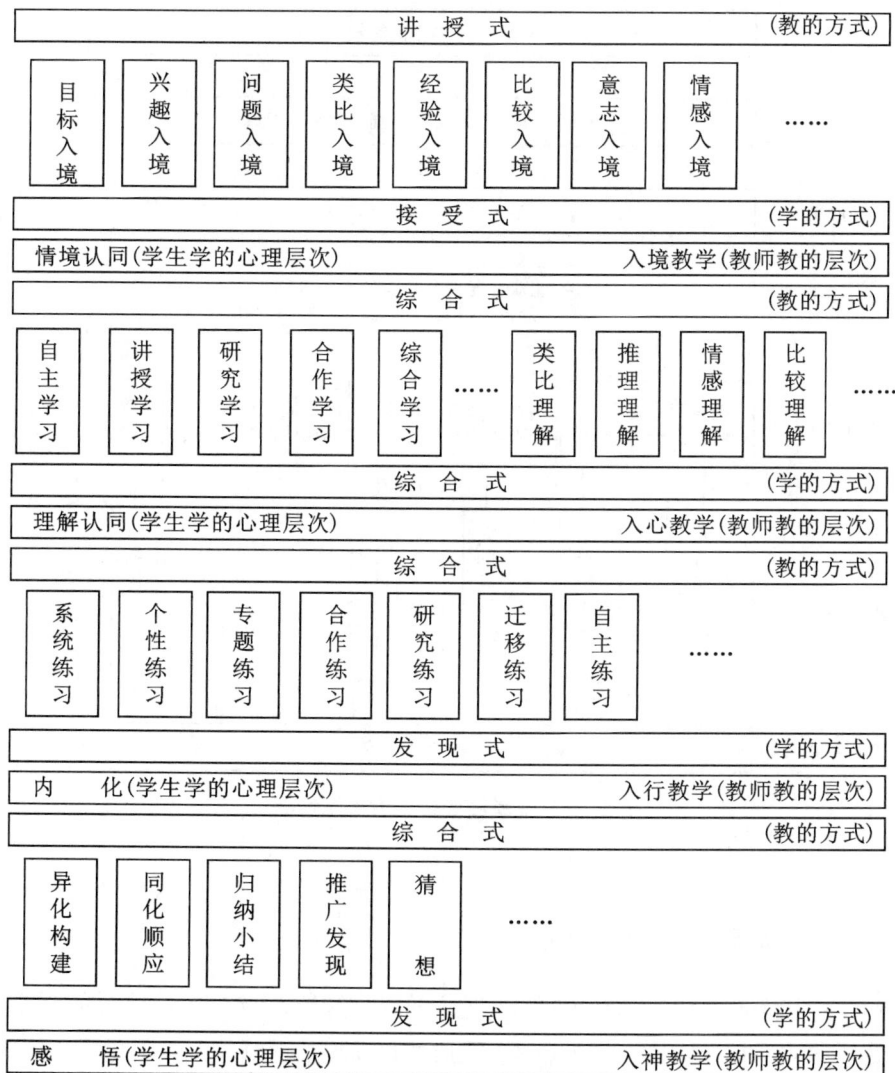

图 2-21 "双发展"课堂教学模式群示意图

最高境界	处理好"有法"、"无法"的辩证统一关系，达到贵在得法的境界
形　　成	具有教师个体特色的教学艺术
运　　用	使用、学习、体验、鉴别、反思、提升
研究成果	双发展课堂教学模式群
研究方法	比较（在双发展课堂教学理论的指导下，观察、分析、筛选、评定、归纳、总结）

研究功能	确定两个变量研究另一个变量	确定一个变量研究另外两个变量的关系	研究同师同课同构中的教学方法	研究三个变量之间的关系

推广教研活动	同师同课异构	同师异课同构	异师同课同构	同师异课异构	异师异课同构	异师同课异构	同师同课同构	异师异课异构

常规教研活动	同　课　异　构

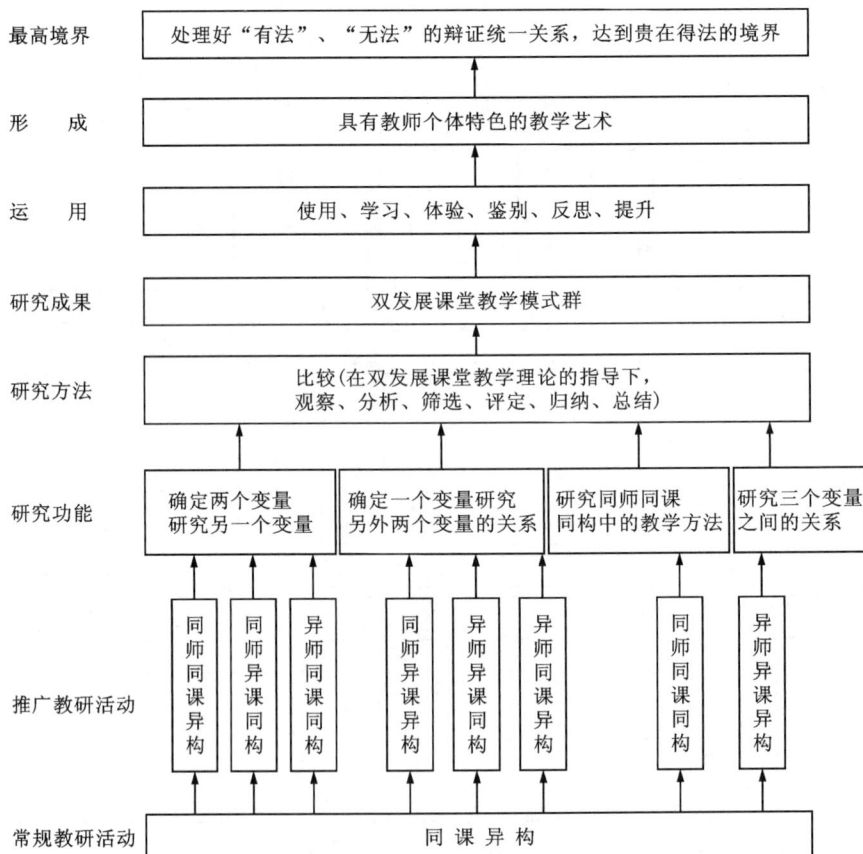

图 2-22　教学模式研究方法示意图

四、双发展课堂教学模式群的特点

1. 双发展课堂教学模式群是以双发展课堂教学理念"感受学习的兴趣，享受教学的幸福"为指导，顺应学生完成情境认同、理解认同、内化、感悟四个心理层次的规律，教师采取入境教学、入心教学、入行教学、入神教学的教学层次和相应的方法，完成双发展课堂教学目标，知识与技能、要素与素养、学习与发展，而建立起来的课堂教学模式群。

2. 双发展课堂教学模式群是一个"群"，而不是单个的模式，它给教师留有极大的发展空间。

3. 双发展课堂教学模式种数：

$$S = \{ C_n^1 + C_n^2 + \cdots + C_n^n \} \cdot \{ C_m^1 + C_m^2 + \cdots + C_m^m \} \cdot$$
$$\{ C_k^1 + C_k^2 + \cdots + C_k^k \} \cdot \{ C_j^1 + C_j^2 + \cdots + C_j^j \}$$

其中：S 表示双发展课堂教学模式种数。C_n^i 表示从教师促使学生完成情境认同的 n 种教法中选取 i 种教法的组合数；C_m^i 表示教师促进学生完成理解认同的 m 种教法中选取 i 种教法的组合数；C_k^i 表示从教师促进学生完成内化的 k 种教法中选取 i 种教法的组合数；C_j^i 表示从教师促进学生完成感悟的 j 种教法中选取 i 种教法的组合数。

4. 模式适应的课型：新授课、复习课、练习课、讲评课、活动课。

5. 教师可根据学生的学段年龄特点、学科内容特点、教师自身特长及设计的课堂教学目标，选取符合学生情境认同、理解认同、内化、感悟的心理认知规律的具体教学模式。

6. 这一模式群的创新之处：第一，首次提出模式群的概念；第二，这种模式群的建立较单个模式的外延要宽，包容性更强；第三，其中不仅蕴含了许多新课程改革的理念，而且蕴含了我们自己提出的许多新的教学观念；第四，这种模式群对于教学的指导意义是便于教师在操作过程中，更好地理解双发展课堂的教学理念，加速教师从"教有定法"提升到"教无定法，贵在得法"的教学境界。

第十一节　双发展课堂教学原则

一、教学原则研究的历史

　　教学原则对实际的教学行为有很强的指导意义，因此，教学原则是教学论的重要研究内容，也是诸多教育家十分关心的问题。教学原则分两种，一种是适用性较强的一般性教学原则，另一种是特殊性的学科教学原则。"在中国古代与古希腊时代，尽管都有一些关于教学原则的实际见解，但是作为一个体系来构建教学原则，一般认为始于捷克教育家夸美纽斯"①。这位十七世纪的大教育家在他的著作《大教学论》中花了四分之一的篇幅论述自己的 29 条教学原则。苏联教育家凯洛夫分别在 1948 年、1956 年所著的《教育学》中提出了"直观性、自觉性与积极性、巩固性、系统性与连贯性、通俗性与可接受性"五条教学原则。这些教学原则对中国的教育有着长期、重大的影响。1959 年美国著名的心理学家布鲁纳在他最有影响的著作《教育过程》中也详细地论述了他的教学原则。苏联教育家赞可夫在他的教学改革实践中就提出过"高难度、高速度、理论主导"三条教学原则。当然还有很多国外教育家对教学原则提出了见解。中国的教育专家对教学原则也有过许多研究，首先是对一般性的教学原则的研究，1959 年以集体名义发表，由江苏人民出版社出版的《教育学》中提出了七条教学原则：即共产主义方向性原则、理论联系实际原则、直观性原则、积极性原则、系统性与连贯性原则、巩固性原则、可接受性原则。1979 年，由人民教育出版社出版，上海师范大学《教育学》编写组所著的《教育学》提出了八条教学原则：即科学性与思想性相结合原则；理论联系实际原则；教师主导作用与学生自觉性、积极性相结合原则；感知与理解相结合原则；循序渐进性与系统性原则；掌握知识技能的巩固原

---

　　① 张楚廷.教学原则今论［M］.长沙：湖南师范大学出版社，1993.

则；符合学生年龄特点和接受能力原则；统一要求与因材施教相结合原则。1990年由中南工业大学出版社出版的《普通教育法》也论述了六条教学原则，即科学性与思想性统一原则、理论与实际统一原则、教学内容与学生认知结构统一原则、发展智力与陶冶情意统一原则、集体教学与个别指导统一原则、教师主导作用与学生主动性统一原则。1993年，由湖南师范大学出版社出版的《教学原则今论》中，著者张楚廷教授在分析总结前人提出的教学原则后，鲜明地提出了智力培养与心力发展相结合、知识传授与能力培养相结合、思维训练与操作训练相结合、收敛思维训练与发散思维训练相结合、深入与浅出相结合、教师主导作用与学生主体作用相结合等六条教学原则。

总之，不管是国外对教学原则的研究还是国内对教学原则的研究，这些原则的提出除遵循了一定的教学规律外，还深刻地烙上了自己的经验和时代特点的印记。我们尝试提出的双发展课堂教学原则也不例外。

二、双发展课堂教学原则

1. 最近心理发展区原则

苏联心理学家维果茨基认为，人的发展有两种水平，一是现有的发展水平，二是即将达到的发展水平，两种水平之间的差异为最近心理发展区。最近心理发展区是学生卓有成效的课堂学习所依赖的心理区域，也是衡量学生是否有所发展的基础。在课堂教学的四个层次中，教师必须针对大多数学生思维、情感、意志的最近发展区出发，选择教学材料、教学方式，以达到促进学生有成效地学习，促进学生自主发展的目的。

2. 结构性原则

现代学习的认知理论认为，学习的本质是认知结构的建构和重新建构，强调思维活动中理解或顿悟的重要作用，还特别强调学生已有的知识结构在后继学习中的重要作用。因此，在双发展课堂教学中，应根据学生的最近心理发展区，整体考虑教学内容，使学生形成有序化、网络化的知识结构。

3. 教师、学生辩证互动性原则

双发展课堂教学的目的是要使学生和教师得到全面发展，这种"发展"只有通过教师和学生的主体性活动才能实现，任何人都不能代替。学生是认识教学内容和认识教师的主体，教师是认识学生和管理的主体，教师和学生都要充分发挥整个教学运行过程中的辩证主客体作用。教师的作用在于调控、指导，教师是帮助者、引导者、合作者、辩证主客体的设计者，教师的教学设计、教法的选择是为学生学习服务的。因此，教学时教师必须尊重学生的辩证主体地位，全面考虑学生和学生之间的相互作用，同时充分发挥教师的辩证主体作用，对整个教学运行过程进行有效的调控指导。

4. 反馈性原则

学生思维、情感、意志等要素的变化情况，教师必须利用反馈的手段进行了解，这有利于教学中教师调整教学计划、教学目标、教学方法，进而调整双发展课堂教学运行过程，真正达到教与学同步发展。

5. 反刍式原则

学科知识的学习，思维、情感、意志的培养，学生学习能力的发展，不是一朝一夕的功夫，它是通过不断体会、不断构建、不断感悟、螺旋式提升的，这就需要教师按学生学习规律安排合理的复习，适当的"反刍"才能水到渠成。"反刍"不仅可以强化和巩固学生的学习，还可以促进学生在学习过程中广泛联想，丰富想象，所以双发展课堂教学十分强调这一教学原则。

第十二节　双发展课堂教学评价

教育教学评价改革是新课程改革的一个重要内容，这一概念最先与应试考试紧密相关，并且是由应试考试引发的。关于课堂教学评价的研究，学校、各级各类教学研究部门和教育行政部门都投入了大量的人力、物力，虽然取得了显著成绩，但由于受到传统观念的影响、评价技术的限制，以及其他种种原因，评价方法仍然没有取得实质性突破，因此成了推进新课程改革的难点。新课程改革初期，2003 年教育部为此专门下发了《中小学评价与考试制度改革的指导意见》，意见强调了中小学评价与考试制度改革的原则，提出了评价的方法。2013 年教育部又颁布《关于推进中小学教育质量综合评价改革的意见》，进一步明确了中小学评价改革的指导思想、基本原则、总体目标和指标体系。新课程改革深入期，2019 年中共中央、国务院《关于深化教育教学改革全面提高义务教育质量的意见》，把"健全质量评价体系"列入深化改革的六大关键领域，明确学生发展质量评价要突出考查学生品德发展、学业发展、身心健康、兴趣特长和劳动实践等。2020 年 10 月，中共中央、国务院印发《深化新时代教育评价改革总体方案》，就新时代教育评价改革的总体要求、重点任务、组织实施进行了全面部署。为深入贯彻这一精神，2021 年教育部等六部门制订《义务教育质量评价指南》，同年 12 月，教育部印发《普通高中学校办学质量评价指南》，均把"课程教学、教师发展、学生发展"列入学校办学质量评价的重点内容予以考核评价。其中，重视教师专业成长是教师发展评价的的 3 项关键指标之一，学生品德发展、学业发展、身心健康等 5 项是学生发展评价的关键指标。可见，上述关于教育评价的文件，体现国家层面，意在引导中小学教育从以考试评价改革为基本内容，向新时代中小学教师发展与学生发展评价为主要内容的方向发展，这为教育教学评价改革指明了方向。

课堂教学评价是教育教学评价的重要内容，如何进行基于"教师发展、学生发展"的课堂教学评价呢？为此，我们在双发展课堂教学评价方面进行了一些有益的探索。

一、关于课堂教学评价的认识

1. 对课堂教学本质认识的分析

对于课堂教学的本质，历来就有不同的理解。归纳起来，主要有以下几种认识。

第一，把课堂教学看作单纯地传授知识或培养能力的活动过程。其主要观点为："教学就是传授知识或技能。"持这种观点的人，虽然也承认在不同的政治、经济、文化背景面前，在物质生活相当丰富、信息传播渠道不断拓宽、处理信息日益增多的现实面前，教师的角色必须发生变化，教学方法和手段必须不断更新，但知识传授仍然是课堂教学的基本要求。

第二，把课堂教学看作由教师的教与学生的学的有机组合、双边活动的过程。其主要观点为："教学是教师与学生之间的双边活动。"持这种观点的人，把课堂教学的结构划分三个部分，即教师的活动、学生的活动、教材。他们把这种课堂教学解释为："教学就是在教师的教、学生的学与教材这三者复杂的相互作用中展开的统一过程，教师的教授活动和学生的学习活动，都以教材为媒介。教学是在现实中探求真理的认识活动，是师生双方共同的认识活动。"[1]

第三，把课堂教学看作师生"交流""对话""合作"与"沟通"的人际交流的活动过程。其主要观点为："教学是师生以教学资源为中介的交互影响的过程。"持这种观点的人，认为课堂教学是师生在时间、空间、情感、意志、思维等方面的多元互动，在科学配置教学资源的基础上，建立立体信息交流网络，力求民主、平等、和谐的教学气氛。

分析上述几种观点，不难看出：第一种认识是比较传统的，其本质是不引导学生直接去认识社会、认识自然现象，而是利用前人积累的知识经验去认识社会和自然现象，也就是所谓的"间接经验论"。这种比较传统的课堂教学观念，强调儿童认识世界的特殊性，认为教学的本质就是学生在规定的时

---

[1] 钟启泉.现代教学论发展[M].北京：教育科学出版社，1992.

间内，从教师有目的、有计划、有选择的教学内容中学习，掌握前人的发现和发明，接受人类积淀下来的主要认识成果，却忽视了人类的发现过程。这种课堂教学，主动权掌握在教师手里，教学过程往往成为以教师活动为中心的行为过程，教师也自然地成为知识的化身，成为学生效法与模仿的对象。课堂教学的基本模式是"讲授式"，即教师讲、学生听，教师说、学生记，所谓的教学就是传递，所谓的学习就是听讲。

第二种认识是一种积极意义的认识转变。当今社会进入了信息化、网络化甚至人工智能时代，人类的生存方式发生了巨大的变化，学习方式自然也变化很大。我们虽然也应该强调儿童认识的特殊性，强调儿童以学习间接经验和继承社会经验为主。但是，如果还认为这种间接经验应该单纯地通过教师的讲述来传递，而且只能在传统的学校课堂教学中进行，这显然落后于时代的发展，同时也脱离了现代教育发展的实际。虽然，认定"教学是师生双方共同活动的过程"有一定的积极意义，不过，以这种观点来确定教与学的本质，也存在局限性：一是在师生双方共同活动的过程中，"教"的具体含义不清楚，因而许多人仍从"传授"的角度去理解教学；二是认为教学活动是一种"共同活动"，似乎不分主次。因此，容易出现"教师中心"和"学生中心"的矛盾。

第三种认识是认定课堂教学的本质是"沟通""交往"与"交流"。当然，这种"沟通""交往"与"交流"是以教材为中介的活动过程。如果我们将这种认识与"师生双方的共同活动"相比较，显然前者更贴近现代教学的本质特点。这种认识是以马克思主义关于交流的实践理论为依据的，突出了人与人的交往实践活动对人生存与发展的决定性影响，并且强调"要求教师担当文化理解人，而不仅仅是传授者或干事的角色"，主张教师通过"沟通""交流""对话"与学生实现共同活动。这种活动必然有共同的话题或学习对象，即教材或其他中介。因此，认定课堂教学是"沟通"、"交往"和"交流"，不仅反映了教学的本质特征，也反映了信息传输手段多样化以及学校课堂教学的特点。不过，这种对课堂教学本质的认识也有其不能自圆其说的地方。首先，教师与学生的"沟通"、"交往"与"交流"，强调的是师生平等，但事实上，成人与儿童除人格平等以外，其他方面并不完全平等，尤其是在心理、语言、思维方式等方面，还存在着很大的差异。其次，教师与学生并不存在真正意义上的"共同学习"与"共同发现"。也就是说，教师无须在与学生的"沟通""交往""交流"中来学习教材上的内容。有时教师只是提出早已知道答案的问题，做出某种"发现"的姿态，这是根据教法的需要诱导学习，而不是教师自己在学习。最后，这种以"沟通"、"交往"与"交流"为主的认识活动，师生双方不仅地位不平等，其责任、义务也不尽相同。所以，仅仅用"沟通"、"交往"与"交流"来认定课堂教学的本质也是缺乏说服力的。

那么，我们应该用什么样的视角看待课堂教学的本质呢？

双发展课堂教学理论认为：现代课堂教学的本质应是教师组织学生有目的、有计划、高效的学习，在教师管理主体的前提下，在体现教师、学生辩证互动的主客体关系中，实现教师、学生生命共同发展的学习过程。这一关于课堂教学的定义体现了以下几个方面的意义。首先，肯定了课堂教学是一种特殊的学习过程，特殊主要体现在有目的、有计划、高效，而且这种目的、计划、高效体现了国家意志。其次，肯定了教师、学生在认识活动中平等的辩证互动的主客体关系，主要体现在教师与学生、学生与学生的角色可以互相转换。第三，肯定了在这一过程中教师、学生生命共同发展的平等地位，主要体现在提升了教师的发展权利。第四，肯定了教师在管理角度的主体地位。

2. 对课堂教学评价本质的认识

什么是课堂教学评价？至今尚无统一定义。"评价"一词在900多年前我国北宋时期已经出现。《宋史·戚同文传》中有"市场不评价，市人知而不欺"的记载。这里"评价"一词的解释是："评价、评论货物的价格……，今引申泛指评判万事万物的价值。"所以，评价实际上是主体在事实基础上对客体的价值做出的观念性的判断活动。既然是观念性的判断活动，那么，评价必然是价值判断主体在先有的价值信念基础上提出建立具体的目标项目，并且需要通过具体的方法和技术才能进行。因此，价值信念和目标在评价活动中具有核心的地位和作用。根据我们对双发展课堂教学本质的认识，新课堂教学评价的实质是评价主体以体现现代教育教学理论和教育教学目标，即以教师和学生的发展为本，以教育部提出的一系列中小学评价改革的文件精神为方向，运用可操作的科学手段，对中小学课堂教学的各个要素及其发展变化进行价值判断，从而为评价客体设计教学、改进教学提供依据，为教育教学决策提供参考和借鉴。这一实质涉及评价的价值信念、评价目标、评价主体、评价客体、评价方法、评价操作等内容。只有正确理解这些内容，才能更好地把握这一实质，并从本质上区别这一课堂教学评价与传统的课堂教学评价的差异。重点理解下述内容：第一，评价的价值信念是引起课堂教学评价改革，区别不同评价的重要隐性因素。第二，评价目标是评价操作的重要内容，也是具体区别不同评价的明显的衡量标准。第三，评价的主、客体是影响评价结果的重要因素，是新课程评价改革的重要内容。双发展课堂教学评价就是在上述三个方面区别于传统课堂教学评价的。

3. 对传统中小学课堂教学评价的现实批判

当然，对传统课堂教学评价的现实批判，并不等于全盘否定其评价的各个方面，我们对其批判也只是一个扬弃的过程。

尽管目前推进新的课堂教学改革，大力宣传新的评价理念，但传统的评价理念在人们头脑中根深蒂固，客观上应试的评价导向机制不可能很快铲除，现实中不利于素质教育实施的课堂教学评价仍然普遍存在，有必要进行批判。

（1）评价价值理念落后。

以往人们对课堂教学中教师教的评价，注重的是教学目标是否明确、具体，教学内容是否科学准确、完整，重点是否突出，难点是否突破，教学方法是否灵活，教学结构是否完整，教学基本功是否扎实，教态是否自然，语言是否标准、清晰、生动、形象，板书设计是否合理，教学任务是否完成等。从这些评价因素不难看出，评价主体关注的是教师静态的教，忽视了教师教的动态发展；重视教师教学的表面现象，忽视教师教的理念的形成；关心的是课堂教学知识传授任务的完成，忽视了学生全面发展的实现。以往人们对课堂教学中学生学的评价，强调掌握知识的多少。从这一评价因素不难看出，评价关注学生单纯的文化学习结果，忽视了学习过程，也忽视了过程对学生发展的重要性。这种教与学的评价不利于教师素质的发展，不利于学生创新素质的发展。双发展课堂教学评价首先考虑的是课堂教学理念和教学思想，要看课堂设计和实施的各个环节是否贯彻了以教师、学生的发展为本的教学观念，不仅要看学生学的发展状况，还要看教师教的发展状况，这样评价主体所持的评价信息与传统课堂教学评价就不一样。这种以教师教的素质发展和以学生的创新素质发展为评价的价值观念有利于培养创新型学生。

（2）评价目标不全面。

众所周知，课堂教学评价具有导向、调控和激励作用，如何充分利用评价的这种功能，发挥评价的作用，规范课堂教学行为，促进课堂教学改革，全面提高课堂教学效益，首先要解决的一个关键问题就是确定好评价的目标体系。我们知道，学科的学习对于学生的发展具有多方面的作用，正确全面理解这些作用，实现学生全面发展的学科教学，对于教师的发展也同样具有重要的意义。教师教的发展促进学生学的发展，学生的发展同样会促进教师发展，这两个方面的发展都应该是全面的、互相影响的，所以需要用全面的发展目标和相互影响的观点来评价学生的学和教师的教。传统课堂教学的评价目标恰恰在这方面存在缺陷，没有认识到学科学习的多维功能，因而没能从学生和教师的发展来设计学科课堂教学的评价目标。因此，出现了只重教不重学，只重结果不重过程，只重知识不重方法等不能体现促进教师、学生全面发展的课堂教学评价体系和评价方法。

（3）评价方法单调。

传统课堂教学评价方法的单调主要体现在以下几个方面。

第一，评价主客体单一，评价方法呆板。现实中许多课堂教学中的评价活动，多数限于教师对学生或教师对教师的评价，而且这种评价也只是通过提问、回答的方式或考核、考试记分的方式来实现，很少有学生对学生、学生对教师、学生自我或教师自我的评价。不论是评价的主体还是评价的客体都显得十分单一。教学本来就是涉及教师和学生的多边活动，是以学生积极有序、自主创新的学习活动为载体而实现教师、学生发展的活动，而教师、学生的发展内容是十分丰富的，因此，评价方法也应是多样的。

第二，评价内容单一。一方面，在课堂教学中对学生学习水平的评价内容显得单一。例如，有一位专家通过 15 节听课调查进行统计分析，发现在这15 节课中，出现了 370 次评价。其中，教师对学生陈述性知识的评价就有250 次，占 67.6%，对程序性知识的评价有 90 次，占 24.3%。这说明教师对学生评价的主要内容是基本知识的掌握和简单知识的再现。另一方面，在整体上对学生学习水平和教师教学水平的评价内容也显得单一。通常情况下，对学生学习水平的整体评价，就是使用一份强调知识内容识记的测试卷对学生进行评分，对学生其他方面的发展注意不够；对教师的教的水平的整体评价，只注重从教学目标、教学过程、教学方法、教学结果等几个方面进行简单的粗浅的定性评价，对教师教学思想等深层次的问题分析不够。

二、构建双发展课堂教学评价体系

1.构建双发展课堂教学评价体系的目的

（1）充分发挥学科多种教学功能，促进学生全面发展。

根据双发展课堂教学课程教材的定位理念，所有学科教材都是知识的载体，同时也可看成是语言、思维、情感、意志、思想、方法、文化的载体，教师要充分利用这个载体，促进教师、学生全面发展。

这种发展是有层次的：第一个层次是理解和掌握《课程标准》规定的基础知识和基本技能；第二个层次是通过知识学习和基本技能掌握的过程，提升学生对学科中思维、情感、意志的理解，培养学生学科核心素养并提高学生的学习能力；第三个层次是在提高能力的基础上注重形成良好的精神品质，促进世界观的转变和方法论的掌握，促进创新思维、创新情感、创新意志的发展，使学生具有强烈的创新意识，掌握灵活的创新策略，达到开发学生创新潜能的目的。这三个层次在具体的课堂教学中并不是割裂的，而是要通过教师的科学运作，达到协调与统一，双发展课堂教学评价要充分发挥其诊断、激励、导向功能，促使学生全面发展。

（2）学习双发展课堂教学的理论，提高教师的专业水平。

评价在课堂教学实践中一直起到指挥棒的作用，双发展课堂教学要坚持什么样的教学理念，采用什么样的教学策略，倡导什么样的学习方式，达到什么样的课堂教学目标等，都是评价主体或客体事先预定的。这种预定来自社会的政治、经济和教育教学本身发展的要求，来自教师对课堂教学中教师、学生发展的理解，有关内容在前述双发展课堂教学理论的构建中有所论述。当我们把这些理念作为学科课堂教学评价的价值信念或分解成具体的评价指标时，教师必定把它作为被评价要素予以重视，并认真思考、反复实践、及时调整，力求达到最佳效果。因此，课堂教学评价的导向、诊断、调控和激励功能，在改进课堂教学实践中所发挥的作用显而易见。同时，我们还必须清楚地认识到教学评价是改进教师教学实践的行动指南，而不是教学管理的棍棒。评价固然重要，但它的作用毕竟有限，既不能代替学生的学，也不能代替教师的教。课堂教学评价如果脱离了改进教学实践的本质目的而获得其他功利性的社会价值，就会成为教学的灾难。事实上，我们提出、研究并实施双发展课堂教学评价，重点是引导教师学习、实施双发展课堂教学理论，注重研究过程，在研究过程中提高教师的专业水平。

(3)学习教育统计学方法和知识，提高教师研究水平。

教育统计方法和知识，对于教师而言十分陌生。我们在研究双发展课堂教学评价时，开展了教育统计学理论的学习，有意提高教师掌握教育统计学知识的水平，促进教师研究水平的发展。

2.课堂教学评价体系

根据双发展课堂教学理论，以及对课堂教学本质及现状的认识，我们探索构建了具有地方特色的、以教师和学生的发展为评价对象的双发展课堂教学评价体系。限于篇幅，这里仅以数学学科的探索为例阐述探索过程。

(1)数学学科双发展课堂教学教师评价指标及方法的探索过程。

数学学科双发展课堂教学教师评价包含三层含义：第一，对教师具体一节课的评价；第二，对教师课堂教学水平的评价；第三，对教师课堂教学水平发展的评价。对教师具体一节课的评价，可以反映出教师这一节课的教学行为与评价的价值理念之间的距离，对教师课堂教学水平的评价是按价值理念评判来反映教师的教学行为，以及在一定时间和范围内教学水平的层次，对教师发展的评价是按价值标准来判断教师已有的和未来发展的状况和发展前景。以往我们在中小学课堂教学竞赛、年终工作评价、教师职务评定等活动中，对教师课堂教学水平的评价都是依据传统的评价指标，根据群体听课的反馈或舆论印象给出模糊、粗略的评估。这种评估过程缺乏统一的科学标准，给评价结果带来很大的局限。第一，按传统的教学理念设计评价指标，在自主创新方面对教师发展导向不力，不利于推进课堂素质教学；第二，评价结果的效度、信度不高，不便于教学水平差异不大的教师的比较；第三，评价结果不是等距的，不便于不同学校、不同学科的教师的比较。因此，我们在这方面进行了探索。

完整的中小学教师课堂评价方案(下面简称"评价方案")，不仅是评价教师课堂教学水平的客观标准，同时也是一个时期的教学导向。按照这一思想，针对双发展课堂教学研究的特点，我们设计的评价方案必须切实可行。既要适合我们目前常规教学的课堂教学的实际条件，又要体现课堂教学要以教师、学生发展为本的精神，较全面地反映出课堂教学要素以及各要素在整体评价指标中的地位。为此，我们征求了包括其他学校在内的数百名有丰富教学经验的数学教师的意见，经过比较、筛选、综合，初步提出评价指标的方案，然后提交学校教师会议反复讨论，再一次广泛征求意见。经过近一个学期的酝酿，最后提出了 AB_5C_{15} 双发展课堂教学评价指标体系。其结构如下图（图 2-23）所示。

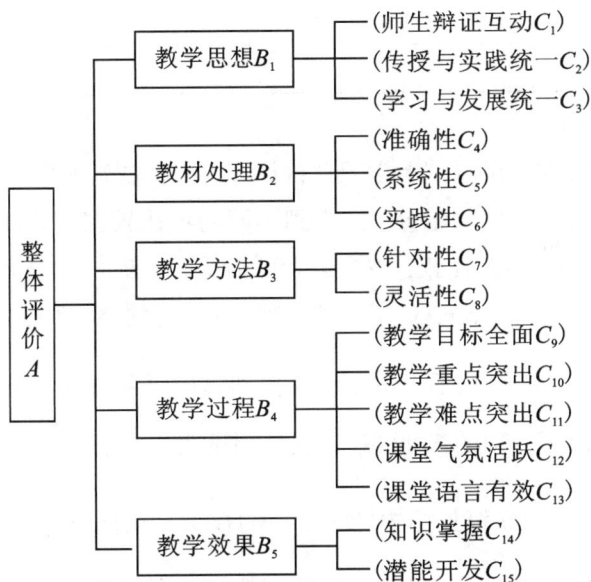

图 2-23 AB_5C_{15} 双发展课堂教学评价指标体系

整体评价指标体系为 A，A 下分解成 5 项 B 级指标，B 下又分解成 15 项 C 级指标，15 项 C 级指标就是具体的评价项目。为了使 C_i 评价更具体，我们将 C_i 分成优秀、良好、一般、差四级评价标准（详细评分标准略）。

我们使用表（表 2-1），运用心理测量中的"对偶比较法"，在 52 名不同学科的中学教学骨干中进行测试。

表 2-1　B 级指标权重确定测试表

项目	教学思想 B_1	教材处理 B_2	教学方法 B_3	教学过程 B_4	教学效果 B_5
教学思想 B_1					
教材处理 B_2					
教学方法 B_3					
教学过程 B_4					
教学效果 B_5					
选择分数 $\sum\limits_{j=1}^{5} B_{ij}$					
权重 W_{B_i}					

我们首先要求每位测试者学习评价标准，然后在五项指标中每次抽出不同的两项进行五分制比较记分，一直到不同的项比较完为止。例如抽出 B_i、$B_j(i, j=1, \cdots, 5, i \neq j)$ 比较，被测试者可根据 B_i、B_j 的重要程度分别给 B_i、B_j 记分为 x_i、$x_j(x_i+x_i=5)$，x_i 记在第 i 列、第 j 行的空格中，x_j 记在第 j 列、第 i 行的空格中。测试完后，由主试者按列算出每项选择总分 $\sum\limits_{j=1}^{5} B_{ij}$，再用归一法按列算出每一项的权重 W_{B_i}。收集测试表，求出每人每项的权重和总 W_{B_i}，那么 $\dfrac{W_{B_i}}{52}$，就是 B 级指标中的第 i 项的权重。用同样的方法可以得到 C 级指标中各项的权重，现将各项指标测试的权重列表如下（表 2-2）。

表 2-2　各项指标权重一览表

指标代号	权重	指标代号	权重	指标代号	权重
B_1	0.23	B_2	0.2	B_3	0.2
B_4	0.27	B_5	0.1	C_1	0.39
C_2	0.31	C_3	0.3	C_4	0.3
C_5	0.3	C_6	0.4	C_7	0.5
C_8	0.5	C_9	0.2	C_{10}	0.2

续表2-2

指标代号	权重	指标代号	权重	指标代号	权重
C_{11}	0.2	C_{12}	0.2	C_{13}	0.2
C_{14}	0.6	C_{15}	0.4		

我们的整体评价结果采取百分制，依据权重将100分逐级分解到 C 级指标。B_i 指标分数为 $m = 100 \times W_{Bi}$，C_i 指标分数为 $n = 100 \times W_{Bi} \times W_{Ci}$，$C_i$ 级指标分四个等级，每一个等级所占分数成等差数列。

我们在以上工作的基础上，设计了中小学数学课堂教学记分表(表2-8)。参与评价的教师在听完课后，依据评价标准，分别在 C_i 级指标栏后的空格画钩(只能画一格)，最后将画钩栏中所对应的分数相加，就得到主讲教师这一节课教学水平的评价分数。如果几个评价者的评价分数是 $x_i (i = 1, \cdots, n)$，则 $\sum_{1}^{n} x_i$ 视为被评价教师最后的评价分数。

由此定出的评价方案是否科学呢？我们从两个方面对评价方案进行了检测，并进行了建模工作。

①评分者信度

在学校中学部数学组随机选出四位教师授课，由不同单位的五位数学教师组成评审组。按评价方案测验分数，按等级列表如下(表2-3)。

表2-3　测验分数等级表

	被测试人代号	Y_1	Y_2	Y_3	Y_4
测试人代号	X_1	4	3	1	2
	X_2	4	2	3	1
	X_3	4	3	2	1
	X_4	4	3	2	1
	X_5	4	3	2	1
R_i		20	14	10	6
R_i^2		400	196	100	36

我们利用肯德尔和谐系数来估评各评分者之间的信度。其公式为：

$$V = \frac{S}{\frac{1}{12}K^2(N^3-N)}（这里 K=5，N=4）其中：S = \sum R_i^2 - \frac{1}{N}\left(\sum R_i\right)^2$$

R_i 为 K 个评分者对第 i 个授课教师的评分总和。

所以 $S = 732 - 625 = 107$

$$V = \frac{107}{\frac{1}{12}\times25\times(64-4)} \approx 0.86$$

查肯德尔和谐系数显著性检验表，知道当 $K=5$，$N=4$ 时，0.01 显著性水平 S 的临界值为 80.5，而 $S=107>80.5$，所以五位评分者的评分结果 V 达到 0.01，为极显著性一致。这说明按评价方案记分，评分者的随意性很小。在小学中也进行了同样的检测，检测结果大致相同。

②效标关联效度

进行效标关联效度的检验时，效标的选择是至关重要的，我们是这样设计效标关联效度检验的。

首先确定七个评分者，其中两人有较丰富的中学数学教学经验，在各种教学活动中听了大量的数学课，对中学数学教师课堂教学水平有整体了解。由这两位老师统一标准给四位教师的课堂教学等级评分，取平均等级分数 y 为效标，其他五位按评价方案记分，再将该平均记分转换成等级，取平均等级分数为 x 测验分数。测验的数据列表（表 2-4）如下（注：因 $N=4$，属小样本，而且此项评价关注等级，所以用英国心理学家斯皮尔曼所创造的等级相关法进行该项研究）。

表 2-4　测验数据表

被测者代号	x	y	D	D^2
A	4	4	0	0
B	3	3	0	0
C	2	2	0	0
D	1	4	0	0

将表内数据代入积距相关公式：

$$V_P = 1 - \frac{6 \sum D^2}{N(N^2 - 1)} = 1 - \frac{6 \times 0}{4 \cdot (4^2 - 1)} = 1$$

在小学中也进行了同样的检测，检测结果大致相同。这说明评分者的测验等级与经验丰富的教师评价等级极高度相关。

③评价常模的建立

课堂教学评价结果通过上述检验，说明测验分数有效，但测验分数没有参照系，不便于解释，所以我们进一步做了建立评价常模的工作。为此，我们组织了其他学校 32 名中小学数学教师，依据评价方案给不同水平教师的课堂教学记分，得到 166 份记分表（这种表比附表多印象等级一栏）。评分者听完课后，要根据自己的整体评价将优秀、良、一般、差四个等级中的一个填入印象等级栏内，经统计得到优秀课、良好课、一般课、差课在不同分数段的频率。现列表（表 2-5）如下：

表 2-5　四等级课在不同分数段的频率表

分数段(分)	等级			
	优秀课	良好课	一般课	差课
100~95				
94~90	0.33			
89~85	0.34	0.04		
84~80	0.33	0.12		
79~75		0.32	0.1	
74~70		0.36		
69~65		0.16	0.4	
64~60			0.3	
59~56			0.1	0.2
54 以下			0.1	0.8

从上表中可以看出，优秀课的分数相对高频率在 80~94 分数段内，良好

课的分数相对高频率在 70~79 分数段内, 一般课的分数相对高频率在 60~69 分数段内, 差课的分数相对高频率在 59 以下分数段内。根据上述统计结果, 从而得到下表(表 2-6)。

表 2-6　中小学数学双发展课堂教学教师评价常模(一)

分数段(分)	100~80	79~70	69~60	59 分以下
等级	优秀课	良好课	一般课	差课

上面常模解释还是比较粗糙的, 为了提高区分度, 我们又对 166 份记分表统计得到:

优秀课的平均分数: $\overline{X}_{优} = 86$, 其标准差: $S_{优} = 3.3$。

良好课的平均分数: $\overline{X}_{良} = 75$, 其标准差: $S_{良} = 5.8$。

一般课的平均分数: $\overline{X}_{一般} = 64$, 其标准差: $S_{一般} = 7.9$。

差课的平均分数: $\overline{X}_{差} = 55$, 其标准差: $S_{差} = 5.2$。

如果已知一个教师的课堂教学评价分数 E 在优秀课分数段内, 那么, $Z_{优} = \dfrac{E - X_{优}}{S_{优}}$ 就是这个教师在优秀课中的 Z 分数, 类推也可以算出其他等的 Z 分数, 从而又得到一个表(表 2-7)。

表 2-7　中小学数学双发展课堂教学教师评价常模(二)

所在分 E 数段(分)	100~80	79~70	69~60	59 以下
等级 Z 分数(分)	$Z_{优} = \dfrac{E-86}{3.3}$	$Z_{良} = \dfrac{E-75}{5.8}$	$Z_{一般} = \dfrac{E-64}{7.9}$	$Z_{差} = \dfrac{E-55}{5.2}$

上面我们阐述了用 Z 分数进行中小学数学双发展课堂教学教师评价系统的建立过程。评价方案经过一段时间的实施, 普遍受到好评。我们还根据教学导向的需要, 制定了其他课堂教学评价方案, 例如用评价矩阵的运算结果反映被评价者的教学水平, 也同样受到教师欢迎。

表 2-8　中小学数学双发展课堂教学评估记分表

B级指标	C级教师	等级	分数	画√	B级指标	C级教师	等级	分数	画√
教学思想	师生辩证互动	优	8.97		教学过程	教学目的	优	5.4	
		良	6.72				良	4.05	
		一般	4.485				一般	2.7	
		差	2.243				差	1.35	
	传授与实践统一	优	7.1			教学重点突出	优	5.4	
		良	5.347				良	4.05	
		一般	3.565				一般	2.7	
		差	1.783				差	1.35	
	学习与发展统一	优	6.9			教学难点突破	优	5.4	
		良	5.175				良	4.05	
		一般	3.45				一般	2.7	
		差	1.725				差	1.35	
教材处理	准确性	优	6			课堂气氛活跃	优	5.4	
		良	4.5				良	4.05	
		一般	3				一般	2.7	
		差	1.5				差	1.35	
	实践性	优	6			课堂语言有效	优	5.4	
		良	4.5				良	4.05	
		一般	3				一般	2.7	
		差	1.5				差	1.35	
	系统性	优	8		效果	知识掌握	优	6	
		良	6				良	4.5	
		一般	4				一般	3	
		差	2				差	1.5	
教学方法	针对性	优	10			潜能开发	优	4	
		良	7.5				良	3	
		一般	5				一般	2	
		差	2.5				差	1	
	灵活性	优	10						
		良	1.5						
		一般	5						
		差	2.5						

主讲教师：　　　　　　　　　　　　　　　　　　　　总分：

（2）中小学数学学科双发展课堂教学学生发展质量评价系统。

在本书第二章第四节中我们阐述了双发展课堂教学创新素质的心理结构，从这一观点出发我们设计了如下中小学数学学科双发展课堂教学学生发展质量评价目标体系（表2-9）。

①中小学数学学科双发展课堂教学学生发展质量评价目标体系

表2-9　中小学数学学科双发展课堂教学学生发展质量评价目标体系表

A 级指标	B 级指标	C 级指标
良好的认知结构	知识结构内容的丰富性	课程标准规定的知识内容
	知识结构的简略性	同化知识
		知识的抽象
		知识图式
	知识结构的效能	重构顺应速度
高尚的情操	道德感	动机
	理智感	好奇心
		成就感
		怀疑感
		不安感
		憎恨感
	美感	对数学美的认识
		对数学美的感觉
优良的思维品质	思维品质	敏捷性
		灵活性
		深刻性
		批判性
		独创性
	敏锐的观察力	
	丰富的想象力	
	丰富的联想	

续表 2-9

A 级指标	B 级指标	C 级指标
良好的意志品质	动力	动机
		需要
		兴趣
		信念
		理想
		习惯
	意志品质	自觉性
		果断性
		坚持性
强烈的自主创新意识和高效的自主创新策略	自主创新意识	期望性
		主动性
		自控性
	自主创新策略	主动策略
		合作策略
		组织策略

②中小学数学学科双发展课堂教学学生发展质量评价目标的测试

中小学数学学科双发展课堂教学质量的评价项目较多，而且这些项目都有不同的特点。因此应根据这些项目的特点采取多样的测试方式。我们主要采取了如下的测试方式。

第一，系统常规命题测试的方式。这一方式是我们常见的单元、期中、期末等命题测试，它主要适用于中小学数学内容的掌握和数学有关能力的培养。使用这一方式对学生进行测试，组卷时要注意以下几个问题。

一是层次性。一方面，我们将测试卷分成两卷，第一卷为基础题，题型有选择、填空、解答、证明等，主要侧重于考查学生对基本知识、基本概念、基本方法、基本技能识记方面的掌握状况；第二卷为提高题，题型同样有选择、填空、解答、证明，但增加了探索题，主要考查学生灵活掌握基本知识、基本概念、基本方法、基本技能的状况和形成一定的数学能力的状况。另一方面，我们十分重视考查同一学期后试题的层次性。从这两个方面进行改革，使不同层次的学生都觉得有题可做，而且明显区分了不同层次的学生，有利于制定不同层次学生成绩的提高措施。

二是实践性。注重知识的应用是新课程改革的重要理念，也是双发展课堂教学十分重视的问题。所以，在命题时尽量做到把数学与生活联系起来考查。例如，我们在一次初一期末数学质量测试时有下述两道题。

例1　某单位的用电制度规定，每户每月用电不超过 10 度，按每度 0.2 元收费；超过 10 度，则超过的度数按每度 a 元收费。有一户某月电费为 k 元（$k>2$），用代数式表示该户本月用电数。

例2　学习兴趣是影响学习效果的重要因素，假如你想知道通过一个学期的数学学习，你所在班级同学的数学学习兴趣情况，并为此做一个调查，然后对调查的结果进行分析，提出提高数学学习质量的方法，那么，首先需要事先设计一个调查方案，在你设计的调查方案中：

调查的问题是＿＿＿＿＿＿＿＿＿＿＿＿＿＿＿＿＿

调查的对象是＿＿＿＿＿＿＿＿＿＿＿＿＿＿＿＿＿

调查的方法是＿＿＿＿＿＿＿＿＿＿＿＿＿＿＿＿＿

你准备搜集数据的内容是＿＿＿＿＿＿＿＿＿＿＿＿

并要求课后实施你所设计的方案，再将结果向老师汇报。

三是开放性。通常命题考试都是强调在一定的条件下得到确定的结果，但这种方式不适合实际探索过程中思维的培养，也不利于学生的创新潜能的开发。双发展课堂教学强调开放题的设计。例如我们经常有这样的测试题：给出一组条件，探索有什么结论成立；给出一个情境和结论，探索这一结论在增加什么条件的情况下可以成立。我们还设计了一些结论不唯一的开放题。

例3　(a)试用中位数、平均数、众数恰当地反映下面的问题，并说明理由。

第一组：85　67　75　82　98　100　84

第二组：75　73　85　87　89　95　91

第三组：65　74　83　92　71　88　73

你认为分别用什么分数分别表示三个组的成绩好？

（b）学校某次音乐比赛，七个评委给李辉同学的记分分别是 9.00，9.20，9.50，9.50，9.50，9.55，9.80，你认为以什么分数作为李辉的竞赛成绩好？

（c）某组选组长，弃权者记 0，反对记 1，赞成记 2。10 位同学给张刚同学的投票情况如下：0、1、2、1、2、1、1、1、1、2，你认为以什么数据决定张刚同学是否当选比较恰当？

这种题强调的是说出理由，答案可以不唯一，试题主要考查学生对中位数、平均数、众数反映数据的特征的理解。

例 4 右图是一个我们目前还没有研究的凹四边形 *ABCD*，*BC* 的延长线交 *AD* 于 *E*，如果 ∠*BCD* 的度数是指 180° + ∠*DCE* 的度数。请探求 ∠*A*+∠*B*+∠*BCD*+ ∠*D* 的度数，并提出你的一个猜想。

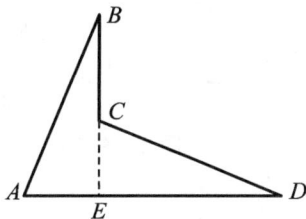

图 2-24

这类题有很强的探索性和实践性，有利于培养学生探索能力。

第二，心理测试。在双发展课堂教学学生自主创新发展质量评价目标体系中，涉及很多像思维品质这样的心理因素，以及各种能力的内容，这是无法用传统的命题测试方式解决的。我们通常使用有关的心理测试题对学生进行心理测试。例如使用湖南师范大学、浙江师范大学的专家以及其他心理学专家拟定的有关思维方式、发散思维、自主精神、学生创造个性、学生意志水平、学生好奇心、学生情商等心理测试试题对学生进行测试，并对测试成绩做具体分析，提出修改教学措施的方案。

第三，设计问题情境测试。使用专家拟定的各种心理测试题对学生的某种心理素质进行测评，并依据分析的结果，提出提高学生有关心理素质的教学措施。这是提高学生的心理素质和其他素质的重要手段，但不是唯一的手段。我们在采用上述重要手段的同时，也注意到设计一些问题情境来测试学生的某些方面的情况。例如，我们为了测试学生思维的批判性这一思想品质，就经常设计一些错误的解题过程，由学生提出自己的评判意见；有时也设计关于数学内容的猜想，由学生给出批判性的评判，然后提出自己的推理过程。为了测试小学生的接受知识顺应能力或知识迁移能力，我们设计一些新颖的问题情境，要求学生了解某种知识结构后，再给出一些新颖的情境，由学生做出判断。下面以小学一年级学生为对象，举例说明。

知识准备：三个不在同一直线上的点，可以构成一个三角形，那么在图 2-25 中共存在△ABC，△ABD，△ADC 三个三角形。然后再给出问题：判断图 2-26 中存在多少个三角形？

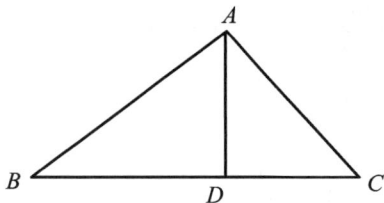

图 2-25

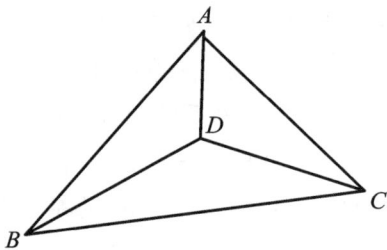

图 2-26

如果说出正确的答案，就算通过。如果没有说出，则重复第一次的说明过程。再给出另一新颖但本质相同的图形，要学生回答同样的问题，直到学生回答正确为止。这样就将学生分成第一次通过、第二次通过等几类。那么每一类学生的知识顺应能力是有差异的，造成这种差异的原因是多样的，有的是由于注意力的问题，有的是由于理解的问题……我们根据这种分析给学生提出不同的教学内容和方式，有针对性地提出提高学生知识顺应能力的教学方案。

第四，观察测试。有些对于学生的测试目标，不是短时间可以完成的，也不能通过书面测试达到目的，例如意志品质的测试。对于这一类测试目标，我们要在制定学习目标时与学生共同协商，然后观察学生实现目标的过程，从而判断学生的意志品质。例如，我们与初中学生一起协商，为促进自己的学习，每天用二十分钟提前预习数学教学内容，每三天向老师提交简单的学习内容摘要，这样坚持一个月。在得到学生认同后，教师开始进入观察，观察分析学生预习过程的心理变化，观察学生的行为变化规律，观察学生的自觉性、坚持性。有一次，我们采取这样的观察方法，对二十名学生进行测试，结果发现有 15% 的学生按要求完成，40% 的学生在完成的过程中打了折扣，45% 的学生没有坚持下来。我们根据这次测试的情况，对学生进行了意志品质的教育，收到了很好的效果。当然，与学生协商并得到学生同意的学习目标的内容是相当广泛的。有时是协商完成一道数学题的一题多证，有时是协商完成某一个探索课题，有时是协商要求学生克服某一个缺点，有时是协商改变学生某一种不良习惯，有时干脆由学生自己提出自己愿意达到的一个目标，再与之协商完成这一目标的步骤，然后对学生执行计划的意志过程进行观察分析，再针对性地提出意志教育方案。这一评价措施，对于促进学生意志水平的提高起到很好的作用。

第五，实际操作测试。在双发展课堂教学学生自主创新发展质量标准中，有些内容不便于用书面测试的方法进行测试。对数学教学内容中涉及实践的内容，我们通常采用实际操作测试的方法对学生进行测试。例如，请你设计一个方案，求出任意一个不规则的平面图形的面积。这就是要求学生创造性地结合其他学科知识动手操作。再如，我们经常利用实际生活中需要进行测量的例子，设计成实际操作的问题，要求学生构建数学模型，然后通过实际操作解决问题。对于双发展课堂教学学生自主创新发展质量指标中涉及实际操作因素的内容，我们依据新课程改革的精神，尽量通过实际操作培养学生，评价学生的实际操作和运用数学知识的能力，收到了较好的效果。

使用上述方法测试的信度、效度问题，我们做了一定的考虑，由于篇幅问题，这里不做讨论。在使用上述测试方式时必须注意，对于学生相同指标的测试方式不是唯一的，每一种测试方式的功能也不是唯一的，测试时必须依据实际情况，灵活选用测试方式。

在本节第二小点中，我们以中小学数学学科为例阐述了探索教师与学生的评价过程，其他学科也仿照此法，对本学科的评价做探索尝试。虽然这些探索不够系统、全面、专业，但学校的教师通过这些探索，切实提高了自己教学的水平和研究水平，这也是我们引导教师探索的目的。

三、双发展课堂教学评价的实施

双发展课堂教学评价的对象主要是教师和学生，深层次考虑教师的教与学生的学是一个十分复杂的系统。要想做出一个较客观的评价必须遵循一定的评价原则，采取一定的评价策略。

1.双发展课堂教学评价原则

(1)多元性原则

双发展课堂教学评价的多元性原则是指在对教师、学生生命发展质量的评价中，坚持多元价值取向，对评价客体采用多元评价主体，对评价方法采用多种途径。教师和学生都是活生生的充分展现个性的人，教师和学生的发展不是以个人的意志为转移的，我们也不能以一个刻板的模式、统一的尺度去衡量每一个教师和学生，社会也不需要一个模子套制出的个体。因此，我们在评价中要坚持教师和学生的充分发展，坚持有利于社会发展的多元价值取向，坚持不管是教师的发展评价还是学生的发展评价，与之相关的评价人员都可以作为多元评价主体。另外，对教师或学生的不同发展点，也宜采用不同的检测方法，这符合对不同性质的矛盾采用不同的方法去解决的辩证唯物主义观点。所以，我们要坚持评价方法的多元化，只有这样才能使评价更客观、全面。

(2)结合性原则

双发展课堂教学评价的结合性原则是指针对传统评价的弊端，运用对立统一的观点，采用协调矛盾诸方面因素的方法，实现全面评价的思想。具体包含三个方面的内容。

一是传统课堂教学评价只注重结果，忽视了过程，这不利于教师、学生的发展，而双发展课堂教学的评价既要注重评价结果，更要重视评价过程。要做到评价过程与评价结果有机结合，使过程与结果协调作用于教师、学生的全面发展，确保过程与结果高度的辩证统一。二是传统的课堂教学评价，不管是对教师教的评价还是对学生学的评价都走向极端，强调定性的评价或定量的评价。对于教师的教或者学生的学的发展特质，有些可以量化，而有些是不能量化的，无论我们采用哪种极端的方法都不能全面反映被测对象的特质。根据矛盾论的思想，不同的矛盾必须采用不同的方法去解决，因此我们要正确分析特质的具体情况，采用定量与定性评价相结合的方法去解决这一评价问题。三是传统的课堂教学评价无论是对教师还是对学生的评价，都注重终结性评价。例如，对教师的课堂教学竞赛、课堂教学水平的评价，对学生的单元测试、期中考试、期末检测等都是强调终结性的评价。这虽然可以起到激励教师的作用，但不利于教师和学生的实质性发展。双发展课堂教学强调诊断性评价和终结性评价相结合的评价思想，诊断性评价有利于教师和学生根据自己教或学的过程中存在的问题，提出改进计划，采取改进措施，这一评价在激励作用方面优于终结性评价。我们强调诊断性评价与终结性评价相结合的思想，就是想扬长避短，使评价更好地为教师和学生的发展服务。

（3）科学性原则

双发展课堂教学评价的科学性原则是指对于项目的评价结果与实际水平的相差程度。教师或学生的某个被测项目或整体的水平是客观存在的事实，我们用一种测量工具去测量时，得到一个结果，这个结果是否正确反映出这种水平，也就是说测量的效度和信度是否达到要求，至今仍存在相当大的争议和分歧。这一方面我们有下述观点。一是如果将教师和学生的发展所涉及的各种因素看成是一个集合，这些因素的个数是无穷尽的或者是不可测的。人们对它的研究是一个无穷尽、逐渐逼近的过程。因此，我们只能用一些逐渐逼近的、选取主要的、有代表的因素粗略地去描述它。现在的多元智力理论，它包含智力因素的意思，但也不可能准确地提出智力具体包括哪些因素。这些因素可以看成是水平的 n 元函数，由于个体的差异以及其他复杂的原因，这种函数不能用准确、确定的函数表达式来表示。因此，我们希望通过一些具体的测量指标准确地反映教师和学生的某一方面的水平是不现实的，但用一种结果粗略地区别不同教师和学生某一方面水平的层次是可能的。二是对于学生的生命发展质量，我们提出了一些测量指标，如果希望通过简单地整合这些指标的测量结果，知道学生自主创新能力的发展水平，并由此简单地评价学生之间的水平高低，这也是一种错误的观念。要知道学生各自的发展，在方向质量上存在差异，这种差异不能简单地以好与坏、强与弱来区分，这种好、坏、强、弱是针对某一个方面的具体工作而言的，比如有些自闭症患者有很高的艺术天赋，却很难处理好日常生活中出现的问题。因此，评价学生的差异是有针对性的，不能通过分数的高低一概而论。三是学生的发展含有很多因素，人们评价时把这些因素确定为评价指标，这些指标的量纲可能是不同的。因此，也不能简单地整合评价结果，用这一结果评价学生的发展水平。学生的评价是这样，教师的评价也是如此。从上述事实和观点出发，双发展课堂教学的评价强调评价的科学性。

2.课堂教学的评价策略

针对传统课堂教学评价的弊端，发挥素质教育评价导向作用，我们采取抓住一个重点、突出三个环节、实施三级评价与分析、实现四个转变的评价策略。

抓住一个重点，即抓住以课堂教学评价促进教师和学生生命发展的重点。教师的生命发展价值体现在学生发展的价值上，学生的生命发展价值体现在自主创新潜能开发、自主创新能力的发展上，也体现在教师的发展价值上。

突出三个环节，即突出诊断性评价、形成性评价、终结性评价。诊断性评价与形成性评价是过程的评价，是对教师教的发展过程和学生学的发展过程，以及一些教与学的中介因素进行评价。通过这一评价可以发现教师和学生以及一些教学中介因素是否沿着教师和学生的发展前进，发现问题及时修正，这样可以减少教师、学生走弯路，提高各自发展的效益。终结性评价是阶段性评价，主要评价教师、学生发展的阶段性成果。通过这一评价激励教师、学生明白自己的发展水平，明确自己下一步发展目标，设计下一步发展计划，为自己下一步的发展做好充分准备。

实施三级评价与分析。双发展课堂教学将评价人员分成三块：教师、学生、教学管理部门。实施三级评价与分析，对教师而言，即教师评价教师（包括自己评价自己），学生评价教师，教学管理部门评价教师；对于学生而言，即学生评价学生（包括自己评价自己），教师评价学生，教学管理部门评价学生。不管哪一级评价，都是评价者使用规定的测评工具或主观判断方法对被评价者做出定性或定量的价值判断，为分析提供第一手资料，并按评价的性质（诊断性、形成性、终结性）完成评价任务，这样的评价与分析能较全面地反映教师、学生的发展状况。

实现四个转变。一是从重结论的评价转向重学习过程的评价；二是从重知识传授过程的评价转向不仅重知识传授过程的评价，而且重教学过程中学习行为习惯的养成及学生各项素质全面发展的评价；三是从重教轻学向即重教又重学转化，从评价教师如何教转向评价在教师指导下学生如何学和对学生在学习过程中情、意水平发展，动口、动手、动脑、自学的效果等方面的评价，并以此作为教师教的效果的评价标准；四是评价重点从重教学形式转向以教学思想为核心的教学行为的评价。看教学是否体现了以学生发展为本、面向全体学生、坚持因材施教；看教学目标是否体现了学生整体素质，包括认知技能、情感、意志、思维等心理素质与学习能力等的培养、发展和提高；看是否组织了有效的合作交流，调动学生的主动性和创新性，并能在学习过程中实现自我调控，积极促进学生在情感、态度、价值观等方面的发展。

3. 双发展课堂教学整体评价的具体实施

(1)双发展课堂教学综合评价的方法

双发展课堂教学综合评价主要采用档案袋评定法。在我国，档案袋评定法是随着新课程改革中教育评价改革的大背景出现的。关于档案袋评定法的定义，到目前为止还没有统一的说法。我们理解为它是用通过被评价者被测特质的整体连续发展变化的资料，民主、客观、全面地评价被评价者的评价方法。在传统的评价中，测验或考试对学生而言具有相当的神秘性，从标准的制订、试题的选择直到分数的评判，学生被完全隔绝在外，这是传统测试对客观性的追求所决定的，对教师的评价也是如此。档案袋评定法与此迥然不同。考查评定教师或学生的发展成就，以促进教师和学生更好的发展，这种发展是需要教师和学生主动参与才能实现的。教师或学生要积极主动参与从档案袋内容的设计到运用档案袋评价的全过程，成为评价的决策者甚至是主要决策者。因此档案袋评价法的主要意义是[①]：为被评价者提供了一个学习机会，使被评价者能够学会自己判断自己的进步，为评价者提高评价信度与效度提供实际可靠的资料，为全面正确发挥评价的功能起到积极作用。当然在考虑档案袋体系的开发时，要基于一种评价观念的转变，即对教师或学生发展的评定重点是对其进行的连续性考查，而不是教师或学生发展的阶段性审计或终结性评定。

双发展课堂教学评价对教师或学生的发展的评定是经常性的，档案袋中的内容应该反映出教师或学生发展过程的轨迹，建立好教师、学生个人发展的档案。采用档案袋评定法，能有效地促进教师、学生参与学习过程，并对自己的教与学负责。因为档案袋里所收集的材料都是教师、学生平时参与教

---

① 钟启泉.为了中华民族的复兴，为了每位学生的发展[M].上海：华东师范大学出版社，2001.

学活动的成果，是最真实的，一览便知教师或学生在其发展轨迹上的优劣，从而引导教师或学生今后的努力方向。还可以让学生和家长自行参与评价，最大限度地开发评价资源，端正教师和学生教与学的态度，让教师和学生享受到教与学的乐趣和成功的喜悦。

经广泛讨论，双发展课堂教学评价设计了中小学教师教学生命发展档案袋和学生学习生命发展档案袋，档案中设计了教师或学生生命发展的类别和发展的内容以及目的(表2-10、表2-11)。

表 2-10　教师教学生命发展档案袋

类别	内容	目的
专业知识发展	1.三级评价材料(评价记录、评价分析、发展分析)； 2.学科专业学习，进修培训记录； 3.该项发展的典型事例； 4.教学成绩记录。	1.给社会、家长展示其成果； 2.评定职称参考； 3.评先评优参考； 4.给教师自我评价和提出发展计划参考； 5.给教学管理部门、教育行政部门综合分析参考。
教学思想发展	1.三级评价材料(评价记录、评价分析、发展分析)； 2.教育理论进修内容及记录； 3.体现教学(含教学论文、教学竞赛)水平发展的其他材料。	
职业价值发展	1.三级评价材料(评价记录、评价分析、发展分析)； 2.评先评优记录； 3.关于师德表现的典型事例记录。	
经济待遇发展	1.三级评价材料(评价记录、评价分析、发展分析)； 2.经济待遇发展记录； 3.自主对经济待遇的诉求记录。	
其他		

表 2-11 学生学习生命发展档案袋

类别	内容	目的
知识与技能	1. 三级终结性评价和发展性评价材料(评价记录、评价分析、发展分析); 2. 各种教学成绩记录(单元测试、期中测试、期末测试); 3. 学期、年度分析报告。	1. 向家长展示学生学习成果; 2. 为学生自我发展设计提供材料; 3. 为教师、学校综合分析提供材料; 4. 为教师、学校设计学生发展蓝图提供材料。
要素与素养	1. 三级评价材料(评价记录、评价分析、发展分析) 2. 各种有关要素和素养的检测成绩、分析及评价; 3. 学期、年度分析报告。	
学习与发展	1. 三级评价材料(评价记录、评价分析、发展分析); 2. 对创新意识及学习能力的评价记录; 3. 学期、年度分析报告。	

(2)课堂教学档案袋评定法的运用

①档案资料搜集与功能

教师教学生命发展档案袋所存资料只有三类。第一类为教师双发展课堂教学评估资料;第二类为教师双发展课堂教学说课评价资料;第三类为教师双发展课堂教学成果(包括论文、总结、著作、政治荣誉、教学成绩)。第一类资料根据教研组、学校、教育教学主管单位组织的有关活动,如实收集,学校每学期至少有一次这样的评价活动;第二类资料的收集与第一类资料相同;第三类资料注意平时收集除政治荣誉外的其他成果,每个学期应归纳记录。上述三类材料的内容每学期前或每年年初必须向教师说明,使之明确,然后按要求收集后再分门别类归档。教师可以与档案管理者商议,归档的材料可以是某一方面代表教师最高水平的材料,教师可以自由阅档,归档有的部分材料在征得教师本人同意后可定期向家长、其他教师、学校展示。

中小学学生学习生命发展档案袋的资料也只有三类。第一类为通常理解的学业成绩的测试材料;第二类为非学业成绩的心理发展的测试材料;第三类为除学业成绩外的学习成果分析记录材料。第一类材料可以按常规教学要求收集;第二类材料要求学校每学年有计划地组织测试,并认真分析整理,形成过程和结论的材料;第三类材料每学期或每年进行收集。上述三类材料的具体内容和测试目标都应使学生明确，便于学生明确自己的发展方向，然后按要求收集再分门别类归档。学生可以与档案管理者商议，归档的材料可以是某一方面学生自己满意的发展成绩，学生可以自由阅档。归档的材料中，学生的成果在征得学生本人同意后可以向家长、教师、学校、社会展示。

由以上步骤建立起来的教师或学生档案袋，其运用都要达到建档目的，充分体现档案袋评价法的功能。

②档案的管理与评价

教师教学生命发展档案袋和学生学习生命发展档案袋均由学校教导处和行政处管理，代表均由民主选举产生，各项测试成绩的显示要按照测试的特点和要求。综合评价的过程和结果必须体现前面所述的评价策略和评价原则，综合评价的结果可以按评价指标的量纲，科学地设置为等级、分数、评语，并由结果分析提出教师和学生的有关发展建议。

第三章

双发展课堂教学的理论与教师发展

　　关于双发展课堂教学的理论，我们在第一章、第二章中做了较详细的著述。在这一理论的研究和应用过程中，我们除注重双发展课堂教学的理论构建外，更注重双发展课堂教学理论在研究和应用过程中对教师发展的积极作用。这一章着重谈一谈实验学校双发展课堂教学理论研究过程和应用过程中对教师发展的体会。

第一节 双发展课堂教学理论的研究过程与教师发展

从本书第一章、第二章可以知道双发展课堂教学理论包含了许多内容，我们构建这一理论时就有一个重要目的，就是通过这一理论的研究过程培养教师，促进教师发展。双发展课堂教学中师生教学关系，双发展课堂教学目标，双发展课堂教学模式群是双发展课堂教学理论的重要内容，下面我们仅以上述三个内容的某个侧面的研究为例阐述教师的培养过程。

一、在双发展课堂教学中教师与学生关系的研究中培养教师举例

教师与学生在课堂教学中是既对立、又统一的一对矛盾，如何分析这一对矛盾的发生、发展、转化过程，我们用到了唯物辩证法的观点。在研究过程中我们组织教师学习唯物辩证法（辩证逻辑）的基本观点和基本原理。唯物辩证法是一种研究自然社会、历史和思维的哲学方法。有关矛盾对立统一的观点，有关矛盾观的基本原理（主要矛盾和次要矛盾辩证关系的原理：在复杂事物的发展过程中，存在许多矛盾，其中必有一种矛盾，它的存在和发展，决定或影响着其他矛盾的存在和发展；矛盾的主要方面和次要方面辩证关系的原理：每一个矛盾中的两个方面是不平衡的，事物的性质主要是由矛盾的主要方面决定的，矛盾的主要方面与次要方面既相互排斥，又相互依赖，并在一定条件下相互转化；主次矛盾间的辩证关系原理：主要矛盾在事物发展过程中处于支配作用，对事物的发展起决定作用，主次矛盾相互依赖，相互影响，并在一定条件下相互转化，事物的性质是由主要矛盾的主要方面决定的，矛盾的主次方面，既相互排斥，又相互依赖，并在一定条件下相互转化），对我们从形式逻辑走出来，用辩证逻辑分析、理解、确定教师和学生是辩证互动的主客体关系起到了极大的指导作用，同时也帮助了教师用唯物辩证法的观点看待其他教学矛盾。

例如，在课堂教学中存在许多错综复杂的矛盾：管理者与被管理者的矛

盾；认识者与被认识事物的矛盾；认识者与被认识者的矛盾；教师与学生的矛盾；认识差异之间的矛盾……。我们运用辩证的思想，以及有关矛盾对立统一矛盾观的基本原理帮助教师分析上述矛盾在运动过程中的对立、统一、转化过程，不仅深化了教师对课堂教学中教师、学生教学关系的认识，同时也促进了对有关矛盾对立统一的观点和矛盾观的基本原理的学习、认识和掌握，因此提高了教师用唯物辩证法的观点分析认识其他教育现象的能力。

二、在确定双发展课堂教学目标的研究中培养教师举例

双发展课堂教学理论十分重视课堂教学目标的确定和分类，但教师在课堂教学目标方面存在许多认识上的误区。首先是对课堂教学目标重要性的认识不足，针对这一误区，我们组织教师学习新课程改革精神，经过学习、宣传、讨论、交流、辩论和传统的常规教研活动的有关强化评价，大大增强了教师课堂教学目标意识。其次对教师在课堂教学中重视即时性发展目标，轻视体验性发展目标的现象，针对这误区，我们组织教师学习各学科《课程标准》，重点体会其精神，促使教师认识到增加体验性发展目标的设计是落实素质教育的重要手段，引导教师在课堂教学中比较研究体验性目标在学生认知过程中的作用。对教师上述两个方面的误区，我们采用引导的方法，收到很好的效果，通过教师撰写的教学论文可以看出教师目标意识的进步。再次对双发展课堂教学目标与其他课堂教学目标的关系认识不清，针对这一误区，我们引导教师比较目前各种学科课程标准对教学目标的论述，认识到双发展课堂教学目标的差异和特点。

关于课堂教学目标的分类有很多种：文革前突出知识与技能；新课程改革初期强调三维目标（知识与技能、过程与方法，情感态度价值观）；当前强调以核心素养为内容的课堂教学目标，我们采用哪一种？我们组织教师学习《基础教育课程改革纲要》、《中国学生发展核心素养》、义务教育各学科《课程标准》（包括2011年、2022年修改版），2020年版各学科高中课程标准，以及教育心理学知识，分析各学科的课堂教学目标及变化过程后知道：课堂教学目标的分类是随着历史的发展，人的认识角度的差异，人的认识能力的提高而变化的。例如2022年义务教育各学科《课程标准》和2020年版高中各学科《课程标准》对核心素养具体内容的理解也不是一成不变的。思维、情感、意志是个人心理活动的主要因素，我们从心理学的高度将课堂教学目标分成知识与技能，要素与素养，学习与发展，也是一种从基础教育角度对核心素养的校本理解，其中"要素与素养"的内容是新程改革中"过程与方法"的一种深入具体的一种表现，各个方面只有通过这种校本探索的实施，才能最后促使中国学生核心素养目标落地。

三、在构建双发展课堂教学模式群的研究中培养教师举例

我们需要构建的双发展课堂教学模式群与我们以前提到的课堂教学模式有区别，主要区别是前者针对模式群，后者针对单个的模式，这是一种新的理念。要构建这样的模式群，需要我们掌握一群优秀学生的课堂学习中的心理变化规律，并根据双发展课堂教学的目标，比较不同教师、不同教学内容、不同教学方式、不同教学方法的优劣。为了掌握一群优秀学生课堂学习中的心理变化规律，我们采用教育研究中常用的研究方法——问卷调查法，为此我们组织教师学习教育科学的研究方法，学习教育统计，学习心理测试等知识，完成了对学生的测试，并认识学生在课堂教学中的心理变化规律：情境认同——理解认同——内化——感悟。为了较好比较不同教师、不同学习内容、不同教学方式、不同教学方法的优劣，我们将同课异构的教学活动推广，在教学实验中用控制变量的研究方法去比较、研究（同样组织教师学习控制变量的研究方法）。教学模式涉及到教师、教学内容、教学模式三个变量，我们采取控制其中的 1~2 个变量，比较另一个变量或研究其他两个变量的关系。通过对教师进行教学研究方法的培训，为构建双发展课堂教学模式群奠定了基础。又例如我们在双发展课堂教学的评价中有关评价指标设计，评价数据的检测，数据的统计及检验等方面，用到大量的数理统计的原理和方法，抓住这些机会及时开展对教师的培养，收到较好的效果。

以上我们仅仅通过举例的方式说明在课题研究中如何对教师开展与课题有关教育理论，教育研究方法，思维的方法的培养和培训。我们就是这样通过在课题引领下的常规教研形式使教师学到许多知识，获得许多成就感，激发了教师教学研究的兴趣，提高了教师的教学操作和教学理论水平。至于这种形式下的有关常规教研活动，后面另作详细介绍。

四、教师教学论文举例

在双发展课堂教学理论的研究过程中，我们注重对教师的培养，教师得到了较好的发展，效果从下述教师发表的两篇教学论文可以看出。

附1：

核心素养的落地要从课堂教学目标设计做起
——浅谈课堂教学中落实核心素养的体会

中国学生发展核心素养课题组的研究历时三年，经教育部基础课程教材专家工作委员会审议，最终发布了中国学生发展核心素养目标。学生核心素养的培养任务最终要被教师所理解，通过教师落实到教育教学行为中去。课堂教学是学校教学的主阵地，体现核心素养精神的课堂教学目标设计则是课堂教学首先要明确的问题。俗话说万事开头难，开好了这个头，接下来的教学过程设计就会事半功倍。这一问题初看很简单，深究却很有学问。

一、体现核心素养精神的课堂教学目标设计的重要性

体现核心素养的课堂教学目标是教学过程设计的出发点。教师要根据自己对核心素养、课程标准、教材内容、学生实际、教学环境、教学阶段的理解，整体考虑关于体现核心素养的教学目标，再科学设计体现核心素养精神的课时教学目标。体现核心素养精神的课堂教学目标一经设定，教学过程就必须为教学目标服务，即每一项课时核心素养教学目标都必须有相应的教学过程去完成它。但目前的教学现状不尽如此，除了知识与技能方面的目标外，大多数情感、态度、价值观等方面的素养目标形同虚设，没有相应的教学过程与之匹配，甚至没有这方面的目标设计，从而导致课堂教学改革大打折扣，这也是今后核心素养落地的一个障碍。

体现核心素养的课堂教学目标是评课的主要出发点。如果给出一节课的评价意见，一定要针对教师设定的体现核心素养教学目标。但目前的评课很少从教师已设定的教学目标出发去评课，这样就好比工厂离开产品质量标准去评价产品的好坏一样，会淡化教师课改的目标意识、弱化他们对核心素养的理解。对评课者而言，是不是评课者心中没有注意到教学目标呢？当然不是。评课者的心中还是有教学目标的，但这个教学目标大多停留在传统教学

中的知识与技能层面，他们是在默认这种传统的教学目标的前提下去评课的，教师也习惯了这种评课方式。这样的评课者课改目标意识淡薄，他们的评课客观上对教师坚守传统教学起到了推波助澜的作用，这是近十多年课改难以深入到课堂的关键所在，也是今后核心素养难落地的又一个大的障碍。

体现核心素养的课堂教学目标的设计是教师领会核心素养精神的具体表现。新课改最基本的改变反映在教学上就是教学目标的改变，再由教学目标的改变引发教学手段、教学方法、教学方式的改变。教师对课改认识的深度首先通过教学目标的设计反映出来，教师对核心素养的理解也是如此。因此，贯彻中国学生发展核心素养的精神，必须从课堂教学目标的设计做起。传统课堂的教学目标就是传授学科知识，而学科又是孤立的，课改则以传授文化基础知识为载体的同时培养学生核心素养，关于这一超学科促进学生核心素养发展的教学目标较之传统的教学目标内涵要广泛得多。贯彻核心素养精神的课堂教学目标设计的关键是教师及广大教育工作者理解核心素养目标。以现行脱离课改教学目标的上课和评课，已严重影响了教师对新课改下的课堂教学目标内涵的认识，并将继续阻碍今后核心素养精神的落地。因此，只有采取从教学目标设计抓起的教师岗位培训方式，才能从源头上解决这个问题。

二、关于体现核心素养的课堂教学目标的校本表述

中国学生发展核心素养的主要内容可概括为三点。其一，三个维度（文化基础、自主发展、社会参与）；其二，六种要素（人文底蕴、科学精神、学会学习、健康生活、责任担当、实践创新）；其三，十八个要点（人文积淀、人文情怀、审美情趣、理性思维、批判质疑、勇于探索、乐学善学、勤于反思、信息意识、珍爱生命、健全人格、自我管理、社会责任、国家认同、国际理解、劳动意识、问题解决、技术运用）。如果将这一内容视为中国学生发展的目标，它将进一步指导新课程改革的深入发展。为实现中国学生的这一发展目标，学校的一切教育教学行为都将逐步发生一些改变，核心素养精神也会逐步落地。因此，在确立核心素养和教师落实核心素养的过程之间，还有一个学校引导教师逐步理解核心素养，并督促教师转变教育教学思想和行为，确保核心素养落地的过程，顺利地完成这一过程最有效的办法就是开展校本教研。学校根据教师实际，引导教师领会核心素养精神，逐步形成、完善、发

展核心素养的校本表述。通过提出核心素养的校本表述的校本教研过程，促进具有学校特色核心素养目标的落实是当前教育教学的重要工作。中国学生发展核心素养要在学校教育、社会教育、家庭教育中贯彻，课堂教学是学校教学的主阵地，所以本文就体现核心素养精神的课堂教学目标的校本表述谈谈自己的见解。

通过学习和实践，我们初步提出了如下体现核心素养精神的课堂教学目标体系的校本表述。

（一）知识与技能

知识与技能即学科《课程标准》中规定的陈述性知识和操作性技能。

（二）要素与素养

要素指学科课程标准中规定的知识与技能中所蕴含并且对人的素质发展有普遍指导意义的思维、情感、意志等心理要素。素养指对学科认知发展产生深远影响和体现学科能力的学科价值、学科意识、学科思想、学科文化、学科方法、学科体验、学科知识体系以及学科习惯。

（三）学习与发展

学习与发展指以强烈的终身学习及自主创新学习意识和策略为基础的听讲学习能力、自主学习能力、研究学习能力、合作学习能力的发展。因为听讲学习方式、自主学习方式、研究学习方式、合作学习方式是学生走向更高一级学校或进入社会后经常碰到的和经常用到的学习方式，所以为了使学生适应这四种学习方式，我们必须在学校培养学生这四种学习能力。

理解上述教学目标体系应注意以下几点：

1. 正确认识上述教学目标的个性与共性。在这个目标体系中，知识与技能各具学科的个性，但在心理因素上具有共性，这一共性反映了核心素养精神。

2. 学生走向社会后，经常碰到的学习方式是听讲学习方式、自主学习方式、合作学习方式、研究性学习方式。我们以学科学习为载体，有意识地在学校培养学生这四种学习能力，就是促使学生将来适应社会的学习方式，这体现了核心素养中学会学习的精神。

3. 上述教学目标体系中知识与技能这一内容在学科《课程标准》中做了详尽叙述，其他反映核心素养的目标内容，由于在课时、阶段性、整体性方面各人理解不同可能不是唯一的，这就要依靠教师的智慧去解决。对于上述目标体系中这个方面的内容和系统问题，我们已做过进一步的探索，但不够成熟，需要我们后阶段进一步明确研究。希望通过上述提出、研究、落实、发展、体现核心素养的课堂教学目标的校本表述的方式，有利于在课堂中落实核心素养的有关精神，促进核心素养尽快落地。

三、体现核心素养的课堂教学目标体系运用举例

学校提出体现核心素养精神的教学目标体系后，作为学校教务处，我们开展了《动态教案》设计比赛活动。活动第一步在传统教案的基础上结合课堂教学，按核心素养目标改写原教学目标，以此强化教师对核心素养精神的理解。再针对设计的核心素养目标改写教学过程，教学过程的每一处改写部分一定要针对教学目标，说明设计意图，以此强化教师新的核心素养教学目标和教学过程为教学目标服务的意识；第二步研究教学过程最优化的问题，以此强化教师对教学过程的比较、选择意识；第三步开展各种教学活动，系统地研究要素与素养、学习与发展的内容，以此提高教师关于核心素养的教学理论水平；第四步为各学科撰写一套全新的教案；第五步循环上述步骤，使教案成为真正意义上的《动态教案》。目前正处于第一步实施阶段，但教师的目标意识和观念已发生了深刻变化，效果显著。下面从增设要素与素养、学习与发展的教学目标方面举例说明，以便教师更好地理解新的教学目标体系。

案例1　以人教版初中九年级历史第14节课《蒸汽时代的到来》为例。一位教师按照传统教学目标施教，讲述了工业革命的兴起；另一位教师在要素与素养方面增设了探索工业革命兴起的条件的课程，在学习与发展方面增设了提高学生合作学习能力的内容，从而在合作学习活动中提高学生有条理地发表自己意见的水平。增设目标后施教，教师设计了一个教学过程来促使学生达到上述增设的目标。首先提出问题：如果当时珍妮机的发明出现在中国，中国是否可能发生工业革命？然后采取合作学习的方式，让学生讨论表达己见，最后由教师归纳。这种增设教学目标、改变教学过程的教学效果要比第一种好。

案例2　以湘教版八年级数学关于勾股定理的知识为例。我们引导教师从新授、期末复习、毕业复习这三种课型分别增设教学目标。新授课的要素

与素养方面，增设了通过联想寻找证明勾股定理的方法的内容；在学习与发展方面，增设了通过合作学习方式，培养学生善于倾听并能分析同伴意见的学习习惯的目标。期末复习课在要素与素养方面，增设了除了使学生掌握总结归纳的复习方法的目标外，还进一步运用新授课提出的联想方法，寻找另一种勾股定理的证明方法，继续培养学生的联想能力。由于复习课容量较大，因此采取以教师讲授为主的方式，在学习与发展方面增设了提高学生听讲的学习能力的目标，要求学生初步掌握听讲的策略。毕业复习课教师在原有基础上，在要素与素养方面增设了推想勾股定理发现过程的计划，并运用联想的方法将勾股定理做一定的推广，体会提出问题、解决问题的复习方法。考虑到知识的容量，本堂课在学习与发展方面提出以教师讲授为主来培养学生听讲的能力，促使学生养成认真听讲、重点记录、课后回忆的学习习惯。上述已指明路径和教学目标的方法，拓宽了教师教学过程的选择视野，而且这些增设的目标形成了一个环环相扣、层层递进的系统，不仅能引导学生探索学科知识，而且开拓了教学过程的设计视野。除知识与技能目标外，我们不要求学生全懂，但会给不同的学生不同启发，会使不同的学生有不同发展。听完这一系列的课后，基础较好的学生说："这样的课让我们受益匪浅！"基础较差的学生说："这样的课让我们也有所收获。"

我们坚信，只要课改从体现核心素养精神的教学目标设计做起，层层深入，就一定会加深教师对核心素养的理解，也一定会促进核心素养在课堂教学中尽快落地。

实验学校作者：唐文青
2017 年 6 月

附 2：

我心目中的高效课堂

高效课堂是教师从业过程自始至终所追求的一个目标，并且这个目标并不是一蹴而就的，需要长期的努力学习。并且，在目前"双减"的背景下，减负不减质的前提下，高效显得尤为重要。下面，我将与大家聊聊我心目中高效课堂。

相对于高效课堂，那就是低效课堂。人们常常为低效课堂所贴的一个标签就是"满堂灌"，似乎"满堂灌"的课就不是好课，"满堂灌"似乎成了过街老鼠，人人喊打。

于是乎我在想，如果说"满堂灌"的课不是好课，那么，"满堂问"的课是不是好课？"满堂练"的课是不是好课？"满堂学生讨论"的课是不是好课？如果说运用信息技术手段的课是好课，那么，一根粉笔上下来的课是不是好课？如果说学生热热闹闹的课充满了启发是好课？那么教师娓娓道来、绘声绘色的"一言堂"也给学生带动了启发又是不是好课？

其实，教无定法。什么课堂是高效的课堂，这没有刻板的模式，也没有固定的要求，因为教育的对象是人，教育的艺术是人的艺术，人有其独特的个性和复杂性，教育有其自身的规律性和不确定性，因而课堂也充满着很多变数。高效课堂的构建必须因校制宜，因班而异，因人而变，因情况而定，绝不能机械套用什么所谓的模式。

但是高效的课堂是有方向和价值取向的，我以为：

1. 高效课堂一定是教师准备充分的课堂

伟大的领袖毛主席曾说过："不打无准备之仗，不打无把握之仗。"在教学上同样适用。教学上提倡不上无准备之课。在课堂教学中，要想达到高效，必须对本节课的目标、内容、重点、难点、组织活动的方式等充分的了解和预见。这样上起课来才能从容不迫，游刃有余，效率自然高。备教学内容，特别是备数学概念时，一定要逐字逐句的推敲，不要只看书上的归纳，一定要仔细阅读归纳得出的过程。

教师除了要备好课，更应该备好学生，我们施教的对象是学生，因此课前应积极了解学生以往知识积累情况，了解班级学习概况，哪些知识对学生最重要，哪些内容能激发学生的思维空间等。这样才能充分调动学生的学习积极性，高质量完成教学任务。

2. 高效课堂一定是师生关系良好的课堂

好的关系胜过好的教育。师生关系好坏，决定教育的成败，也决定着课堂是否高效。师生关系好，教育很可能是成功的，课堂一定是高效的；师生关系糟糕，教育就一定是失败的，课堂必然是低效或者无效的。

从根本上来说，师生目标一致，应该是很好的合作者，老师爱护学生，学生尊敬老师，师生关系是一种教学相长、亦师亦友的关系，课堂氛围和谐，其乐融融。如陶行知先生所说："师生彼此崇拜，培养出值得彼此崇拜之活人。"这种关系所架构的课堂一定是高效课堂。而如媒体所报道的某些学校的课堂上，学生一哄而上，拳打脚踢，群殴老师，师生关系恶化到这种程度，这样的课堂绝对不是高效课堂。

3. 高效的课堂一定是学生喜欢的课堂，学生喜欢的课堂一定是有用、有趣、有效的课堂。

有用，不仅是指短期的有用，让学生能学到知识，更是指对学生的终身发展有用，使其提升综合能力、形成正确价值观等，为他们今后能够有声有色地工作、有情有义地交往、有滋有味地生活奠定基础。

有趣，就是课堂富有情趣，充满着笑声，学生们觉得好玩，感到快乐，能够吸引学生，让学生在课堂上兴趣盎然，心情愉悦，如沐春风，学生们在活泼轻松、愉悦欢快的状态下接受知识，发展能力，启迪心智。学生们觉得时间过得很快，下课后盼着第二天再听这位老师的课。如果一节课索然乏味，学生就会觉得枯燥，应付差事。

有效，就是教师不仅完成了教学任务，而且学生们无论是在知识的，能力的，还是在情感的，思想的方面，都有收获。

4. 高效课堂一定是以学生为主体的课堂。

曾经有很多老师慕名跑到辽宁盘锦去听魏书生老师的课。校方很热情，把他们安排进教室，坐在后面，等着魏老师上课。老师们想，今天终于如愿了，看看魏书生的课有多厉害！上课铃响了，魏老师走进来，一句话没说，只是在学生中间转来转去，瞧瞧这个，看看那个，时而嘀咕几声，时而交流几句。老师们沉不住气，跑到跟前去看学生在干什么。学生一边看书、一边讨论，写写画画，一会儿下课铃响了，魏书生悄悄地走出了教室，学生还是该干啥就干啥。

回来的路上，老师们怏怏然。有的说："跑了这么远，啥也没看到。"也有的说："魏书生一句话也没说，这是什么课？！"

我以为，教师无为而为，不讲而讲，这才是好课的最高境界！

在学生的脑力劳动中占首位的，不是熟读、死记别人的思想，而是学生自己进行思考。

智慧的教师，在课堂上会把自己当学生，把学生当自己，打造出以老师为主导、学生为主体的课堂。

5. 高效课堂一定是充分发挥出学生的主观能动性的课堂。

传统的教育一般认为学生是无知的，什么都不懂，从而导致人们在内心里总是不相信学生，表现在课堂教学上，就是教师代替学生完成本应由学生本人完成的学习任务。

有一个寓言故事可以来类比我们当前的教学：有人送了一辆汽车给一个印第安老人，这位老人找来4匹最好的马，把汽车绑在马的后面，他试图通过马的跑动带动汽车的运动。

有的教师总以为学生的学习不能自己进行，非得要老师去代劳不可，这就恰如那个把汽车绑在马后面的印第安老人一样，他不知道汽车是有动力的，是可以自己运动的。

教师应该让学生拥有学习的发动机，自我发动，主动奔驰，而不是靠马拉着汽车跑。

课堂教学作为教学的一种基本形式，无论是现在，还是将来，都是学校教学的主阵地，数学教学的目标必须在课堂中完成。高效课堂要求在课堂教学中把以往的"鸦雀无声"变成"畅所欲言"，"纹丝不动"变成"自由活动"，"注入式教学"变成了"自主探索"。作为一名教师，如何打造出自己心目中的高效课堂，值得我们用毕生的教育生涯去探索！

实验学校作者：张周峰

2021 年 10 月

第二节　双发展课堂教学理论的应用过程与教师发展

　　学校教研工作可分为常规教研工作和课题研究工作两大类。常规教研工作通常指学校的课堂教学竞赛、教学示范课、教学设计比赛、教学论文比赛、公开课、课堂教学评价等活动。这种常规的教研工作的特点是针对具体的教学事项开展具体的教研活动，这种活动容易被教师理解和接受，但由于这种活动的视点低，视角较窄，容易给教师"不识庐山真面目，只缘身在此山中"的局限，理论上对教学指导意义较弱。课题研究的特点是针对某个教学区域内存在的普遍性或具体的操作问题或理论性认识问题，提出研究问题，开展研究活动，这种活动一时不容易被教师理解和接受，但由于这种活动的视点较高，视角较宽，因而概括性较强，所以在理论上对教学指导意义较强。这时采取课题研究指导下的常规教研方面培养教师，可以扬长避短。常规教研工作与课题研究工作没有明显的界限，课题研究的外延越窄，课题研究就越接近于常规教研。我们认为采取在课题研究指导下的常规教研这种形式培养教师，要注意以下几点：首先要针对学校或某个更大教学区域内的实际，提出带有普遍性、针对性、新颖性、实用性、创新的研究课题，并提出可行的研究方案；其次千方百计营造浓厚的教研教改氛围，促使教师产生教研教改的热情，享受到教研教改的成就感，更积极投入到研究的行列中去。

　　我们组织教师在学习、实践、反思、探索、创新的过程中初步构建了双发展课堂教学理论，但如何将这一理论转化为每一个教师的教学行为，促使每一位教师都在对新课改的认识上有大的提高，仍然是一个问题。经过充分思考，我们认为：教师的课堂教学行为是教师教学思想的风向标，转变教师课堂教学行为，首先要转变教师的课堂教学思想。双发展课堂教学理论就蕴含着十分丰富的新课改思想和理念，为此，我们从下述两个方面设计学校教研教改活动，在理论的应用活动中培养教师，转变教师教学思想，促进教师、学生全面发展。

一、设计开展《动态教案》比赛活动，强化教师教学目标意识

　　课堂教学是课改的主阵地，好的课堂教学首先必须要有一个好的教学设计。俗话说万事开头难，只要开好这个头，那么接下来的课堂教学就会事半功倍。在实际教学中，教师并不十分重视教学设计，他们从网络和自己过去已使用的老教案中，随意选出一些内容作为自己新学期的新教案，以应付学校或教育行政部门的各种检查。而学校和各级教育行政部门一般只看教案数量，对教案的质量很少注意。另外在各级各类课堂教学比赛和听课活动中，学校对教师的教学设计也缺乏认真的评价。因此，教学设计成了教学的摆设，这就是目前教师不注重教学设计的现状。我们认为，教学设计初看很简单，深究却很有学问。因为教学设计可以集中反映出教师对教学思想、新课改理念、教学目标、教学内容、教学对象的理解与认识，它是展现教师各项素质的窗口，也是新课程改革的突破口。对于相同的学习内容，不同的学生、不同的教师，应该有不同的教学设计，那种"不变"的教学设计只能作为"变化"的参考，不能以不变应万变，所以，我们对教师的培养首先应从《动态教案》设计抓起。我们这里讲到的《动态教案》设计还包括《动态课件》和《动态练案》设计，下面我们就以《动态教案》的设计比赛为例说明这一活动的开展情况。

　　《动态教案》设计比赛活动的开展大体上分三步走。第一步，强化教师教学目标意识，即促使教师树立即时性发展和体验性发展的双发展课堂教学双目标设计思想，重点围绕《动态教案》中双发展课堂教学目标设计的内容，即知识与技能、要素与素养、学习与发展，开展《动态教案》设计比赛活动。其目的是通过实施新的课堂教学目标体系，改变教师只注重知识的传授、不注重学生全面发展的教学思想，真正落实《纲要》中关于过程与方法、情感、态度与价值观的教学目标，落实《中国学生发展核心素养》精神，促使教师真正从课堂教学目标方面回到新课程改革的轨道上来。第二步，重点围绕《动态教案》中教学过程（双发展教学模式群）的设计，开展常规教研活动。其目的是通过教学过程的设计，强化在教师教学过程设计为教学目标服务的意识，即强化教师教学过程意识，促使教师形成即时性目标和体验性目标双达成的双过程思想，避免出现"挂羊头、卖狗肉"的现象。第三步，以同课异构的形

式，展开教学过程最优化的比较、讨论，提高教师教学过程的设计和操作水平。为了第一步目标的实现，我们开始规定《动态教案》设计的书写格式：教学目标的书写按双发展课堂教学目标体系书写（待教师实现教学目标和观念转变时，可放宽这一要求）；教学过程设计的每一步都要书写设计意图，便于其他教师借鉴或评价；每一篇教学设计必须有板书设计和教学反思，以督促教师在板书上体现课堂教学的重点和难点，督促教师课后进行反思。然后，按这些要求开展教学设计比赛、课堂教学比赛、示范课、研究课等常规教研活动。在教学设计中，首先要重点评价教师设计教学目标的合理性，再根据教师设计的教学目标来评价其教学过程，这样做对促进教师转变教学思想，确实收到了较好的活动效果。

2015 年上期，我们组织教师撰写了 2015 年下期所有教案，并以学科《动态教案》的名义印刷成册，每位教师人手一册，2015 年 9 月开始使用。为了使教师明确使用方法，我们在《动态教案》前面写了相应的使用说明，现附录如下，以便读者对我们《动态教案》设计比赛活动的过程有更多的了解。

附：

使　用　说　明

《动态教案》是集学校各学科教研组所有教师之智慧，根据新课程改革的精神编写的校本资料。《动态教案》没有最终的版本，永远处在使用、修正、再使用、再修正……的教改过程中，并且日臻完善！这一过程就是促进学校教师和学生健康发展的过程。教师在使用这一资料时要注意以下事项：

1. 每位学科任课教师人手一册《动态教案》纸质稿，与纸质稿相应的电子稿和《动态练案》《动态课件》的电子稿，由各科教研组长到教科室拷取，各科教师再到学科组长处将上述资料拷入自己的电脑。这些资料作为学科组集体备课和教师课堂教学的参考。

2. 每位任课教师上课前，根据集体备课会议精神和自己的教学实践修改《动态教案》，并将修改意见写于 B 处，同时修改《动态教案》的电子稿。课堂教学前后还要对相应的《动态课件》《动态练案》进行处理，使之变成具有自己教学特色的教学资料。教师使用《动态教案》的修改版和处理后的课件进行课堂教学，课后做好反思笔记，并将反思写入《动态教案》的纸质稿中。教师使用《动态教案》的修改情况要按学校教学常规管理制度随时接受学校检查。每个学期结束时，修改后的《动态教案》的纸质稿和相应的电子稿以及课件都要上交学校存档，以便学校假期组织修改。下学期开学时领取新学期相应的《动态教案》，并按上述要求使用。

3. 各学科组组长本人或指定专人随时综合各位教师《动态教案》的修改意见，在学校给各个年级提供的公用的《动态教案》上适时修改，以确定本期《动态教案》的最终修改版，并在学期结束时将本期《动态教案》纸质稿的最终修改版和相应的电子稿一并交学校存档。

4. 各位教师在使用相应的课件教学时，会对课件的内容做一定的增删。各科教研组长本人或指定专人应对增删后的课件进行综合，形成最后的课件增删版的电子稿。学期结束时交学校存档，以便下一年度使用。

5. 为鼓励教师在使用中认真修改《动态教案》，学校专门设立了奖励制度，凡被学校采纳的修改意见，对相应的修改教师给予奖励。

2015 年 9 月 1 日

上述《动态教案》在 2015 年下期使用中，教师做了修改，修改后的质量大有提高，而修改后的《动态教案》也印刷成册供教师使用。此书前面也写了如下前言：

附：

前　言

针对我校师资队伍不够稳定、整体水平有待提高的现状，教科室采取了《动态教案》的撰写、使用、修改这一校本教研过程来培训教师的方式，完善教学资料，借鉴优秀教师的教学经验，促使教师转变课堂教学理念，改变课堂教学行为，提升课堂教学水平，最终提高课堂教学质量，这也是我校教师培训方式的创新。

针对学校教师教学存在的问题，为提高校本教研中教师培训质量，我们遵循教师认识规律，设计研究内容和过程，有计划、有系统、有步骤地引导教师进行深入研究，意在规范常规课堂教学行为，减轻教师负担，强化教师双发展课堂教学目标体系意识（知识与技能、要素与素养、学习与发展），提升教师贯彻双发展课堂教学模式群教学思想的水平。我们认为这种方法一定能收到很好的教师培训效果。

2015年下学期，学校各科统一使用了教师第一次按传统课堂教学理念撰写的《动态教案》。虽然很多人会用传统的眼光看待、理解《动态教案》这一新生事物，但经过一个学期的使用、培训、修改，广大教师的课堂教学理念已悄然发生了一些深刻的变化。仔细阅读这些修改后的《动态教案》，可以感觉到一股教改春风扑面而来，令人神往！从这些教案中可以感觉到教师对教材的理解更为深刻，教师课堂教学目标分类发生的变化，教师课堂教学过程相对课堂教学目标的针对性大大增强，教师课堂教学流程更为新颖灵活。因此，我们特将这些教师修改后的教案汇编成册供我校教师后阶段研究借鉴。

从内容上看，新修改的教案离《动态教案》的要求还有一定的差距，例如对学科教材中蕴含的要素目标的理解、对由这些要素构成的学科素养的理解，以及对双发展课堂教学模式群的教学思想的理解都没有完全到位，还没有触及教学过程的优化，而这些都是我们后阶段要深入研究解决的问题。我们衷心希望在规范《动态教案》格式的基础上进一步研究上述内容，切实提高教师教学水平！

实验学校教科室
2016年3月

关于《动态教案》设计的思想、要求及特点，在本书后面的教学设计案例中都有所体现，请读者仔细品味。在按上述步骤开展《动态教案》设计比赛活动的同时，我们还开展了《动态练案》《动态课件》的设计比赛活动。《动态练案》的设计比赛活动主要强调教师的练习设计要突出练习的层次性和遵循练习律，同时强调练习题的质量。《动态课件》的设计比赛活动强调教师课件设计的交流、互补、共享。《动态教案》《动态练案》《动态课件》设计比赛活动的开展，在转变教师教学思想方面功不可没。同时，作为校本资料也避免了教师的重复劳动，减轻了教师负担，有利于将教师的精力集中在改出好教案、上出优质课。

二、设计开展合作教学竞赛活动，培养教师合作精神

学校教师教学任务重，虽然在常规教学活动中有一些教师之间的交流，但教师完全共同投入同一种教学活动中的机会却很少。由于投入的角色不同、交流的情境不同，因此交流的效果有很大的差异，这很不利于教师的合作发展。与学生小组合作学习方式类似，我们提出了在教师中推行合作教学竞赛活动的方案。合作教学即 m 个教师面对 n 个班学生的教学方式。当多个教师面对多个班的学生合作教学时，这种课堂教学我们叫作大课；当多个教师面对一个班的学生教学时，这种课堂教学我们叫作小课。大课、小课都只确定一个主讲教师，其他同科或同年级教师协教。主讲教师以讲授式教学方式为主，有时也安排一些合作学习、自主学习、研究性学习活动。这种大课大多数是专题讲座、复习课教学、学习方法讲授、教学内容延伸的教学，这种小课大多数是有教学特点的示范课。合作教学时，主讲教师与协教教师由同年级或同学科部分教师组成，协教教师参加主讲教师的备课，并以协作者的身份参与主讲教师授课，例如参加分组活动的指导、维持课堂教学纪律等。课中要求所有同科教师参与听课，课后要求同科教师都要参与评课，主讲教师与协教教师轮流担任这种大课讲师。提倡每个学期语、数、英每位教师至少担任一次这种合作教学的大课主讲，其他科教师酌情参与。当时机成熟时，再将这种合作教学的形式在所有学科教师中推广。

为了避免影响常规教学，根据学校特点，这种大课大多数可在学校晚自习时进行，小课可在常规教学时间进行。学校推行合作教学的目的有以下几点：第一，双发展课堂教学的课堂教学目标中有一项"学习与发展"，教师利用晚自习，学生可自由采用走班制的办法进行听讲学习、自主学习、合作学习、研究学习方式的学习。通过这种形式的教学，为学生在常规教学中实践上述四种学习方法奠定基础；第二，给教师创设这样一种研究、交流、展示的平台，有利于促进教师在新的教学情境中的发展；第三，每位教师都有自己的教学特色，有的适合讲授式教学，有的适合自主学习式教学，有的适合合作式教学，有的适合研究式教学，合作教学可以给主讲教师展现自己教学特色的机会；第四，由于面对的学生超过常规教学的班额，因此合作教学也能提高教师的教学效益；第五，为学校晚自习采用走班制自习方式和辅导提供经验，为高中学生走班制教学做好准备；第六，通过大课、小课这样的教师合作教学形式，增加教师教学体验，进一步转变教师教学思想。

实践证明这种合作教学的形式有利于教师间的交流，有利于提高教师讲授的能力，有利于提高教师从整体上驾驭教材的能力，有利于拓宽教师的知识面，加快促进了教师教学思想的转变。刚开始推行合作教学尝试时，教师普遍拒绝，理由是我不会上这种课，或是我只要考试成绩好，没有必要上课要花样。这时在学校的激励措施下，开始有一部分教学水平比较高的教师同意参与合作教学的尝试，他们认为我能教好常规课，合作教学也是小菜一碟，以很自信的心态承担起合作教学主讲教师的任务。上课前主讲教师备好课、与学校教师商量后，坚持按自己的设计上课，授课结束后这几位主讲教师立即与学校教科室人员交流感受，主要有两点：第一，这种大课的教学情境与常规课堂情境确实有很大区别；第二，认为这次课是自己一生以来最不满意的课，都表示下期还要继续参加合作教学的活动。教师对合作教学的经历和体会，使教师们认识到自己的短处，积极自愿申请参加这种合作教学的教师数量明显增加。学生在合作教学中感到受益匪浅，也非常积极参加这项活动。后面我们将以合作教学的教学设计案例来具体说明合作教学（教学设计按前述的《动态教案》要求撰写，对教学过程的评议，按《动态教案》竞赛活动要求进行）。

三、设计双发展课堂教学模式改革，促进学生学习与发展

第二章我们将学习与发展列入到双发展课堂教学目标内，并较详细地阐述了列入的理由和这一目标所包含的四种学习方式，以及这四种方式中学生的学习策略。本节将较详细地说明我们在双发展课堂教学中如何引导学生进行学科学习，并如何落实学生的学习与发展的目标。

在二十世纪未关于新课程改革酝酿期内，全国各地对学生的学习与发展开展了卓有成效的研究，这些研究成果对我们今天学生的学习与发展有很强的指导作用。这方面有较大影响的研究首推中国科学院心理学研究所卢仲衡教授，他自编初中数学教材，开展中学数学自学辅导实验（教学模式：启、读、练、知、结）；另外在全国学习学会指导下，自编学习指导教材，在四川全省普遍开展的学习指导实验；还有我国第三次课程改革时期很多学校对学生"合作学习"的实验研究，这些研究都取得了丰硕成果，这些研究和成果对教育产生了很大影响。当时已致于"学会学习"蔚然成风，"学会学习"也成了教师追求的教育境界，国家对此也给予了肯定，提出素质教育要培养"四

有"人才，其中就有"会学习"。但新课程改革至今已二十多年了，如今在国家层面(课程标准)都没有将学习与发展纳入基础教育的课堂教学目标内。2016年国家研究提出《中国学生发展核心素养》后，高中各学科《课程标准》2020年修改版只提到各学科的学科素养，对核心素养中"学会学习"，教学目标还是没有一点回应，这是什么原因呢？是学习与发展研究不够成熟？是教师知识储备不够？还是某些人对学习与发展认识不到位？还是"学会学习"不是学而识之的内容？难道"学会学习"这种对学生发展有重要作用的内容，在基础教育的课堂教学目标中不应占有一席之地！如果这样我们不禁要问：学生的学习与发展这种素养应该在人生什么阶段或以什么形式去落实呢？不管是什么原因，我们从学生发展的需要出发，坚持将"学会学习"列入学生的课堂教学目标并落实。对学生学习的指导，这是心理学研究的内容，对于学科专业教师而言，确实是一个新问题，既然学习与发展是学生发展的需要，那么教师就应责无旁贷的发展自己这方面的能力，逐渐承担起这个责任。为此我们根据双发展课堂教学的理论制订了有关方案：

附：

实验学校课堂模式改革方案

一、基本思想

以学习与发展目标为出发点，以适应学生学习与发展的双发展课堂教学模式群为手段，在实施过程中研究、创新、构建更好的适应学生学习与发展的双发展课堂教学模式群，同时建设一支高素质，且能促进学生学习与发展的师资队伍。

二、目标任务

1. 实行教案、学案、课时检测案三案合一，简称导学案。

2. 导学案实行三案定教：个人独备初案——集体研课形成统一定案——因班而异形成实施个案。

3. 严格按基本教学模式"导学——研学——展学——评学——测学"五步流程编制导学案和教学流程。

(1)新授课导学案与教学流程

导学：含教学导入。包括学习目标、学习内容与考点、重难点、易错易混点提示，引导学生自主学习。

研学：①学生独立研学。学生自主研读文本，思考回答导学案中的问题，提出学习中的疑惑并发现未知。②同桌与小组合作研学。合作研学解决自主学习中的疑难问题。

展学：小组代表展示（口头+板演）小组学习尚未解决问题，暴露自学中存在的疑点、误点、盲点。

评学：教师通过母题（问题）精讲、方法思路点拨、规律总结、知识体系框架建构和知识迁移的"问题发挥"，让学生学懂、学通、学活。

测学：学后即用。通过一课一练实现当堂清，练后学长或小组长当堂验收，教师总结提升。

风险提示：①如不放弃传统单纯讲授，一讲到底，一练到底，必定陷入低效或无效教学。②如不长期坚持知识拓展，思维培养，技能训练，是不能有一流质量的。③小组学习制，学长制是实现知识清扫、落实全面质量管理的两大抓手，如放弃不用则不可能有高质量。

（2）复习课导学案与教学流程

导学：目标导学。①形成知识结构，提升学科理解水平，关注知识的关联和能力提升。②加深对学科思想方法的理解与运用，提升在新情景中解决问题的能力。

研学：①梳理知识，形成知识体系。②梳理思想方法形成系统化的方法体系。③梳理难点、考点、考法。④梳理易混易错点。

展学：学生进行疑点、难点、易混点诊断与讨论，对难点、考点、考法分析与交流。

评学：①教师点评展学，并从知识体系、思想方法体系上进行点拨，提升建构。②通过补充素材，典型题剖析，深化思维。

测学：深度训练、定时训练、迁移拓展、建构知识、提升能力、形成素养。提升速度、规范度、准确度。

风险提示：①起点不清，学情不明，简单重复，缺少整合建构，以讲为主，贪多求全，素材繁杂，缺少进阶。②简单重复知识与错题套路，做题对答案，缺少思想方法提炼，知识未建构，能力未提升，素养未形成，疑难点未解决，训练不到位，复习目标未达成。

（3）讲评课导学案与教学流程

导学：①试卷分析、统计、归纳、诊断后形成基于量化、质性分析的共性问题点、重点、难点、疑点、盲点、热点组成题组或题串。②对错误率高的题（20%以上），典型新题进行指导分析。

研学：①自主分析试卷与答卷，聚焦关键、还原思维、自悟自纠。②合作讨论、互助解疑。

展学：分小组展示组内学生的共性问题、难点、疑点、盲点。

评学：教师讲解难点、考点、考法，归纳答题方法，进行知识能力的建构与关联，提升学生思维品质。

测学：问题变式训练，巩固提示，反思整理，内化提升。

风险提示：批阅分析不到位，反馈讲评不及时或讲评不分主次，就题论题缺少关联，分析答案不讲思路，缺少反思提升，都是无效的讲评课。

4.严格按导学编制课时课件，一课一课件。每节课必须有课件。

（1）严格按"导学——研学——展学——评学——测学"五步编制。其中评学环节是在学生自主学习、交流展示基础上，教师统一矫正的完整内容，包括概念、公式、定理、定律的内涵、外延，应用及注意事项。此内容学案上省略，但课件上必须详细。

（2）课时课件还包括知识梳理体系、网络建构、典型展示、问题扩展、问题讲评、同步训练。

三、使用基本模式的研究步骤

按下述步骤开展常规教研活动：

1.要求教师严格按模式程序教学（明确模式程序）。

2.要求教师体会教学模式的三要素：教学思想、教学程序、教学方法（体会模式内容）。

3.采取同课异构的推广方式比较"三要素"的优劣（比较、鉴别、实施模式的优劣）。

4.对教学模式提出自己的见解（创新学习与发展的教学模式）

5.在总结上述第一阶段实施经验的基础上，准备第二阶段的研究活动。

四、研究方法

在基本教学模式的研究过程中采用下述研究方法：

①比较研究法；②控制变量研究法；③示范研究法；④文献研究法；⑤个案研究法；⑥总结研究法。

五、实施管理

1. 将学生用导学案学习、教师用分层统一的课时课件上课纳入课时值管理，不用则从下月起课时值降等直至减半。

2. 将导学案、课时课件的编制使用纳入每月绩效考核。

实验学校

2020. 9

实验学校实施上述方案将近一年，教师的认识有很大的进步，首先对学校提出的"五步"教学模式中的教学思想(突出以学生"学"为重点展开教学的思想)，教学程序(五步程序)，有了更深的理解。对采取控制变量，采用"比较"的研究方法，也有了更深的理解，例如在一次初中语文常规教研活动中，两位语文教师同时教《济南的冬天》，采用同样的程序，只是教学方法不同，这就是同师同构不同法的教学案例。他们两人都有导学的教学环节，第一位教师在导学中给学生提供了"1968年诺贝尔文学奖颁奖情况，使学生知道了《济南的冬天》作者是老舍，并对老舍产生了钦佩之情，然后进入研学阶段，第二位教师在导学中的给学生提供了几位名人(包括老舍)描述冬天的例子，使学生知道了《济南的冬天》的作者是老舍，并通过比较思维初步感觉到老舍《济南的冬天》的写作特点，然后进入研学阶段。不同的材料呈现可以使学生得到不同的感受，相同的材料通过教师的呈现方法和教学意图，以及教师个人教学素养也可以使学生得到不同的感受。我们引导教师比较这两位教师的导学过程，体会学生的感受——教学效果，指出：如果第二位教师再将第一位老师"1968年诺贝尔文学奖颁奖情况"一并提供给学生，会使学生带着更强烈的学习动机进入"研学"的步骤。

在近一年方案的实施中，教师也提出了许多问题：

首先教师认为：按双发展课堂教学模式群的精神，学生课堂教学中要达到高效的学习，心理上必需完整经历四个阶段，即，情境认同、理解认同、内化、感悟。"感悟"这一阶段对优秀学生的发展至关重要的作用，"五步基本教学"程序似乎缺少了这个环节。教师还认为："五步基本教学"本意是针对"合作学习"、"自主学习方式"设计的，实际也可以针对"听讲学习"、"研究性学习"，因为这四种学习方式都是针对学生学习而言，只是学习的程序和方法有别，如果把研学、展学、评学看成一般的学生课堂学习，那么"五步"基本教学模式就是针对学生四种学习方式的教学模式了。经过对这些意见的分析和研究，我们将"五步基本教学模式"修改成"六步基本教学模式"，即

六步基本教学模式　　　　　学生的四个心理发展阶段

导学 {
听讲方式导入
合作方式导入
自主学习方式导入
研究性学习方式导入
}　　　──→情境认同

研究 {
听讲式研学
合作式研学
自学式研学
研究性研学
}

展学 {
听讲式展学
合作式展学
自学式展学
研究性展学
}　　　──→理解认同

评学 {
听讲式评学
合作式评学
自学式评学
研究性评学
}

测学　　　　　　　　　　──→内化

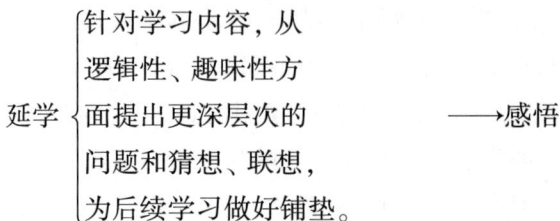

延学 $\left\{\begin{array}{l}\text{针对学习内容，从}\\\text{逻辑性、趣味性方}\\\text{面提出更深层次的}\\\text{问题和猜想、联想，}\\\text{为后续学习做好铺垫。}\end{array}\right.$ ⟶感悟

其次，部分教师在实施基本教学模式教学中感到不能机械的每节课套用基本教学模式程序，要针对具体的教学内容。有些课时内容较难，教学内容较多，机械的套用基本教学模式就会感到时间不够，草率了事；有些课时内容难点较多，需要分散突破，这时如不分点使用模式就会违背"分散难点，各个突破"的教学规律；有些课时内容相似点较多，不宜呆板采用单一教学方法，否则易使学生感到单调无趣。因此提出分课时体现"五步基本教学模式"程序和分点体现"五步基本教学模式"程序的改进型基本教学形式，其程序如下：

改进型基本教学模式1

激趣导学

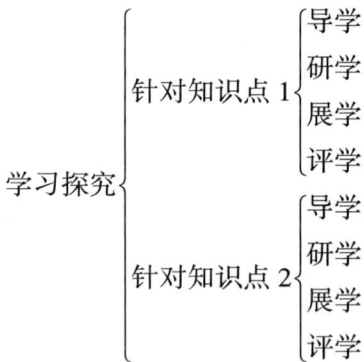

学习探究 $\left\{\begin{array}{l}\text{针对知识点1}\left\{\begin{array}{l}\text{导学}\\\text{研学}\\\text{展学}\\\text{评学}\end{array}\right.\\\text{针对知识点2}\left\{\begin{array}{l}\text{导学}\\\text{研学}\\\text{展学}\\\text{评学}\end{array}\right.\end{array}\right.$

巩固测评

改进型基本教学模式 2

激趣导学

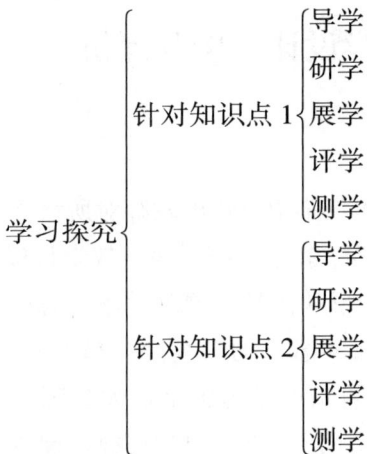

学习探究

针对知识点 1
- 导学
- 研学
- 展学
- 评学
- 测学

针对知识点 2
- 导学
- 研学
- 展学
- 评学
- 测学

巩固测评

改进型基本教学模式 3

导学(学习兴趣,学习内容,学习目标,学习方法)

研学(独立学习,自学文本,合作探究)

展学(学习成果,学习困惑)

评学(同学互评,教师点评,精讲母题,易错辨析,总结规律,反思方法)

测学(集体练习,感悟拓展,检测练习,反思总结。)

对于教师在基本教学模式过程中提出的问题,我们鼓励教师积极思考、广泛讨论、精心修改、勇于实践、百花齐放,这正是我们推进课堂教学模式改革的初衷。

第三节　双发展课堂教学设计案例及评析

　　教学设计是课堂教学的重要环节，它不仅集中反映出教师对所教内容的理解，而且集中反映出教师对学生认知心理、教学思想、课堂教学目标、教方法、教学方式、教学模式的认知，还集中反映出教师课堂教学的态度。因而各级教育行政、教研部门、以及学校内部对教师的教案检查都十分重视，但由于教学设计所承载的内容较为复杂，可惜的是这种重视大多都停留在"有无教案，有多少教案"这一简单评价的层面上，在平时如何抓住课堂教学设计这一重要环节有效、省力地提高教师教学水平和提高学生课堂教学质量研究不深，措施不力，就是在各级教研部门开展的各种教学设计比赛活动中，对教师利用教学设计所承载内容对自己平时教学的促进作用也是杯水车薪。

　　我们的双发展课堂教学理论十分看重教学设计，因此，对教学思想、课堂教学目标、课堂教学模式群以及《动态教案》、《大课》、《小课》等有关课堂教学设计方面的内容做了比较深入的研究，并积累了一些案例，我们将这些案例分成四类，在本节集中向读者展示。这四类分别是：第一类即讲授学习设计案例。这种案例是指教师根据教材内容的难易程度和为发挥课堂教学的优势（省时、便捷），而采用教师讲授为主，学生接受学习为主的教学方式，并且以培养学生听讲学习能力为目标的教学设计案例。第二类即合作性学习设计案例。这种案例是指教师根据学生学段年龄特点，学段学习内容特点，以促进学生尽快掌握合作方法和策略，以提升学生合作精神和合作品质为目的，教师指导下的学生合作学习教学设计案例。第三类即自主学习的设计案例。这种案例是指教师根据学生学段年龄特点，学段教学的内容特点，而采用以培养学习自主学习能力为目的，教师指导下的学生自主学习的教学设计案例。第四类即研究学习设计案例。这种案例是指初、高中教师根据教材内容的典型性和拓展性特点，针对提高学生研究能力，教师以提出研究问题，指导学生探索问题的解决方式而设计的教学案例。当然这些方式不是截然分开的，对于某一个教学设计也许是综合性的，我们考虑其主要方面加以区别，总的来说，希望读者通过这些案例，更深刻地体会双发展课堂教学的思想。

一、讲授学习设计案例

案例一 课题：按比分配（小学数学）

执教者：冷水滩区才子学校 杨贤舜 协教：同年级教师

首案 A

教学目标：

1.知识与技能：掌握按比分配问题的结构特征及解题方法。

2.要素与素养：学习运用推理、画图、转化等方法分析问题、解决问题。

3.学习与发展：培养学生认真审题、独立思考、自觉检验的良好习惯。

教学重点：掌握按比分配问题的特征和解题方法

教学难点：自主探究解决问题

设计理念：给足学生自我探究的时间和空间，让学生既自主建构新知识，又获取自主探究解决新问题的能力。

教学过程：

一、情境引入，揭示课题

1.提出问题，引起争论：

张叔叔和李叔叔共同挖一堆土，完工后得到 6000 元钱，他们每人应得多少元钱？

（1）你认为应该怎样分？

（2）平均分合理吗？

（3）应该按什么来分？

改案 B

2.比较辨别，揭示课题：

这种分法与平均分有什么不同？你能给这种分法取一个名字吗？

【设计意图】在"平均分"是否公平的矛盾冲突中，迫使学生"创造"出新的分配方法，初步感悟"按比分"的主要特征，沟通"按比分"与"平均分"的联系。

二、合作探究，总结规律

1.尝试画图，引导分析：你能用一种简捷的形式把这种分法表示出来吗？（引导画结构图和线段图）

2.尝试解答，指名板演

3.集体交流，指导方法

(1)他们做得是否正确？你怎么知道？（验算）

(2)学生解释解题思路和算理。

(3)教师点拨：如果不会做，怎么办？

引导画图和推理：根据条件和问题，这时我们要想一个什么问题呢？（你能找到每人应分得的钱数与总钱数之间的关系吗？）

4.变式训练，灵活运用（要求先摘录条件分析）：

张叔叔、李叔叔和王叔叔共同挖一堆土，完工后得到6000元，张叔叔挖了4方土，李叔叔挖了6方土，王叔叔挖了10方土。他们每人应得多少元？

5.对比反思，总结规律

小组讨论：

(1)按比分配问题有什么特点？

(2)怎样解答按比分配问题？关键是什么？（转化为归一问题或分数问题）

(3)按比分配问题，怎样验算？

(4)你还学到了哪些分析问题、解决问题的方法？（画图，寻找未知与已知的联系。）

【设计意图】引导画图，把握问题的数学本质。先做后讲，给了学生广阔的探究空间。反思回顾，进一步把握本课的重难点。全程旨在使学生体验探究问题的途径和方法。

三、分层练习，巩固检测

1.根据下面的比，你能想到什么？

(1)某班男生人数与女生人数的比是4∶5。(集体解答)

(2)一种药水中药与水的比是3∶4。(小组讨论)

2.先摘录条件和问题，口述题目的数学本质，再解答

(1)水泥、沙子和石子的比是2∶3∶5，要搅拌20吨这样的混凝土，需要水泥、沙子和石子各多少吨？

(2)游客和救生员一共有56人，每个橡皮艇上有1名救生员和7名游客。一共有多少名游客？多少名救生员？

(3)修一条1000米长的公路，已经修了全长的$\frac{1}{5}$。剩下的按3∶5分配给甲、乙两个工程队，两个队各要修多少米？

反思：这三道题有什么相同和不同的地方？

3.你能用多种方法解答下面这道题吗？你认为哪种方法最好？

某班有40人，其中男生人数与女生人数的比是3∶2，男生和女生各有多少人？

反思：哪种最好？这些方法有没有相通之处？

【设计意图】紧扣抓住数学本质、联想和转化三个要点进行变式训练，促使学生学会简约思维、发散思维。

四、总结反思，拓展延伸

1.谈收获

2.挑战自我

用一根长48厘米的铁丝折成一个长方形，这个长方形的长与宽的比是3∶5，这个长方形的面积是多少？

【设计意图】总结知识方法，关注心理体验，延伸课外学习。

板书设计：

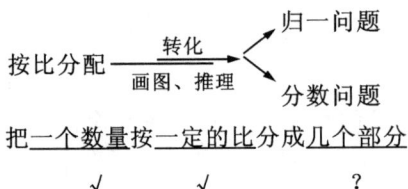

把<u>一个数量</u>按<u>一定的比</u>分成<u>几个部分</u>

　　　✓　　　　　✓　　　　　　？

解法一：

每份：6000÷(2+3)＝600(元)

张叔叔：600×2＝1200(元)

李叔叔：600×3＝1800(元)

解法二：

总份数：2+3＝5

张叔叔：6000×2/5＝1200(元)

李叔叔：6000×3/5＝1800(元)

验算：

1200+1800＝3000

1200：1800＝2：3

答：张叔叔应分1200元，李叔叔应分1800元。

要点评析：

《按比分配》一课在解决"平均分配"不公平的过程中自主"创造"出"按比分配"的新方法，教师通过引导学生画结构图和线段图，将生活问题抽象成数学问题，通过推理明确解决问题的关键在于找到未知与已知之间的联系，通过转化引导学生把未学的""按比分配问题"转化为已学的"归一问题"和"分数问题"。问题的探究和练习的重点始终紧扣"按比分配问题"的数学本质，引导学生画图、联想、转化，将生活问题抽象成数学问题，将未知问题转化为已学问题，从而进行简约化思维，既突出了重点提升了思考和练习的效率，又有意让学生体验了探究问题的途径和方法。

案例二　课题：跨越百年的美丽（小学语文）

执教：实验学校　唐志艳　协教：同年级教师

首案 A

教学目标：

1. 知识与技能：

①联系上下文体会课文中含义深刻的句子，体会居里夫人为科学献身的精神。

②体会作者对居里夫人巨大贡献和人格精神的赞美，理解"跨越百年的美丽"的深刻内涵。

③练习有感情地朗读课文。

2. 要素与素养：

①在思考中读书，在交流中学习。

②认识人生的意义在于探索和奉献。

3. 学习与发展：发展学生自主思考、合作探究的能力。

教学重点：结合文中具体的句子理解课题中的美丽表现在哪些方面。

教学难点：体会居里夫人为科学献身的精神，理解"跨越百年的美丽"的深刻内涵。

设计理念：以文本语言为依托，以自读自悟为基础，小组合作交流为窗口，积极搭建"对话"平台，引导学生通过个性化、创造性的阅读，多角度、多层次感悟居里夫人的"多维美丽"，同享对话情趣和阅读乐趣，让学生真正成为学习的主人。

教学过程：

一、谈话导入，引出课题

通过上节课的学习，我们知道居里夫人是一位漂亮端庄的女科学家。这节课，我们继续走近居里夫人，继续学

改案 B

习第 18 课。

【设计意图】简洁导入，明确要求，快速进入课堂学习。

二、细读课文，寻找美丽

1. 用自己喜欢的方式读课文，边读边思考上节课我们还没有解决完的问题：居里夫人"跨越百年的美丽"除了她漂亮端庄的容颜，还表现在哪些方面？

2. 运用找重点句、抓关键词等方法拟写小标题。

3. 学生上黑板板书自己的读书收获。

小结：同学们，读这样篇幅较长的文章，我们可以通过找重点句、抓关键词等方法概括小标题，快速抓住文章的主要内容；平时阅读有小标题的文章，我们也可以借助小标题快速把握文章的主要内容；在写作的时候，如果我们采用拟写小标题的形式，习作的层次就更清楚，重点就更突出了。

【设计意图】围绕中心问题自读自悟、相互交流，思维因碰撞而更加清晰。

三、品词析句，感悟美丽

先快速默读课文，再在小组内交流：居里夫人哪一方面的美丽让你的感触特别深？为什么？请在课文中找到相关的词句，并读一读，想一想。

全班交流：

(一)预设一：精神美——坚定执著、献身科学

教师追问：

1. 哪些部分内容让你有了这种感受？

(1)玛丽的性格里天生有一种更可贵的东西，她坚定、刚毅、顽强，有远大、执着的追求。

(2)为了提炼纯净的镭，居里夫妇找到一吨可能含镭的工业废渣。……留下了酸碱的点点烧痕。

2. 从上面的话中你体会到了什么？自由快速地读

一读。

3. 补充资料：播放居里夫人工作视频及与女儿对话。

4. 谈观后感：你的表情为什么会如此凝重？

5. 引导朗读：在太阳还未露出笑脸的清晨到繁星点点的深夜里，夫人就已经开始在烟薰火燎中搅拌锅里的矿渣，为的就是……（生齐读）。在烈日炎炎的夏天到大雪纷飞的冬天，夫人仍旧在烟薰火燎中搅拌锅里的矿渣；为的还是……（生齐读）。

6. 居里夫人最后取得了成功了吗？请找出相关句子。

7. 从这句话里，你又有了怎样的感受？指导朗读这句话。

小结：刚才，同学们通过联系上下文、联系生活实际、结合补充资料等方法，知道了夫人发现和提炼镭的艰辛，懂得了居里夫人能够取得伟大发现靠的就是夫人坚定执着的信念和献身科学的精神！

（二）预设二：人品美——淡泊名利

教师追问：

1. 课文中哪些句子能够体现居里夫人淡泊名利？

①玛丽居里获得了哪些名和利？（出示课件）

②如果是你，会怎样对待这些荣誉？

③我们看看居里夫人是怎样对待这些荣誉？（课件出示）

2. 作者是怎样评价居里夫人的？补充爱因斯坦对居里夫人的评价(课件)

3. 在居里夫人看来，人生的意义是什么呢？请听她在镭发现25周年的演讲。（播放视频）看完这段视频，你又有什么感想呢？

【设计意图】引领学生走进居里夫人的内心世界，感受居里夫人献身科学的美丽，领悟语言表达的特点，从中感受到人生启迪和语感熏陶。

四、拓展阅读，升华"美丽"

（配乐）是啊，居里夫人那淡泊名利的高贵人格、全身心投入科学的忘我精神诠释了"美丽"一词真正的含义！是夫人，以及与夫人一样默默地、坚定执着地为科学事业鞠躬尽瘁的科学家们赋予了"美丽"一词鲜活的生命力！他们的美丽是能跨越百年，跨越——千年，跨越——无数年，成为永恒的美丽。（板书：永恒）

【设计意图】激情总结，渲染情感，定格形象，升华美丽。

五、总结全文，拓展阅读

课后阅读：课本第 104 页阅读链接及《居里夫人传》。

【设计意图】推荐阅读，提升阅读能力，崇尚科学精神，树立正确人生观。

要点评析：

如何让居里夫人这样值得全人类去学习、去敬仰的伟人形象在一节课里走进学生的心里，还要让学生心怀敬意并传承科学精神？这是本课非常重要的一个教学目标。

为此，执教者进行了精心设计，从以下几个方面引导学生学习感悟、合作交流，并有意渲染浓浓地情感氛围，从而达成了学生思想上的升华：

一、合理取舍教材中的内容。课文篇幅较长，写到居里夫人高贵品质的段落也很多，教学不可能面面俱到。执教者选取了最能诠释夫人人格魅力的"坚定执着"和"淡泊名利"这两个方面的内容来进行重点教学。

二、恰当补充图文影像资料。居里夫人在简陋的实验室里艰辛工作和居里夫人在镭发现 25 周年的讲话的视频以及居里夫人与女儿对话的图文资料，进一步印证文本含义，丰富了学生的感受，让居里夫人的伟大形象和精神活了起来，让孩子们对"人生的意义"有了更为深刻的思考。

三、为入情朗读做足功夫。在理解的基础上补充相关的图文视频资料使学生身临其境，执教者声情并茂的引读渲染进一步营造出崇敬的氛围，被拨动的心弦自然会流露出美妙的音符，学生的朗读自然也就读出了情，读出了意，读出了味！

四、注重学法和写法的指导。在"寻找美丽"时，执教者引导学生拟写小标题进行概括；在"感悟美丽"时，引导学生采用"联系上下文、联系生活实际、运用数学知识、结合补充资料"等各种学习方法进行学习；并在小结中进一步揭示这些方法的作用；较好地达到了"授之以渔"的目的。

案例三　课题：作文指导：人物描写之动作描写（初中语文）

执教人：实验学校　张秀丽　协教：同科教师

首案A　　　　　　　　　　　　　　**改案B**

教学目标

1. 知识与技能：学会准确使用动词。

2. 要素与素养：学会通过动作特点来展现人物的性格。

3. 学习与发展：用比较思维培养小组人员的鉴赏能力。

一、导入

同学们，我们班这次考试成绩不理想。为了表达我对你们的信心，特作对联一副：蓝天当纸，绿草镶边，凭少年才气描摹七彩鸿图！九一加油，青峰树炮，借戎马精神横扫九州求知！

【设计意图】鼓励学生努力求知，积极向上。

二、学习目标

1. 学会准确使用动词。

2. 用比较作文的方法逐步提高写作能力。

【设计意图】让学生明确本节课的学习任务。

三、想一想，议一议

什么是动作描写？动作描写有什么作用？

1. 动作描写就是通过描写人物做什么和怎样做来表现人物的性格特点和精神面貌的描写方法。

2. 作用：展现人物的内心世界，揭示人物的性格特征。

【设计意图】让学生在写作的时候胸有成竹。

四、精彩段落对比欣赏

精彩段落对比欣赏1

A.他50多岁了,是带我们做实验的物理老师。

B.他50多岁了,戴着一副高度近视眼镜。他取下眼镜,随手用衣服的下摆擦了擦镜片。"嗯嗯……"他刚要讲话,忽然想起了什么,手忙脚乱地在盘子里找了找,又匆匆地往口袋里掏了掏,掏出了一盒火柴,这才放心地又"嗯嗯"两声,站直身子,用特别响亮的声音说:"现在开始看老师做实验!"

解析:通过"用衣服的下摆擦镜片""手忙脚乱地在盘子里找""匆匆地往口袋里掏"等动作的描写,写出了一个高度近视、动作不利索且有点"糊涂"的老教师的特点。

温馨提示:动作描写要符合人物的身份、年龄和特定的情景。

精彩段落对比欣赏2

A.教室里打得乌烟瘴气,毛老师生气了!

B.教室里打得乌烟瘴气。毛老师气咻咻地站在门口,他头上冒着热气,鼻子尖上缀着几颗亮晶晶的汗珠,眉毛怒气冲冲地向上挑着,嘴却向下咧着。看见我们,他惊愕地眨了眨眼睛,脸上的肌肉一下子僵住了,纹丝不动,就像电影中的定格画面。我们几个也都像木头一样,定在那里了。

解析:"气咻咻地站在门口""头上冒着热气""眉毛怒气冲冲地向上挑着""嘴却向下咧着""脸上的肌肉一下子僵住了,纹丝不动"等,把性格暴躁的人生气时的面部表情写得生动逼真。

温馨提示:动作描写可以加上其他的感官描述语言。

精彩段落对比欣赏3

A.老人的双手很灵巧,一个泥人在他手里诞生只要几分钟。

B. 看，他又拿起一团泥，先捏成圆形，再用手轻轻揉搓，使它变得柔软、光滑起来。接着，又在上面揉搓，渐渐分出了人的头、身和腿。他左手托住这个泥人，右手在头上面摆弄着，不一会儿，泥人便戴上了一顶扁扁的帽子。

解析：抓住捏泥人的动作特点，写出了一位心灵手巧的老艺人形象。

温馨提示：选用准确的动词进行描写。

精彩段落对比欣赏4

A. 古斯达夫像一个野蛮人在跳一个战争舞。

B. 古斯达夫像一个野蛮人在跳一个战争舞，他张开嘴巴，眼睛炯炯发光，向前瞪着。草地上只有他一个人，跳上跳下的，像一个球。一忽儿用脚跟踏着跳，两条腿替换着踢飞脚，踢到头那么高，每踢一下就发出一声尖叫。接着他又腾空跳起，在空中转了一个大圈，掉下来的时候，只停在一只脚跟上，随即像一个陀螺似的旋转起来。

解析：用比喻的修辞手法，生动形象地写出了一个"野蛮人"的高超舞艺。

温馨提示：动作描写可以适当运用修辞手法。

【设计意图】让学生在比较中找到优秀文章的优秀之处，发现自己平时写作中的不足，有利于自己写作水平的提高。

五、让学生写作，展示学生的作品，并进行简单评价。

【设计意图】提高学生的写作水平，提升学生的成就感。

六、结束语

求学者

寒烟

壮志凌云鸿梦远，

春风化雨杏坛纯。

黄冈一鸣惊凤阁，

潇湘学子傲兰亭。

希望同学们热爱生活，喜欢作文，用手中的笔来描绘大千世界，快意人生！

【设计意图】提升学生学习的幸福感。

七、板书设计

1. 动作描写要符合人物的身份、年龄和特定的情景。

2. 动作描写可以加上其他的感官描述语言。

3. 选用准确的动词进行描写。

4. 动作描写可以适当运用修辞手法。

总结：动作描写要展示人物性格特征。

要点评析：

本节课是张秀丽老师关于"人物描写之动作描写"专题的小课示范课。教学设计基本符合双发展课堂教学的《动态教案》的设计要求。本节课教学过程的实施有一个显著的特点，即在教学材料的选择上安排了四个描写片段作为欣赏材料，每个片段又安排 A、B 两个层次的对比材料，引导学生对比欣赏，使学生在比较中领会不同的人物动作描写带来的不同感觉。这样容易使学生在比较欣赏中提高写作水平。这样的教学给教师带来了许多启示：比较是一种抽象思维，在各学科教学中都是如此，我们要利用抽象思维的方法提高学生的学习质量。大多数语文教师认为，语文主要以形象思维为主，我们要打破这种思维定势，不仅要将语文知识和语文教学中的有关内容和方法上升到心理学的思维层面来认识，还要在语文双发展课堂教学中自觉运用这些内容和方法，提高语文教学质量。

案例四　课题：全等三角形的复习(初中数学)

执教：永州市冷水滩区珊瑚学校　蔡经天

首案 A　　　　　　　　　　　　　　　　　　　　改案 B

一、教学目标

知识与技能：从整体上理解掌握全等三角形的判定方法，全等三角形的基本应用，判定全等三角形的基本思路。

要素与素养：体会数学转化的思想方法，体会数学中由果索因的逆思维推理方法。

学习与发展：在感悟几何推理方法过程的学习中，逐步形成自主性学习与合作性学习习惯，进而体会研究性学习方法。

【设计意图】不仅对学生进行知识技能的复习巩固，而且渗透对学生进行学习方法、研究方法的传授。

二、教学重点

体会用"一找、二摆、三证"的推理思路去判定两个三角形全等，进而解决具体问题。

三、教学难点

体会由果索因分析法，体会数学转化的思想方法。

四、教学过程

1. 知识回顾：

(1)问题：

①证明全等三角形有哪些方法？

②全等三角形的基本应用有哪些？

③判定三角形全等的基本思路是什么？

(2)合作讨论

①证明全等三角形的方法：SAS、ASA、AAS、SSS、HL

②全等三角形的基本应用：证明线段相等，证明角

相等。

③判定三角形全等的基本思路：一找、二摆、三证。

④教师点拨：解释一找、二摆、三证的具体含义。

【设计意图】通过问题提出，引导学生自主回顾所学知识与方法，并体会合作性学习方法。

2.典例学习与分析。

问题一：如图△ABC 中，AD 平分∠BAC，BD＝CD，DE⊥AB 于 E，DF⊥AC 于 F，求证：AB＝AC。

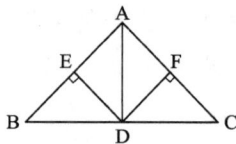

讨论与研究：（由果索因）

师：证明 AB＝AC 用什么方法？

预设生：①证明 AB＝AC，转化证明∠B＝∠C

②证∠B＝∠C，依条件和图形，转化证明△BED≌△CFD。

师：摆一摆△BED 与△CFD 全等的条件，看看条件是否欠缺？

预设生：BD＝CD（已知），∠BED＝∠CFD＝90°（已知），……，还缺一个条件。

师：缺失的条件如何证明？

预设生：可由条件中的角平分线性质定理得到 DE＝DF。

注：学生回答如非教师预设，教师灵活引导。

教师小结：前面的学习，我们通过由果索因分析法，去寻找问题的解决突破口，其思维形式如下：

结果：求证 AB＝AC $\xrightarrow[\text{转化}]{\text{条件}}$ ∠B＝∠C $\xrightarrow{\text{方法}}$ △BED≌

△CFD $\xrightarrow{\text{条件}}$ $\begin{cases} BD＝CD（已知） \\ ∠BED＝∠CFD＝90°（已知）→证明欠缺条件 \\ \longrightarrow （所缺条件） \end{cases}$

师：请同学们写出本题的解答过程。

注：转化后的条件只是求证的充分条件(学生思考除教师预设外，还有无其他转化思路，试证之)。

问题二：如图△ABC中，AB＝AC，点E、F分别在AB、AC上，AE＝AF，BF与CE相交于点P，求证：PB＝PC。

讨论与研究(由果索因)

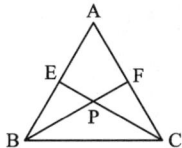

师：如何证明PB＝PC？

预设：可转证∠PBC＝∠PCB

预设：证明∠PBC＝∠PCB，转证△BCE≌△CBF

师：摆一摆全等的条件，缺什么？

预设：△BCE和△CBF中，BC＝CB，……，缺两个条件。

师：缺失的两个条件如何证明？

预设：∵ AB＝AC，AE＝AF

∴ ∠ABC＝∠ACB，AB－AE＝AC－AF

∴ BE＝CF

师：同学们非常棒，下面请大家自主完成下列问题。

(1)写出本题由果索因思维图形；

(2)写出本题证明过程；

课后学习：本题还有其他的证明方法吗？请研究。

【设计意图】通过两个典例的学习，以问题为引擎，让学生自主思考、合作学习，在由果索因的思维方式引导下，学会转化思考，最后将问题本质化归到"全等三角形"判定上来，进而讲授一找、二摆、三证的推理方法中，生成研究性学习过程。

3.课堂练习

如图：△ABC中，分别以AC、BC为边作正△ACD和△正BCE，连AE、BD交于点O，AC与BD交于点H，求∠AOB的度数。

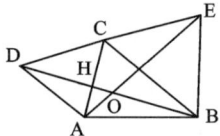

研究式学习提示：

①欲求∠AOB 的度数，其关键是求出哪个角的度数？

②抓住问题关键后，如何进行思考与研究？

4.小结：

(1)本节课所学知识；

(2)在几何推理方法中体会转化的思想方法、由果索因分析法；

(3)体会合作学习、自主学习，研究性学习方法。

五、板书设计(略)

要点评析：

本节课是全等三角形总复习课，既可作为初二学生的复习课，也可作为初三学生复习课。设计的目标是以全等三角形判定知识为载体，向学生传授几何推理方式方法中体会自主、合作、研究性学习法，使学生能够对数学思想方法，研究性学习方法有更深、更广的认识和感悟。本节课有下述几个特点：设计的目标有即时性发展目标(知识与技能)，有体验性目标(要素与素养，学习与发展)；针对所设计的目标，在师生的讨论与研究过程中，有启发提问、有主动思考、合作讨论、认真研究，形成别开生面的学习情景，师生互动自然；研究性学习过程全面展现，研究性学习细节到位，研究性学习方法体现充分，特别是教师对分析推理过程的解释细致完备，有很好的示范性；课堂小结，简明扼要，既有即时性目标的小结，又有体验性目标的小结，处理分寸也恰到好处；整个学习过程，立足学生的最近发展区情况，循序渐进，使每个学生都得到不同的发展。

本节课授课教师为永州市 2006 年首届学科带头人。

案例五 课题："凡尔赛—华盛顿体系"下的西方世界(初中历史)

执教：实验学校 王婷卉 协教：同科教师

首案 A

改案 B

教学目标：

一、知识与技能

1.识记层次：巴黎和会、华盛顿会议的基本概况和主要条约的内容；经济大危机的时间和主要特点；罗斯福新政的内容；德日建立法西斯政权的基本情况。

2.理解层次：对凡尔赛—华盛顿体系的理解和评价；罗斯福新政的作用。

二、要素与素养

1.通过整合归纳20世纪以来的三次世界政治格局的变化，使学生体会从整体上把握历史发展脉络的思想和方法。

2.全面掌握凡尔赛—华盛顿体系和罗斯福新政，培养学生综合分析和正确评价历史事件的能力。

三、学习与发展

通过导学案的运用和教师的复习引导，学生需要在掌握主要考点知识的情况下，体会将本单元的历史知识由点到线、到面串联起来，再运用联系法、比较法，深入分析历史事件所反映的深层次问题的学习方法。

教学重点：巴黎和会、华盛顿会议、经济大危机、罗斯福新政。

教学难点：1.对凡尔赛—华盛顿体系的正确评价和对罗斯福新政作用的分析。

2.复习过程中思路的理顺。

教学过程：

一、导入

	时间	主要事件	形成
第一次	一战后	巴黎和会与华盛顿会议两次国际会议	凡尔赛—华盛顿体系
第二次	二战后	美国成立了北大西洋公约组织，苏联针锋相对，成立华沙条约组织	世界形成了以美国、苏联为首的两极格局（雅尔塔体系）
第三次	20世纪80年代末至今	东欧剧变和苏联解体	"冷战"结束后出现了"一超多强"的局面，当今世界正朝着多极化的方向发展

【设计意图】整体导入，有助于培养学生从宏观上把握历史发展脉络的能力。

二、单元主题和结构分析

本单元主要介绍了一战后至二战前资本主义世界国际关系的基本格局，以及在此格局影响下主要资本主义国家经济和政治发生的重大变化。这一时期的历史发展承前启后、因果相袭，既是一战的最终结果，也是二战的直接源头，对中国和世界现代历史进程产生了巨大影响，具有深刻的社会现实意义。一直以来，本单元都是中考命题涉及的考点之一，特别是罗斯福新政的相关内容，要给予足够的重视。

三、复习步骤

板块一：凡尔赛—华盛顿体系的建立

1.比一比，看谁快，看谁更准确。

会议名称	巴黎和会	华盛顿会议
召开时间		
操纵国		
目的		
主要条约		
影响		
性质		
体系		

【设计意图】小组课前合作，自主学习，夯实基础。

2.课堂延伸，适度拓展。

(1)华盛顿会议的操纵国为什么不是英、法、美三国，而是英、美、日？

(2)两次国际会议的性质是什么？哪个条约的哪项内容最能体现它的性质？

(3)两次国际会议是否都损害了中国的权益？你能用具体的史实来说明吗？这体现了怎样的历史本质？

(4)两次国际会议形成了凡尔赛—华盛顿体系，它是否能真正地维护当时的世界和平？为什么？

(5)两次国际会议有何共同点？

【设计意图】通过延伸拓展，深入分析凡尔赛—华盛顿体系所包含的历史知识点，既有助于学生全面了解这段历史，培养他们综合分析历史问题的能力，运用历史知识解决历史问题的能力，又符合中考历史学科的要求和趋势。

3.中考试题回放。

(1)《九国公约》使中国回到了被几个帝国主义国家共同支配的局面，它是哪次会议上签订的？（　　　）

A.巴黎和会　　　　　B.华盛顿会议

C.雅尔塔会议　　　　D.波茨坦会议

(2)一战后,巴黎和会和华盛顿会议旨在调整国际秩序,但它们都试图以牺牲中国主权利益的手段来达成目的,最有力的证据是( )。

A.《凡尔赛和约》《九国公约》

B.《北大西洋公约》《四国条约》

C.《华沙条约》《五国条约》

D.《四国条约》《五国条约》

(3)在《凡尔赛和约》中,最能体现巴黎和会性质内容的是( )。

A.德国将阿尔萨斯和洛林归还给法国

B.德国承认奥地利独立

C.德国海外殖民地被英法美等国瓜分

D.禁止德国实行普遍义务兵役制

(4)1922年,华盛顿会议签订的哪一条约实行上为美国在中国的扩张提供了有利条件?( )

A.《九国公约》　　　　　B.《凡尔赛和约》

C.《四国公约》　　　　　D.《五国公约》

(5)中国作为第一次世界大战的战胜国之一,在巴黎和会上要求收回一战前德国在山东攫取的一切权利,结果《凡尔赛和约》却将这些权利转交给日本,这表明( )。

①一战后中国仍处于被宰割的地位

②德、日在巴黎和会上处于主导地位

③巴黎和会是帝国主义列强分赃的会议

④《凡尔赛和约》无视弱小民族的利益

A.①②③　　　　　　B.①②④

C.①③④　　　　　　D.②③④

板块二:凡尔赛—华盛顿体系的冲击

1.经济大危机:____年,首先从____国爆发,席卷整个资本主义世界。

其特点是:_____

和 _____。

2.经济大危机的影响：①生产力遭到巨大破坏，人民生活处于水深火热之中；②经济危机引起政治危机和社会危机。

【设计意图】突出经济大危机的时间、区域和特点，要求学生掌握好这些知识点，能够依据这些关键信息来判断考题和分析史料。

过渡提问：经济大危机的爆发，让整个资本主义世界都动荡不安，那么它们克服危机的方式有几种？以哪些国家为代表？

板块三：凡尔赛—华盛顿体系开始瓦解

1.让学生在导学案上完成以下两个表格。

方式一	美国实行罗斯福新政	时间	
		直接目的	
		特点	
		中心措施	
		性质	
		作用	

方式二	建立法西斯政权		
国家	德国	日本	意大利
背景			
时间			
人物			
策源地			
暴行			
军事集团	三国轴心/轴心国集团		

【设计意图】通过导学案中两个表格的设计，既夯实了

学生的基础，又方便老师依据表格来补充分析和对比分析学生易错和易忽视的知识点。如德日意建立法西斯政权的不同点，罗斯福新政的特点和性质。

2. 拓展延伸。

(1)美国和德日在经济大危机的面前，选择了不同的路，你能否从各国当时的现实和历史的角度来分析原因？

(2)20世纪三四十年代法西斯势力的猖獗严重威胁着世界的和平与安全。请你谈谈日本对中国进行了哪些侵略行为？

【设计意图】这两个问题的设计重在培养学生的思维迁移能力，将世界历史进行前后联系，把世界历史和中国历史有效结合，训练综合分析能力，进一步提升总复习的效果。

3. 中考试题回放。

(1)1933年，罗福斯在第一次就任总统演说中鼓励美国人民，说："真正让我们感到恐惧的，只是恐惧的本身。"你认为当时让美国人民感到恐惧的是(　　)。

A. 经济大危机　　　　　B. 希特勒上台

C. 日本轰炸珍珠港　　　D. 美国宣布参加世界大战

(2)一位美国学者在评价罗斯福新政时写道："其实罗斯福新政之所以成为神话，与其说是因为经济上的成功，不如说是因为政治上的成功。""政治上的成功"主要体现在(　　)。

A. 使经济缓慢地恢复过来

B. 调整和巩固了资本主义制度

C. 极大地改善了人民生活

D. 成功开启美苏"冷战"模式

(3)阅读下列材料并结合所学知识回答问题。

材料一　(苏俄)彼得格勒省农民说："我们那里发生过把手枪对着人家太阳穴这样的强制行为，人们很气愤。"

吉尔斯的农民说:"粮食被收集得像扫帚扫过一样干净,一点也没剩。"

——摘编自王斯德等《苏联兴亡史》

材料二:

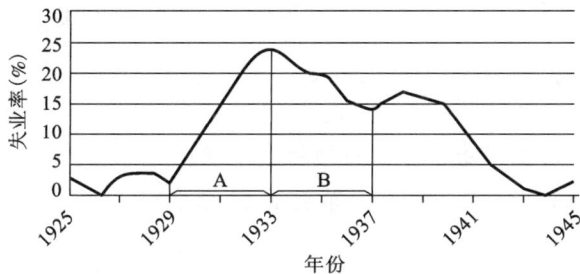

1925—1945 年美国失业率

①面对材料一中"苏俄农民的气愤和不满",列宁实施了什么政策?

②根据材料二,分别指出图中 A、B 两个时段美国失业率的变化情况,并分析导致这两个时段失业率变化的主要原因(提示:写重大事件名称)。

③两国为应对危机采取了什么相同的调整方式?这给了你怎样的历史感悟?

【设计意图】通过中考真题的训练,当堂巩固复习效果。

要点评析:

本节课是一节复习指导的大课,作为大课可以提高教学效率。因课堂知识容量较大,而且强调知识结构的建构,故本节课所需备课时间较长。该课采用研究性学习、自主学习或合作学习的教学方法都不太适宜,而适宜采用讲授为主的方法,讲授式教学正是王老师的特长。所以,我们选择王老师担任三个班的主讲老师,其他同科教师担任协教的大课形式,这有利于发挥王老师的教学特长。这节课给教师的启示是:教师不仅要借鉴别人的教学特长,促进自己全面发展,还要根据自身特长、教学内容特点及教学条件,选择合适的教学目标和教学方法,实现双发展课堂教学的目的。这种适当的大课可以促进教师之间的取长补短,发挥教师特长,节约教学时间,使学生得到最大的收获。

案例六 课题：椭圆及其标准方程（高中数学）

执教：湖南永州市第四中学 张明明 协教：同年级教师

首案 A

一、教学目标

知识与技能：

1. 理解椭圆的定义，用坐标法推导椭圆的标准方程；

2. 初步掌握椭圆的标准方程，会求简单的椭圆标准方程。

要素与素养：

1. 通过对椭圆定义的归纳和椭圆方程的推导，促进学生数学运算素养的发展；

2. 培养学生用几何眼光观察与思考，再用坐标法解决问题；

3. 培养学生数学审美的眼光——欣赏简洁美。

学习与发展：

通过对椭圆及其标准方程的学习使学生逐步具有克服困难的精神，寻找学习的乐趣，促进学生发现问题解决问题能力的发展。

二、教学重难点

重点：椭圆的定义和椭圆标准方程。

难点：用坐标法推导椭圆标准方程。

三、教学过程

1. 回忆知识：回忆与本节课有关的前一部分所学知识，提问：

(1)圆的定义？

(2)圆的标准方程与坐标系的选择？

(3)由圆的定义联想动点到两个定点的距离关系。

改案 B

2.问题驱动：

问题1 说一说你对生活中椭圆的认识。伴随图片展示使同学们感到椭圆就在我们身边。

【设计意图】

(1)从学生所关心的实际问题引入，使学生了解数学来源于实际。

(2)使学生更直观、形象地了解后面要学的内容。

问题2 在几何画板中展示到定点距离等于定长点的轨迹，引导学生，如果是到两个定点呢？此时，使到两定点的距离之和不变，移动点形成的轨迹就是椭圆(取一条定长的细绳，把它的两端固定在画图板上同一定点，套上笔拉紧绳子，移动笔尖画出的轨迹是圆。再将这一条定长的细绳的两端固定在画图板上的 F_1，F_2 两定点，当绳长大于两点间的距离时，用铅笔把绳子拉紧，使笔尖在图板上慢慢移动，就可以画出一个椭圆。)

【设计意图】通过多媒体演示椭圆的具体画法，学生更直观形象的理解椭圆。

由学生画图及教师演示椭圆的形成过程，引导学生归纳定义。

归纳 椭圆定义：平面内与两个定点 F_1，F_2 的距离之和等于常数 $2a$ 的点的轨迹叫作椭圆，这两个定点叫做椭圆的焦点，两焦点间的距离叫做椭圆的焦距

练习1：已知两个定点坐标分别是$(-4, 0)$、$(4, 0)$，动点 P 到两定点的距离之和等于 8，则 P 点的轨迹是_____

练习2：已知两个定点坐标分别是$(-4, 0)$、$(4, 0)$，动点 P 到两定点的距离之和等于 6，则 P 点的轨迹是_____

通过两个练习思考：椭圆定义需要注意什么($2a$ 大于 $|F_1, F_2|$)

【设计意图】让学生通过练习反思画图，归纳定义，理解定义，突破了重点。

(1)当 $2a > |F_1F_2|$ 时，是椭圆；

(2)当 $2a = |F_1F_2|$ 时，是线段；

(3)当 $2a < |F_1F_2|$ 轨迹不存在。

3.探究椭圆标准方程：

(1)学生在画板上建立适当的坐标系

曲线上的同一点在不同坐标系中的坐标不同，曲线方程也不同。为了使方程简单，具有美观(可比较圆的一般方程与标准方程，感觉标准方程的美感)，坐标系的选择要恰当。通常情况下，应注意使已知点的坐标和直线(曲线)的方程尽可能简单。在求解椭圆的标准方程时，应注意图形的对称性。

(2)根据定义推导椭圆的标准方程

同时引导学生类比圆回顾解析几何研究问题的特点及求轨迹方程步骤，教师结合猜想加以引导，抓住化简无理方程这一难点，通过发现问题解决问题突破难点。

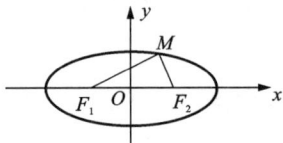

正确推导过程如下：

解：取过焦点 F_1，F_2 的直线为 x 轴，

线段 F_1，F_2 的垂直平分线为 y 轴。

设 $M(x, y)$ 为椭圆上的任意一点，椭圆的焦距是 $2c$ ($c>0$)。

则 $F_1(-c, 0)$，$F_2(c, 0)$，又设点 P 与 F_1，F_2 距离之和等于 $2a(2a>2c)$

∴ $P = \{M \mid |MF_1| + |MF_2| = 2a\}$

又 $|MF_1| = \sqrt{(x+c)^2 + y^2}$，$|MF_2| = \sqrt{(x-c)^2 + y^2}$

$\therefore \sqrt{(x+c)^2+y^2}+\sqrt{(x-c)^2+y^2}=2a$

化简得 $(a^2-c^2)x^2+a^2y^2=a^2(a^2-c^2)$

由定义 $2a>2c$，$\therefore a^2-c^2>0$（学生通过自己画图建系，令 $x=0$，或 $y=0$ 的过程找到 a^2-c^2 的几何意义），并丰富其体验。令 $a^2-c^2=b^2$ 代入上式得 $b^2x^2+a^2y^2=a^2b^2$ 的必要性。

两边同除以 a^2b^2 得 $\dfrac{x^2}{a^2}+\dfrac{y^2}{b^2}=1$ 此即为椭圆的一个标准方程。它所表示的椭圆的焦点在 x 轴上，焦点是 $F_1(-c,0)$，$F_2(c,0)$，中心在坐标原点的椭圆方程（可比较引导欣赏椭圆标准方程的简洁美）。

【设计意图】让学生自己去建系推导椭圆的标准方程，给学生较多的思考问题的时间和空间，变"被动"为"主动"，变"灌输简洁美"为"发现简洁美"。

学生思考：教材 P39，教材 P40，如果椭圆的焦点在 y 轴上（选取方式不同，调换 x，y 轴）焦点则变成 $F_1(0,-c)$，$F_2(0,c)$，

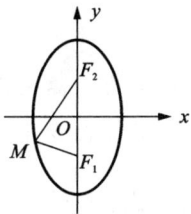

只要将方程 $\dfrac{x^2}{a^2}+\dfrac{y^2}{b^2}=1$ 中的 x，y 调换，

即可得 $\dfrac{y^2}{a^2}+\dfrac{x^2}{b^2}=1$，也是椭圆的标准方程。

归纳：所谓椭圆标准方程，一定指的是焦点在坐标轴上，且两焦点的中点为坐标原点；在 $\dfrac{x^2}{a^2}+\dfrac{y^2}{b^2}=1$ 与 $\dfrac{y^2}{a^2}+\dfrac{x^2}{b^2}=1$ 这两个标准方程中，都有 $a>b>0$ 的要求，因而焦点在哪个轴上即看 x^2，y^2 分母的大小。

【设计意图】让学生观察归纳两个方程的特征，从而区别焦点在不同坐标轴上的椭圆标准方程；渗透数学对称美的教学。

4.练习

例1　已知椭圆两个焦点的坐标分别是$(-2,0)$，$(2,0)$，并且经过点$(4,0)$，求它的标准方程。

解：$\because |F_1F_2|=2c=4 \Rightarrow c=2$

又$\because |FF_1|+|FF_2|=2a=8 \Rightarrow a=4$

由于椭圆的焦点在 x 轴上故所求椭圆方程为$\dfrac{x^2}{16}+\dfrac{y^2}{4}=1$

变式训练：已知椭圆两个焦点的坐标分别是$(0,-2)$，$(0,2)$，并且经过点$\left(\dfrac{5}{2},-\dfrac{3}{2}\right)$，求它的标准方程。

【设计意图】能够根据已知条件求出椭圆的标准方程

本课小结

(1)谈一下：本节课学习了哪些内容?

(2)思一下：获得了哪些方法和注意哪些问题?

5.作业布置(略)

板书设计：

(1)动点到两定点的距离之和表示为 $2a$（即 $|MF_1|+|MF_2|=2a$），两定点的距离表示为 $2c$ 即（$|F_1F_2|=2c$）。

(2)当焦点在 x 轴上，椭圆标准方程为$\dfrac{x^2}{a^2}+\dfrac{y^2}{b^2}=1(a>b>0)$

当焦点在 y 轴上，椭圆标准方程$\dfrac{y^2}{a^2}+\dfrac{x^2}{b^2}=1(a>b>0)$。

a,b,c 之间的关系 $a^2=b^2+c^2$

要点评析：

本节课是人教版普通高中数学选择性必修第一册教学内容。该课由永州市高中数学科带头人张明明执教，本节课的重点是椭圆的定义及标准方程的推导，难点是标准方程推导过程中的建系过程和方程化简过程。该教师在设计教学目标时围绕重点、难点、设计了许多体验性发展目标，在新课讲授前，复习回忆了圆的标准方程的有关概念，强化了对已学知识的回忆，为新课做好铺垫，这是数学"滚雪球"式教学的特点；在椭圆定义的教学中，从教材中的小实验出发，让学生实验并重点讲解动点在运动的过程中始终保持不变的几何特征，即到两个定点的距离之和为定值，充分运用多媒体演示及课堂学生的动手试验，突出椭圆定义中到两个定点的距离为什么要大于两个定点的距离；另一方面从图形出发让学生注意三角形两边之和大于第三边也可以解释；在标准方程建立的过程中建系是难点，学生很难入手，在这里充分引导学生建系的目的是用坐标表示点，用方程表示曲线，引导学生关注两个定点的坐标及距离公式及表示，并强调建系要关注椭圆的对称性，从多方面丰富学生对 a、b、c 的几何意义的理解。

在推导完方程后通过不同的坐标系让学生观察分析方程的推导变化，进一步体会坐标系建立过程中关注点的坐标及曲线的对称性的重要性。在方程化简过程中，让学生自主推导焦点在 y 轴上的标准方程，进一步让学生自己体会化简的过程和运算技巧，让学生能初步的解决类似问题，本节课采取做，讲，练结合，师生之间有充分互动的过程，学生能从做实验，听讲解，自主练习的过程中体会椭圆标准方程的获得过程，能够从中体会发现和发明的乐趣，并对知识的产生过程有更深入的体会，真正做到落实双发展课堂教学理论的教学理念。

案例七 课题：足球过人技术教学（高中体育）

执教：永州市综合职业中等专业学校 刘自力

协教：学校同科教师

首案 A   **改案 B**

教学目标	**1. 知识与技能**：通过本课的学习，使学生掌握足球运球过人的方法与技巧。 **2. 要素与素养**：启迪思维，技能迁移。 **3. 学习与发展**：培养学生积极主动的学习态度，明确个人与集体的关系，充分发挥探究学习的能力。	足球场一片 足球若干
教学重点	重点：运球逼近调动防守、运球超越对手以及运球跟进保护的技术衔接。	
教学难点	难点：抓住运球过人的时机、以及对球的控制。	

课的结构	课的内容	组织教法与学练法		分项时间	负荷
		教师活动	学生活动		
准备部分	**课前准备活动:** (一) 集合整理队形清点人数,检查学生装备,教师带学生慢跑绕过 s 型标志椎,身体正面左右闪躲穿插过标志杆,侧身过敏捷梯等控制身体平衡无球练习。 (二) 准备活动徒手操,腿部韧带拉伸: 徒手操 1. 头部运动 2. 扩胸振背运动 3. 体转运动 4. 体侧运动 5. 腹背运动 6. 弓步、扑步压腿 7. 活动踝腕关节 (三) 宣布课的内容:足球运球过人技术练习。 **设计意图:**结合本节课的教学技术开展无球的身体变向过障碍的协调性练习。	(一) 组织: 组织学生四列横队集合 (二) 要求:教师站在队列前简单的介绍本节课的学习内容、目标并提出要求,调动学生的积极性,声音洪亮。 组织:调动学生两列横队,女生在前男生在后进行绕过 s 型标志椎,身体正面左右闪躲穿插过标志杆,侧身过敏捷梯等控制身体平衡无球慢跑练习。 (三) 教法: 1. 全班分四组进行练习,教师边讲解边示范练习方法。 2. 教师口令指挥学生进行练习,对个别同学的不规范动作进行纠正。 (四) 要求: 1. 动作示范正确 2. 列队整齐	(一) 练习队形: ××××××× ××××××× ××××××× ××××××× ▲ (二) 要求:快、齐、静 见习生出列,帮助老师完成教学。 要求:积极配合教学活动。 (三) 练习队形:学生成两列横队慢跑。 (四) 要求:保持安静,不要打闹,保持队列的整齐。	5分钟	小

续上表

课的结构	课的内容	组织教法与学练法		分项时间	负荷
		教师活动	学生活动		
基本部分	一、基本教学 1.教师示范动作，讲解动作要领： 1.1 逼近调动阶段：当运球逼近防守队员时，重心下降，步幅变小。在控制好球的同时，利用各种假动作诱骗对手，造成对手在防守中出现错误或漏洞。 1.2 运球超越阶段：在攻防对峙中，运球队员运用假动作诱使对手，利用速度或方向的变化创造出突破的时间差和位置差，然后利用快速运球超越对手。 1.3 跟进保护阶段：在进行突破动作的同时身体重心应积极向球侧倾移，以保证超越后重心随球跟进，拉开与对手的距离，以巩固和发展突破对手的优势。 2.学生分组练习，教师巡回指导。	(一)组织：将学生分成四列横队，教师在队伍前面讲解示范。 (二)教法： 1.教师边讲解边示范动作。 2.组织学生一排一排的进行练习。每人进行10次。 3.整体讲解纠正学生易犯错的动作，后再个别纠正。 4.请技术动作好的同学出来做示范再讲解。 5.分组探究研究教学中发现的问题，积极引导学生发现问题，解决问题。 (三)要求： 1.教师动作示范正确。 2.讲解技术要领清楚，声音洪亮。 3.教师启发式引导教学中发生的问题。 (四)预计问题： 1.身体重心过高或侧倾不够，影响对运球方向的控制。 2.支撑脚选位不好，控住球路或影响运球脚做动作。 3.运球逼近的距离控制，以及变向运球后过人的加速。	(一)练习队形： ××××××× ××××××× ▲ ××××××× ××××××× (二)学练法： 1.认真看动作示范。 2.听口令进行练习。 (三)要求：动作准确到位。 (四)练习队形： ××××××× ××××××× ××××××× ××××××× ▲ ↓↓↓↓ ▲▲▲▲ (五)学练法： (1)把学生分成7个小组进行组内探究学习。 (2)教师根据组内讨论发现的问题进行共同探讨、引导学生解决问题。	一、二 17分钟	中

续上表

课的结构	课的内容	组织教法与学练法		分项时间	负荷
		教师活动	学生活动		
基本部分	二、运球过人研究学习 学生集合各组挑选队员集中展示，教师点拨各组学生提出疑问，引导分组讨论解决问题的方法。最后总结学生各组讨论的方法。易犯错误：1.身体重心过高或侧倾不够，影响对运球方向的控制。2.触球时脚型不稳，影响控制效果。纠正方法：1.采取固定球练习，确定支撑脚的位置，进行反复练习，体会重心前移的动作要领。2.在练习中，可放慢运球速度，固定脚型，强调推拨的动作顺序，体会如何控制运球方向。 设计意图：1.学生模仿能力强，通过教师示范讲解，帮助学生树立正确的技术动作。2.分组练习，教师个别指导纠正动作，优秀学生展示，树立榜样，树立学习自信心。	（五）处理手段： 1.练习时随时提醒学生注意技术动作要领。 2.指导学生采用固定球练习，确定支撑脚的位置，进行反复练习，体会重心前移的动作要领。 3.指导学生在练习中，确定支撑脚位置，进行走步式练习，体会动作要领。 4.指导学生控制距离，和防守队员两臂距离开始变向运球。 5.提出在运球过人中遇到的问题，集中探究性学习，解决各组内遇到的问题。	（六）要求： 1.认真参与组内探讨学习，发现问题。 2.在讨论中领悟动作的要领提出解决问题的办法。 3.树立正确的动作意识，克服困难，纠正技术动作。		中

续上表

课的结构	课的内容	组织教法与学练法		分项时间	负荷
		教师活动	学生活动		
基本部分	**三、学生自主展示学习** 学生分成4组进行展示运球技术动作,同时在大部分同学都掌握的基础上进行行进间连续变向过"s"型标志椎练习。 **设计意图:**学生开始自主展示练习,慢慢脱离教师保护,独立在运动中运用技术。 **四、师生评价学习** 从运球技术动作特点进行评价。技术动作特点:1.队员奔跑速度快,起动动作快而突然。2.准确掌握起动的时机,一般在对手企图抢球而又犹豫不决的刹那。3.对手的身后有较大的空当,突破后其他队员不能及时补位。4.退拨球的距离要稍远些,以便加快奔跑速度超越对手。易犯错误:1.身体重心过高或侧倾不够,影响对运球方向的控制。2.拨球部位不准确,控制不好拨球方向。	组织: (一)将学生分成4组纵队,进行分组练习。 (二)教法: 口令指挥学生进行练习,教师巡回指导。 (三)要求: 教师口令清楚,声音洪亮,学生技术动作熟练,积极参与。	(一)练习队形: ××××××× ××××××× ××××××× ××××××× (二)学法: 直观学习,探究。 (三)要求:注意安全,动作准确到位。 控制好重心,身体不要后仰。	三、四8分钟	中

续上表

课的结构	课的内容	组织教法与学练法		分项时间	负荷
		教师活动	学生活动		
基本部分	纠正方法：1.采取固定球练习，确定支撑脚的位置，进行反复练习，体会重心前移的动作要领。2.在练习中，可放慢运球速度，固定脚型，强调推拨的动作顺序，体会如何控制运球方向。 **设计意图**：通过组内讨论让学生体会到动作技术练习的问题所在，从而在组内大家积极研讨解决办法，从而让整体学生动作技术水平得到提高。				中

续上表

课的结构	课的内容	组织教法与学练法		分项时间	负荷
		教师活动	学生活动		
基本部分	**五、教学效果测试学习** 学生分成4组进行8人制足球对抗竞赛，学生在分组竞赛中强化学生的技术动作，提高学生的技术动作水平。 **设计意图**：用竞赛游戏的方法，让学生积极参与练习，在竞赛中检测评价学生的学习效果。 **六、拓展延伸学习** 大家思考在运球过人中，加入假动作会怎么样，比如"踩单车"，"罗纳尔多式钟摆过人"等等变向过人动作，创新运球过人技术。 **设计意图**：从基础的运球过人动作，拓展到下节课的加入假动作的变向运球过人技术动作训练内容中，教师引导学生思考，展示创新练习。	（一）组织： 将学生分成四组，进行8人制足球赛。 （二）教法： 教师场边巡回指导，在对抗中合理运用运球多人技术。 （三）要求： 教师口令清楚，声音洪亮，指导到位。学生技术动作熟练，积极参与。	（一）学生组织： （二）学法： 实践运用技术。 （三）要求： 1.注意安全，熟练技术要领。 2.控制好运球过人距离。变向运球的突然性，过人后的加速摆脱技能。	五、六 10 分钟	大

续上表

课的结构	课的内容	组织教法与学练法		分项时间	负荷
		教师活动	学生活动		
结束部分	**结束教学部分** 1. 放松运动，拉伸腿部韧带。 2. 教师总结课的内容，布置课后作业。 3. 布置收拾器材 4. 师生再见 **设计意图**：放松拉伸韧带，消除疲劳，恢复体能。	(一)组织：全班集体进行，将学生分成四列横队。 (二)教法： 口令指挥学生进行练习，教师带领学生一起练习。 (三)要求： 口令清楚，声音洪亮，全班集体参与，动作整齐。	(一)练习队形： ××××××× ××××××× ××××××× ××××××× (二)学练法：跟教师一起做，课后归还器材。 (三)要求：尽量放松。	5分钟	小
预计运动负荷	(略) 运动负荷参考曲线		练习密度：60＋5 练习强度：中等 预计心率：80~160次/分		

要点评析：

本次课的教学对象是高中一年级学生，在上次课基本运球技术动作教学后加入了运球过人技术动作的教学，是上次课的技术拓展延伸。在教学中从开始面对防守队员的不知所措，到后面可以熟练的运用技术突破对方队员，动作技术有了显著提高。主要得益于学生分组探究学习后，学生自己认识到练习存在的问题，在组内成员共同合作下积极改进技术，使动作技术水平有了大幅的提高，教学实际效果突出。在后期技术动作教学中，加入分组对抗竞赛，学生将所学技术运用到实际对抗中，在实战中强化了技术水平，提高了整体足球技术水平以及班级成员团结协作能力。在课程中着重培养学生积极主动的学习态度，明确个人和集体的关系，充分发挥探究学习的能力以及培养学生的足球兴趣，逐步促使学生养成终身体育的习惯。

二、合作学习设计案例

案例八　课题：白鹅(小学语文)

执教：实验教师　唐志艳　协教：同年级教师

首案 A

改案 B

教学目标：

知识与技能：

1.体会作者用词的准确生动和幽默风趣。

2.感受作者对白鹅的喜爱，体会作者是如何把白鹅的特点写清楚的。

要素与素养：

体会对比、反语、比喻等写作手法。

学习与发展：

培养学生的独立阅读能力。

教学重点：体会作者是如何把白鹅的特点写清楚的。

教学难点：自主探究写作方法。

教学准备：《白鹅》课件

教学课时：第二课时

教学过程：

一、导学

上节课我们初步学习了《白鹅》(板书课题)，在丰子恺先生的眼里白鹅是一种怎样的动物？(板书：高傲)

从课文的哪些地方看出白鹅很高傲呢？(板书：姿态、叫声、步态、吃相。)

这节课我们继续学习《白鹅》，着重弄清作者对白鹅的思想情感，写作的语言风格和写作方法。(板书：思想情感，语言风格，写作方法)

【设计意图】回顾旧知，整体感知白鹅形象，向学生渗透抓住关键词句学习的方法。

二、研学

1. 独立学习：

读一读，想一想，找一找，画一画：

(1)作者是如何把白鹅高傲的特点写具体的呢？

(2)从中你能体会到作者怎样的感情呢？

2. 小组交流：小组探讨以上问题。

【设计意图】自主学习，培养自学能力和合作探究能力。

三、展学

引导全班从叫声、步态、吃相三方面探讨研学中的问题，并相机点拨、指导总结：

1. 抽丝剥茧，详细谈谈白鹅"高傲"的具体表现。

姿态：伸长头颈　左顾右盼

叫声：郑重严肃，厉声呵斥，厉声叫嚣，引吭大叫

步态：步调从容，大模大样

吃相：三眼一板，一丝不苟

2. 模拟表演，用心体会作者的写作方法及其妙处：

①反语：读读这些词："我们这位鹅老爷""非有一个人侍候不可""架子十足"），大家发现了什么？这样一副架子十足的鹅老爷派头，真的是让作者很讨厌吗？恰恰相反，这字里行间却处处洋溢着作者对白鹅的喜爱之情。这样的写法叫做"明贬实褒"，也就是我们常讲的说"反话"。

②对比：把鹅的叫声和狗的叫声作对比，突出鹅的叫声大，叫声严厉。把鹅的步态和鸭的步态作对比，突出鹅的步态高傲。

③比喻：把鹅的步态比喻成京剧里的净角出场，让读者更好地理解鹅步态的高傲。

3. 指导朗诵, 进一步体会喜爱之情和生动风趣的语言风格

（根据回答, 将白鹅的具体表现、写作手法、思想情感、语言风格相机板书具体）

【设计意图】引导学生展示自学心得, 在全班共同探讨中教师相机指导, 从而促使学生准确理解文本的情感和特点。

一、评学：

本文用总分的结构, 从叫声、步态、吃相三方面来写白鹅的高傲; 其中又重点描写了白鹅的吃相。运用反语、对比等写作手法, 刻画了白鹅"严肃郑重"的叫声, "大模大样"的步态和"三眼一板""一丝不苟"的吃相, 表现了白鹅高傲的特点, 表达了作者对白鹅的喜爱之情。

【设计意图】总结写法, 实现情感内化和能力迁移, 为学生语文素养的积累奠定基础。

二、测学：

如果给这三个自然段配画, 你觉得可以画几幅? 每幅画可以取个什么名字呢?

【设计意图】通过描述画面和取名, 进一步体会白鹅的高傲的特点, 作者语言的风趣和写作手法的巧妙, 发展学生的表达能力。

三、延学：

1. 运用学到的写作方法, 写自己喜欢的一种动物。

2. 读课文后面的"阅读链接", 和课文《白鹅》比一比, 说说两位作家笔下的鹅有什么共同点, 再体会两篇文章的相似之处。

【设计意图】积累语言, 学习方法, 实现课内外迁移, 立足于语言习得表达, 彰显语文学科的本质特征。

教学板书

15 白鹅

特点		具体表现	写作方法	思想情感	语言风格
高傲	姿态	伸长关颈，左顾右盼	对比	喜爱	准确幽默
	叫声	郑重严肃，厉声呵斥 厉声叫嚣，引吭大叫	反语		
	步态	步调从容，大模大样	比喻		
	吃相	三眼一板，一丝不苟	总分 详略		

要点评析：

《白鹅》的教学，全课紧紧围绕"作者是如何把白鹅高傲的特点写具体的呢？从中你能体会到作者怎样的感情呢？"这两个问题，引导学生展开自读自悟、合作探讨等学习活动；引导学生着重体验"紧扣事物特点，灵活运用反语、对比、比喻等修辞方法（思维），把事物写具体写生动"这一写作手法，并从中体验作者对白鹅的喜爱之情，以及准确幽默的语言风格。测学中的配画练习设计，以画"译"文，匠心独到，实际是从另一个侧面加深对白鹅特点的理解，并需要创造性地进行表达。课后的延伸拓展，能较好地将课内外的学习融为一体，用课内的方法指导课外的阅读和写作。《白鹅》的教学较好地体现了学校倡导的"高效课堂"教学模式，较好地培养了学生的自主学习和合作学习的能力。

案例九　课题：梯形的面积（小学数学）

执教：冷水滩才子学校　杨贤舜　协教：同年级教师

首案 A　　　　　　　　　　　　　　　　　　　　　　　**改案 B**

学习内容：

P95-P96 的梯形的面积、例 3 及"做一做"，P97 练习二十一的 1~3 题。

学习目标：

知识与技能：推导梯形面积计算公式，掌握梯形面积的计算方法。

要素与素养：感悟迁移、转化思想。

学习与发展：提升自主学习与合作探究能力。

学习重点：理解、掌握梯形面积的计算方法。

学习难点：转化推导梯形面积计算公式。

学习过程：

一、导学

1.情境引入：出示课本情境图：车窗玻璃的形状是梯形！怎样求出它的面积呢？（板书课题）

2.明确目标：(1)推导梯形面积计算公式；(2)会计算梯形的面积；(3)会运用公式解决实际问题。

【设计意图】激发兴趣，明确目标

二、研学

（一）研学1

怎样求梯形的面积？

先独立探究再在小组中探讨：

(1)想一想：平行四边形的面积公式是怎样推导的？三角形的面积公式又是怎样推导的？

(2)剪一剪：你能将梯形剪成两个已经学过的图形吗？

(3)拼一拼：你能将两个一样的梯形拼成一个已经学过的图形吗？

(4)推一推：你能推导出梯形的面积计算公式吗？

【设计意图】提纲引导，培养自主探究与合作学习能力。

（二）展评1

展示汇报，教师随机点拨：

(1)求梯形的面积有哪些方法？

预设1：梯形 ABCD 的面积＝三角形 ABE 的面积＋平

行四边形 AECD 的面积。

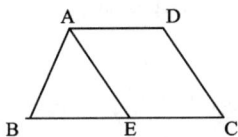

预设 2：梯形 ABCD 的面积＝三角形 ABC 的面积＋三角形 ACD 的面积。

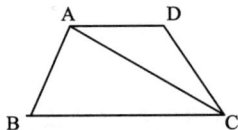

预设 3：梯形 ABCD 的面积＝平行四边形 ABEF 的面积÷2

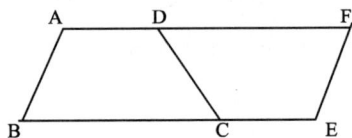

预设 4：梯形 ABCD 的面积＝长方形 EFGH 的面积

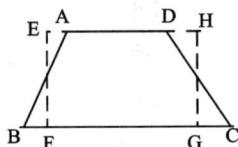

【设计意图】发散思维，培养思维的灵活性和深刻性。

(2)怎样推导梯形的面积公式？

小组讨论：根据预设 3 进行公式推导。

展示汇报：梯形 ABCD 的面积＝平行四边形 ABEF 的面积÷2＝(上底＋下底)×高÷2

【设计意图】严密推理，培养逻辑思维能力

(三)研学 2

1. 独立解答例 3：我国三峡水电站大坝的横截面的一部分是梯形(如右图)，求它的面积。

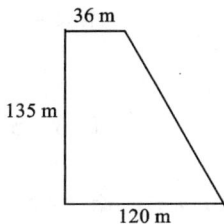

2. 自学课本第 95、96 页。

【设计意图】应用公式解决问题；培养自学课本的良好习惯。

(四)展评 2

1. 汇报展示例题 3 的解答过程。

2. 质疑：你还有哪些问题？

【设计意图】交流矫正解答过程；培养质疑问难的思维品质。

三、评学

(1)梯形的面积公式是什么？用字母怎么表示？

(2)在求梯形的面积时运用了哪些方法？(转化：分割法，割补法、添补法)

【设计意图】总结知识，反思方法，突出重点

四、测学

1. 形成练习

(1)练习二十一的第 3 小题

(2)第 96 页的"做一做"

2. 检测练习

练习练习二十一的第 1、2 题。

【设计意图】应用训练，形成技能，检测效果。

五、延学

你能用不同的方法推导梯形的面积计算公式吗？

【设计意图】学法运用，发散推理，深化理解。

六、【板书】

梯形的面积　　推导公式　　正确计算

转化——分割法、割补法、添补法

梯形的面积＝平行四边形的面积÷2

＝（上底＋下底）×高÷2

$S=(a+b)h÷2$

例3　$S=(a+b)h÷2$

$=(36+120)×135÷2$

$=156×135÷2$

$=10530(m^2)$

要点评析：

该课按学校倡导的"导学、研学、展学、评学、测学"五步"高效课堂"教学模式设计，并增加了"延学"环节，充分体现了以学为主、先学后教、合作学习、低负高效的教学理念。课始导学，激发兴趣明确目标，意在为学扬帆导航。课中研学，在探究梯形的面积计算方法的过程中，注重让学生自主探究、合作学习，充分展示，相互评价，较好地发展了学生的自主学习能力、表达推理能力、反思概括能力以及合作发展意识、质疑批判意识；并注重引导学生反思"迁移"、"转化"等策略方法。课尾练习，练中有悟；当堂检测，及时反馈。课后延学，拓展延伸，有利于激发学生的学习兴趣。

案例十　课题：Unit 3《We should learn to take care of ourselves》（小学英语）

执教：实验学校　王美艳　协教：同科教师

首案 A　　　　　　　　　　　　　　　　　　　　　改案 B

学习内容：湘少版六年级下册 Unit 3

学习目标：

知识与技能：

1. 能听懂、会说、认读词组 keep our body clean, eat healthy, feel happy, do exercise every day 等。

2. 句型训练：用"We should …""We can…"和同伴表达自己对养成健康生活习惯的建议和想法。

要素与素养：

知道什么是良好的生活习惯，如何养成良好的生活习惯。

学习与发展：

培养学生注意倾听、积极思考、友好合作的良好学习习惯。

学习重点：

1. 能听懂、会说、认读词组 keep our body clean, eat healthy, feel happy, do exercise every day 等。

2. 用"We should …""We can…"和同伴表达自己对养成健康生活习惯的建议和想法。

学习难点：

1. should 的发音和运用。

2. 对结构较为复杂的词组的理解和表达。

学习过程：

Step 1　Warming up

　　　　1. Greeting.

　　　　2. Free talk

T：What's the weather like today?

S1：It's cloudy.

T：The spring is coming, and the weather is getting rainy. people get cold easily. What should we do?

S2：We should learn to take care of ourselves

Talk in pairs. How do we take care of ourselves?

【设计意图】谈话热身，激发兴趣

Step 2　Presentation

　New words

（1）eat healthy food, should 　　to be healthy

课件中播放 Mark 的录音：I want to be healthy. So I eat healthy food every day. 教师出示图片，问：Look, what does he eat? 学生说出食物名称：fish, vegetables, bread, milk, rice, apple, pear, orange, 这时引导学生说出 fruit。

教学 We should eat healthy food. 将单词教学融于情理之中来进行，才能使学生真正理解其意。

Keep our body clean   to be clean

（2）播放妹妹和 Mark 的录音：

——How delicious. Let's eat together.

——Mark：No, we should wash our hands before eating.

出示教学图片。

T：Wash our hands, face and body.

Keep our body clean.

【设计意图】将单词教学融于情境之中，才能使学生真正理解其意。

Step 3　Pair work

T：We know that we should learn to take care of ourselves, but how to take care of ourselves?

1. 小组研学

"If we want to be clean, what should we do?"

"If we want to be healthy, what should we do?"

"If we want to be strong, what should we do?"

"If we want to be happy, what should we do?"

2. 小组展学

以小组为单位，为小组长为主要提问人进行小组研学的汇报。

L-D: "If we want to be clean, what should we do?"

S1: We should wash our hands before eating.

S2: We should wash our face every day.

S3: We should wash our body every day.

S4: We should brush our teeth every day.

S5: We should wash our hair every day.

L-D: "If we want to be healthy, what should we do?"

S1: We should eat healthy food.

S2: We should eat vegetables.

S3: We should drink milk every day.

S4: We should eat meat and fish.

S5: We should eat eggs.

L-D: "If we want to be strong, what should we do?"

S1: We should do exercise every day.

S2: We can run, jog.

S3: We can take long walks .

S4: We can swim in the school.

L-D: "If we want to be happy, what can we do?"

S1: We can play games.

S2: We can draw.

S3: We can sing and dance

S4: We can go shopping.

【设计意图】句型训练，举一反三，触类旁通。

Step 4　Extension

Mingming is a little boy. He often gets up late in the

morning. Before eating, he never washes his hands. He doesn't like doing exercise. He can't run fast. He can't jump high. He likes hamburger and ice cream. He doesn't like vegetable or fruit. Every night, he goes to bed at 12：00. Mingming is getting fatter and fatter. Do you know why? Can you help him?

阅读上面的短文，请你给明明提建议.

1. Mingming should get up _____ and sleep _____

2. Mingming should _____ before eating.

3. Mingming should _____ every day.

4. Mingming should eat _____

【设计意图】对比中帮助学生树立什么是正确的健康方式。

Step 5　Summary

T：Health is very important in our life，What will you do for health?

【设计意图】借助 Health 这一单元的话题，教育学生懂得健康的重要性以及什么是健康的生活方式

Step 6　Homework

为家人设计温馨提示语"We should keep our body clean; We should do exercise every day".

要点评析：

这是任务型阅读课，综合运用了情景教学、任务教学、小组合作等教学方法来落实教学目标。首先，老师从春季多发病话题入手，复习了六年级上册的句型和词汇，为接下来的教学做了铺垫。在教授新词组的时候，老师引导学生在真实的语境中学习词汇，之后走进文本，并进一步拓展和提升，用四个话题让学生们展开交流，合作研学，连贯有序，环环相扣。纵观全课，学生在愉悦轻松的氛围中，既掌握了英语知识，又较好地培养了自主学习能力和健康意识。

案例十一　课题：3.2 提公因式法(1)（初中数学）
（公因式为单项式）

执教：实验学校　魏利兵　协教：同科教师

首案 A

学习目标：

知识与技能：能确定多项式各项的公因式，会用提公因式法把多项式分解因式。

要素与素养：使学生经历探索多项式各项公因式的过程，依据数学化归思想方法进行因式分解。

学习与发展：培养学生分析、类比以及化归的思想，增进学生的合作交流意识，主动积极地积累确定公因式的初步经验，体会其应用价值。

学习重点：掌握用提公因式法把多项式分解因式，难点：正确地确定多项式的最大公因式.

【导学】

1. 知识回顾

a. 回顾上节课内容

b. 说一说：下列从左到右的变形是否是因式分解，为什么？

（1）$2x^2+4=2(x^2+2)$；

（2）$2t^2-3t+1=\dfrac{1}{t}(2t^3-3t^2+t)$；

（3）$x^2+4xy-y^2=x(x+4y)-y^2$；

（4）$m(x+y)=mx+my$

2. 明确目标

a. 学习提公因式法的概念，准确找出公因式。

b. 学会用提公因式法因式分解 。

【设计意图】回顾知识，明确目标

改案 B

【研学1】

学一学：

多项式 $xy+xz-xu$ 中各项含有相同因式吗?，它们共有的因式是什么？请将上述多项式分别写成两个因式的乘积的形式，并说明理由

思考：1. 多项式 $mn+mb$ 中各项含有相同因式吗?

2. 多项式 $4x^2-x$ 和 xy^2-yz-y 呢?

自主学习：几个多项式的公共的因式称为它们的公因式。如果一个多项式的各项含有公因式，那么就可以把这个公因式提出来，从而将多项式化成几个因式乘积形式，这种分解因式的方法叫做提公因式法。

检测：多项式 $-6ab^2+18a^2b^2-12a^3b^2c$ 的公因式是（　　）

A. $-6ab^2c$　　　B. $-ab^2$　　　C. $-6ab^2$　　　D. $-6a^3b^2c$

多项式 $4x^2-8x^6$，$16a^3b^2-4a^3b^2-8ab^4$ 各项的公因式是什么？

【设计意图】通过阅读教材，结合分配律，让学生找出公因式，检测学生自主学习结果。

【研学2】

互动探究一：P59 例题 1

互动探究二：P60 例题 2

互动探究三：P60 例题 3

【展学】

学生分组讨论交流，选出代表，上台讲解例题，然后归纳总结。

提公因式法关键是如何找公因式. 方法是：一看系数、二看字母。公因式的系数取各项系数的最大公约数；字母取各项相同的字母，并且各字母的指数取最低次幂。首项有负常提负。

做一做；把 $-4x^2yz-12xy^2z+4xyz$ 分解因式。

解： $-4x^2yz-12xy^2z+4xyz$

$=-(4x^2yz+12xy^2z-4xyz)$

$=-4xyz(x+3y-1)$

【设计意图】通过例题的学习，结合分配律以及整式乘法是因式分解的逆运算，检查学生提公因式法分解因式的学习效果。

【评学】怎样找多项式的公因式？

(1) 系数——各项系数的最大公因数；

(2) 字母——各项相同字母；

(3) 指数——各项相同字母的最低次幂

一看系数　二看字母　三看指数

注意：1. 某项莫漏1；2. 公因式要提尽；3. 首项有负常提负。

【设计意图】对知识点及时归纳总结，培养学生思考能力。

【测学】

1. 说出下列多项式中各项的公因式

(1) $-12x^2y+18xy-15y$

(2) $\pi r^2h+\pi r^3$

(3) $2x^my^{n-1}-4x^{m-1}y^n$（m，n 均为大于 1 的整数）

2. 用简便的方法计算：$0.84\times12+12\times0.6-0.44\times12$.

填一填：在下列括号内填写适当的多项式

(1) $3x^3-2x^2+x=x($ 　　　　　　　 $)$

(2) $-30x^3y^2+48x^2yz=-6x^2y($ 　　　　　　 $)$

3. 把下列多项式因式分解

(1) $3xy-5xy^2+y$

(2) $-6m^3n^2-4m^2n^3+10m^2n^2$

(3) $4x^3yz^2-8x^2yz^4+12x^4y^2z^3$

【设计意图】通过训练，巩固知识，培养学生综合运用能力。

【延学】你能找到这个多项式的分解因式的方法吗？

$2am(x+1)+4bm(x+1)+8cm(x+1)$

【设计意图】学法运用，发散思维。

【板书】

1. 什么是公因式？

2. 怎样确定公因式？

3. 例 1，2，3

要点评析：

该课是按学校倡导的导学、研学、展学、评学、测学五步高效课堂模式。教学模式具体实施中又增加了"延学"环节，体现了以学生为主，先学后教，合作学习，重在感情的教学思想。课始导学，激发兴趣、明确目标，意在为学扬帆导航；课中研学，让学生来确定公因式，注重学生自主学习，主动发现，主动归纳总结，在研学中，结合以前的乘法对加法的分配律，让学生认识到因式分解和整式乘法是互逆运算，从而学会提公因式法进行因式分解，让学生认识到知识之间的联系，学会逆向思维；课尾测学，当堂训练，及时反馈，及时巩固，加深认识；课后延学，拓展延伸，激发兴趣。我们认为，研学，展学，评学，测学可以贯穿每个环节，这个步骤不是一成不变的，例如，检测了接下来就可以展学，随后就可以评学。

三、自主学习设计案例

案例十二　课题：分式方程的定义及解法（初中数学）

执教：永州市冷水滩区京华中学　陈永斌

协教：同年级同科教师

首案 A　　　　　　　　　　　　　　　　　　　　改案 B

一、教学目标

　　知识与技能：了解分式方程及有关概念，掌握可化为一元一次方程的分式方程的解法。

　　要素与素养：通过与分数系数一元一次方程的解法比

较，进行类比思维，掌握分式方程的解法，从而体会数学的转化思想。

学习与发展：经历自主学习、合作学习的过程体验成功的乐趣。

二、教学重点

(1)了解分式方程的概念。

(2)掌握可化为一元一次方程的分式方程的解法。

三、教学难点

体会数学的转化思想，体会自主学习，合作学习成功的乐趣。

四、教学过程

1.复习

例1　判断下列代数式中哪些是整式、分式、整式方程：

$$\frac{1}{2x};\ 2x;\ \frac{90}{30+x};\ \frac{60}{30-x};\ \frac{1}{2}x+2=0$$

【设计意图】为本课知识学习做好铺垫。

2.问题驱动

现有一批武昌鱼要通过货轮从武昌运至长沙，一艘货轮在静水中的最大航速为30千米/时，它沿江以最大航速顺流航行90千米所用时间与以最大航速逆流航行60千米所用时间相等，江水的水流速度为多少？

分析：如果设江水流速为 V km/n，则可列表如下：

	路程/km	速度/(km·n⁻¹)	时间/h
顺水	90	$30+V$	$\dfrac{90}{30+V}$
逆水	60	$30-V$	$\dfrac{60}{30-V}$

根据所用的时间相等，我们得到方程：

$$\frac{90}{30+v}=\frac{60}{30-v}$$

问题 1：

(1) 这种方程我们以前见过吗？

(2) 未知数在方程中的位置有什么特点？

(3) 如何解这种方程

【设计意图】由实际问题引出分母中含有未知数的方程，让学生了解研究解分式方程的必要性。

引导学生得出分式方程的概念。

方程 $\frac{90}{30+v}=\frac{60}{30-v}$ 的分母中含未知数 v，像这样分母中含未知数的方程叫做分式方程。

【设计意图】采用引导讲授式方法提出分式方程的概念，为解分式方程预留时间。

判断 下列式子中，属于分式方程的是_____，属于整式方程的是_____（只填序号）。

(1) $\frac{x}{3}+\frac{x-1}{2}=1$；　　(2) $\frac{2}{1-x}=\frac{4}{1-x^2}$；

(3) $\frac{1}{3x}+\frac{2}{x^2}=1$；　　(4) $\frac{1}{x}>5$。

【设计意图】让学生进一步用概念的定义判断分式方程。

问题 2 你能试着解分式方程 $\frac{90}{30+v}=\frac{60}{30-v}$ 吗？

引导回忆：

分数系数一元一次方程的解法 $\xrightarrow[\text{等式性质}]{\text{去分母}}$ 整系数一元一次方程→求解。

对比启发：

分式方程 $\xrightarrow[?]{?}$ 转化为整系数一元一次方程 $\longrightarrow$ 求解。

思考：

(1)如何把分式方程化为整式方程？

通过去分母将分式方程化为整式方程。

(2)怎样去分母？

方程两边乘最简公分母。

(3)在分式方程 $\dfrac{90}{30+v}=\dfrac{60}{30-v}$ 两边乘什么样的式子才能把每一个分母都约去？

分式方程两边乘各分母的最简公分母 $(30+v)(30-v)$。

(4)这样做的依据是什么？

利用等式的性质 2 可以在方程两边都乘同一个式子——各分母的最简公分母。

师生共同分析解法：解方程 $\dfrac{90}{30+v}=\dfrac{60}{30-v}$。

解：方程两边乘 $(30+v)(30-v)$，得

$$90(30-v)=60(30+v)。$$

解得 $\qquad\qquad v=6。$

追问：你得到的解 $v=6$ 是此分式方程的解吗？

检验：将 $v=6$ 代入分式方程中，左边 $=\dfrac{5}{2}=$ 右边，因此 $v=6$ 是原分式方程的解。

由上可知，江水的流速为 6 km/h。

【设计意图】通过探究活动，学生探索出解分式方程的基本思路是将分式方程化为整式方程，并知道解决问题的关键是去分母。通过上面的回顾与反思，发展学生的观察能力和逆向思维能力，加深对数学类比思维与数学转化思想的理解。

归纳：解分式方程的基本思路是将分式方程转化为整式方程，具体做法是"去分母"，即方程两边乘最简公分母(这也是以前我们为什么要研究代数式的因式分解及最简

公分母的理由之一。

问题 3　讨论分式方程 $\dfrac{1}{x-5}=\dfrac{10}{x^2-25}$。

原分式方程可化为：$\dfrac{1}{x-5}=\dfrac{10}{(x-5)(x+5)}$。

为去分母，在方程两边乘最简公分母 $(x-5)(x+5)$，得整式方程 $x+5=10$。解得 $x=5$，5 是原方程的解？

试讨论：（略）

【设计意图】(1)让学生积累去分母的经验，去分母的通法是分式两边同乘最简公分母；[注意等式的性质2(除数或除式不能为零)] (2)让学生感受到在去分母解分式方程的过程中已经对原分式方程进行了变形，这种变形可能会使方程的解发生变化。

师生活动：学生先独立思考问题，然后相互交流。最后达成共识：$x=5$ 是原分式方程变形后的整式方程的解，但不是原分式方程的解。

将 $x=5$ 代入原分式方程检验，发现这时分母 $x-5$ 和 x^2-25 的值都为 0，相应的分式无意义，这时我们仍利用等式性质，相当于方程的两边乘以零，从而去掉了分母，因而扩大了原方程中 x 的取值范围。所以，$x=5$ 是变形后的整式方程的解，但不是原分式方程 $\dfrac{1}{x-5}=\dfrac{10}{x^2-25}$ 的解。实际上，这个分式方程无解。

【设计意图】让学生发现问题——整式方程的解使原分式方程的分母为 0，无法说明原分式方程两边的值是否相等；得出结论——这个整式方程的解不是原分式方程的解，所以原分式方程无解；获得猜想——可能存在一些分式方程，它们无解。

解分式方程时，去分母后所得整式方程的解有可能使原方程中分母为 0(增根)，因此将变形后整式方程的解代入最简公分母，如果最简公分母的值不为0，则整式方程的解是原分式方程的解，否则，这个解不是原分式方程的解，也可以将求出的解代入原分式方程计算两边是否等值来判断求出的解是否为原方程的解，这样还可避免解方程中计算中有错误，而产生误判。

师生活动：教师针对上述两个分式方程的求解过程提出问题，学生独立思考，然后小组交流，教师适时点拨。最后达成共识：在去分母的过程中，对原分式方程进行了变形，而这种变形是否引起分式方程解的变化，主要取决于所乘的最简公分母是否为0；对解进行检验时，主要有两种方式，其一是将整式方程的解代入原分式方程，看左右两边是否相等；其二是将整式方程的解代入最简公分母，看是否为0。

【设计意图】使学生加深理解分式方程产生增根的原因及增强解方程后的检验意识。

问题4　回顾解分式方程 $\dfrac{90}{30+v}=\dfrac{60}{30-v}$ 与 $\dfrac{1}{x-5}=\dfrac{10}{x^2-25}$ 的过程，你能概括出解分式方程的基本思路和一般步骤吗？

基本思路：分式方程求解的问题 $\xrightarrow[\text{转化}]{\text{去分母}}$ 整式方程求解的问题。

解分式方程的一般步骤：

(1) 去分母：方程两边同乘最简公分母；

(2) 解整式方程；

(3) 检验；

(4) 得出结论。

简记为：一化、二解、三验、四结论。

【设计意图】让学生在解具体的分式方程后，强化学生反思解题思路和步骤，体会化归思想和程序化思想，积累解题经验。

3. 课堂练习

(1) 解方程 $\dfrac{2}{x-3}=\dfrac{2}{x}$　(2) 解方程 $\dfrac{x}{x-1}-1=\dfrac{3}{(x-1)(x+2)}$

师生活动：师生共同分析解答例 1，教师板书。学生独立完成例 2，然后分组交流。并对错解进行展示，师生共同分析错误原因。

【设计意图】规范解分式方程的步骤和格式，加深对分式方程解法的认识。

4. 归纳：…………。

【设计意图】通过小结，使学生梳理本节课所学内容，把握本节课的重点内容。

5. 布置作业

(1) 解下列方程：

① $\dfrac{1}{2x}=\dfrac{2}{x+3}$；

② $\dfrac{x}{x+1}=\dfrac{2x}{3x+3}+1$；

③ $\dfrac{2}{x-1}=\dfrac{4}{x^2-1}$；

④ $\dfrac{5}{x^2+x}-\dfrac{1}{x^2-x}=0$。

(2) 解方程

① $\dfrac{x-3}{x-2}+1=\dfrac{3}{2-x}$

② $\dfrac{2x+1}{x^2+x}=\dfrac{5}{6x+6}$

③ $\dfrac{3}{2}-\dfrac{1}{3x-1}=\dfrac{6}{6x-2}$

师生活动：学生在练习本上完成，教师巡视，指导。然后小组交流，并评价。

【设计意图】让学生按照规范的步骤和格式解分式方程，在积累解题经验的同时，体会化归思想和程序化思想。

要点评析：

该课为初中二年级数学上册可化为一元一次方程的分式方程第一课时教学内容。执教者为首批湖南省名师网络工作室、湖南省陈永斌初中数学名师网络工作室主持人、永州市初中数学学科带头人陈永斌老师。这节课按中小学双发展课堂教学理论的要求设计，有下述几个特点，第一，围绕知识与技能这一即时性发展目标，设计了有关体验性发展的目标，并且都有落实的过程。第二，围绕本节课教学内容，设计了原有关知识的复习，既复习了已学有关的知识，又为后面学习奠定了基础，突出了数学学习的特点，第三，落实体验性目标过程中，采取了问题驱动的方法，激发学生认知动机和学习兴趣，强化学生体验强度。本节课，执教教师采用了支架式教学方式，对于每一个学习支架的搭设，都是在分析学生数学学习心理的基础上，通过资源整合，活动创设问题驱动等多种策略，很好的实现了双发展课堂教学目标，只不过为了方便读者阅读，著作者删除了支架教学方式的许多术语，保留了教学过程中设计的核心内容——教学思想，以便供读者参考。

案例十三　课题：初中数学的复习方法

执教：实验学校　魏利兵　协教：同科教师

首案 A　　　　　　　　　　　　　　　　　　　　**改案 B**

一、教学目标

知识与技能：

1. 进一步系统掌握二次函数的图象性质与应用；

2. 进一步了解二次函数的基本题型。

要素与素养：学习构建二次函数与相关知识相互联系的知识网络。

学习与发展：

1. 体会数学的复习方法；

2. 培养学生的自主学习能力。

【设计意图】将复习方法列入复习课的教学目标，其目的是要发展学生的学习能力。

二、复习重、难点

知识的归纳，基本题型的归类，构建知识网络。

三、复习过程

(一)知识归纳(重点讲述知识由来)

1. 二次函数的定义

2.图象与性质

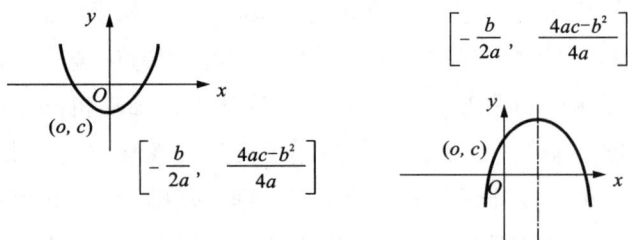

抛物线	$y=ax^2+bx+c(a>0)$	$y=ax^2+bx+c(a<0)$
顶点坐标	$\left[-\dfrac{b}{2a},\ \dfrac{4ac-b^2}{4a}\right]$	$\left[-\dfrac{b}{2a},\ \dfrac{4ac-b^2}{4a}\right]$
对称轴	直线 $x=-\dfrac{b}{2a}$	
位置	由 a，b 和 c 的符号确定	
开口方向	$a>0$，开口向上	$a<0$，开口向下
增减性	在对称轴的左侧，y 随着 x 的增大而减小；在对称轴的右侧，y 随着 x 的增大而增大	在对称轴的左侧，y 随着 x 的增大而增大；在对称轴的右侧，y 随着 x 的增大而减小
最值	当 $x=-\dfrac{b}{2a}$ 时，y 最小值为 $\dfrac{4ac-b^2}{4a}$	当 $x=-\dfrac{b}{2a}$ 时，y 最大值为 $\dfrac{4ac-b^2}{4a}$

(二)基本题型的归类

1.已知带有未知系数的二次函数表达式，求未知数的取值范围

2.已知某些条件画出函数图像，研究函数性质

例：已知二次函数 $y=x^2-x-6$，画二次函数的大致图象。

步骤：①画对称轴；②确定顶点；③确定与 y 轴的交点；④确定与 x 轴的交点；⑤确定与 y 轴交点关于对称轴对称的点；⑥连线。

3. 已知某些条件求二次函数表达式(求抛物线解析式的三种方法)

(1)已知抛物线上的任意三点，通常设解析式为 $y=ax^2+bx+c(a\neq 0)$

(2)已知抛物线顶点坐标 (h,k)，通常设抛物线解析式为 $y=a(x-h)^2+k(a\neq 0)$

(3)已知抛物线与 x 轴的两个交点 $(x_1,0)$、$(x_2,0)$ 或者已知方程 $ax^2+bx+c=0$ 的两根为 x_1，x_2，则通常设解析式为 $y=a(x-x_1)(x-x_2)(a\neq 0)$

例 1：已知抛物线与 x 轴交于 $A(-1,0)$，$B(1,0)$ 并经过点 $M(0,1)$，求抛物线的解析式。

例 2：已知抛物线的顶点为 $(-1,-3)$，与 y 轴交点为 $(0,-5)$，求抛物线的解析式。

4. 已知某些条件求函数的最值

例 1：判断下列函数的最值情况。

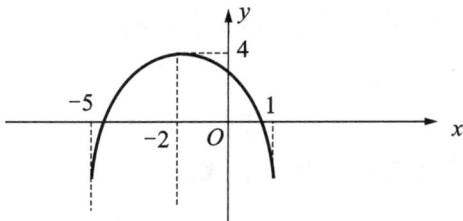

$y=-(x+2)^2+4$ （$-5<x<1$）

此抛物线只有最大值：当 $x=-2$ 时，最大值 $y=4$。

例 2：请根据抛物线图像判断函数的最值情况。

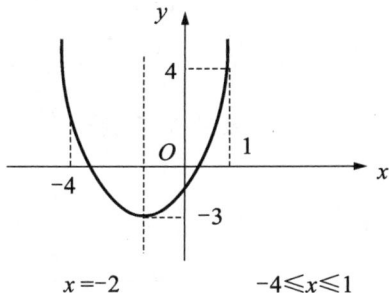

$x=-2$ $-4\leqslant x\leqslant 1$

当 $x=-2$ 时，函数有最小值 $y=-3$；

当 $x=1$ 时，函数有最大值 $y=4$。

5. 二次函数的应用(以后专题复习)

【设计意图】知识与技能教学目标是每节课必须完成的目标，这节课也是如此。

(三)构建知识网络

1. 知识发生发展网络

代数式——→一元一次方程——→一元一次不等式——→函数——→二次函数

2. 知识点的联系

二次函数与一元二次方程、不等式、不等式组的联系。

如，已知图象解决一些代数问题(数形结合)。

例：对于二次函数 $y=ax^2+bx+c$ 给出下列说法。

①$abc<0$；②方程 $ax^2+bx+c=0$ 的根为 $x_1=-1$，$x_2=3$；③当 $x>1$ 时，y 随 x 值的增大而减小；④当 $y>0$ 时，$-1<x<3$。

其中正确的说法有(　　)。

【设计意图】构建二次函数有关的联系，建立知识结构。

(四)拓展(略)

【设计意图】从更高层次拓展知识，开拓学生知识视野。

(五)小结

1. 知识小结

将二次函数 $y=ax^2+bx+c$ 与一次函数、反比例函数对比联系，完成 P229 表格。

2. 复习二次函数的知识及基本题型(略)

3. 数学的复习方法

函数	一次函数				二次函数		反比例函数	
解析式								
图像								
	$k>0$		$k<0$		$a>0$	$a<0$	$k>0$	$k<0$
	$b>0$	$b<0$	$b>0$	$b<0$				
图像的位置	过____象限	过____象限	过____象限	过____象限	对称轴：直线：_____ 顶点：_____		图象在____象限内，呈____对称，对称轴为____	图象在____象限内，呈____对称，对称轴为____
性质	y 随 x 的增大而_____		y 随 x 的增大而_____		在对称轴左侧，即当 x____时，y 随的 x 增大而____；在对轴右侧当____时，y 随 x 时增大而____	在对称轴左侧，即当 x____时，y 随的 x 增大而____；在对轴右侧当____时，y 随 x 时增大而____	在每个象限内，y 随 x 的增大而	在每个象限内，y 随 x 的增大而
					抛物线有最__点，当 $x=$__时 y 有最__值	抛物线有最__点，当 $x=$__时 y 有最__值		

复习小结有关知识，并比较构建相关知识结构图。

【设计意图】从教学目标设计出发，总结本节课内容，强化学生双发展课堂教学的目标意识。

（六）板书设计（略）

要点评析：

大多数教师对于知识与技能性的教学内容有话可说，但对学科学习方法或复习方法无话可讲，魏利兵老师也是如此。开始交给他传授复习方法这个教学任务，设计教学计划时，他的教学思想一直停留在二次函数知识的归类和练习层面，无法理解以二次函数为例向学生传授数学的复习方法，并通过联想，沟通复习内容与前面知识的联系。我们要求他这样做，他却解释这样讲，没有话说，这说明他这方面的知识储备有限。经过一段时间的学习和借鉴，他逐渐体会到：首先，复习方法是"授人以渔"，学生掌握复习方法才能更好地发挥他们在复习中自主学习的积极性，更好地提高复习效率；其次，最大限度地沟通知识之间的联系是学生学习水平提高的重要体现，教师要善于引导学生建立知识之间的联系。因此，他将数学的复习方法——知识归纳、基本题型归类、构建知识网络、知识拓展纳入了体验性目标；将代数式、方程、一次函数、二次函数、正比例函数、反比例函数全部纳入一个知识系统，也纳入了即时性发展目标。在这种认识的前提下，他提出了本节课的设计方案，使得这节课的教学过程既有深度也有广度，学生反映收获不小。由于他第一次接触双发展课堂教学，有些方面体现不充分，但毕竟有了进步。这一案例启发教师认识到，自己在学科价值、学科意识、学科文化、学科体验、学科知识体系、学科习惯、学科学习等方面还存在着较大的发展空间。本节课在教育部组织的"一师一优课，一课一名师"的活动中获得了省优。

案例十四 课题：化学自主学习的基本步骤(初中化学)

——以自学二氧化碳的性质为例

执教：实验学校 李小明 协教：同科教师

首案 A

教学目标：

1. 知识与技能：了解自学的基本步骤。

2. 要素与素养：在践行自主学习的过程中，感受自主学习的乐趣，逐步产生自主学习的成就感。

3. 学习与发展：逐步掌握自主学习的方法，提升自学能力。

教学内容：自主学习的基本步骤。

教学过程：

一、引言

被动学习是老师教你这是什么，这种题要怎么做；自主学习是我要学什么，我能学什么，以及不同题目的解答有哪些不同的思维角度。显然自主学习与被动学习相比，有质的提升。要培养学生化学自主学习的习惯，首先要让学生意识到化学这门学科的重要性。学习化学可提高学生对物质世界的认知，提高学生的观察能力、实验能力。化学是一门实用的学科。学生学会自主学习化学，能提高学习效率，不仅有利于升学，还有利于适应高中的学习生活。那么，学生自主学习化学有哪些方法呢？下面以"二氧化碳的性质"的学习为例，介绍自主学习的步骤。

二、化学自学的基本步骤

步骤一 明确学习目标

自学前要有心理准备。自学前先要给自己一个暗示，如我要读什么内容、什么主题，给大脑一个准备；同时要给自己设定一个学习目标。

改案 B

化学学习的内容主要有以下几种类型：①物质的性质与变化；②基本概念；③化学实验；④化学符号（术语）；⑤化学计算；⑥化学与生活、环境。每一种学习内容都有一定的学习目标。我们以"二氧化碳的性质"为例，设计学习目标。

我们自学"二氧化碳的性质"这一节课，首先要明确学习的内容是二氧化碳的性质。其次，回忆自己已掌握的二氧化碳的知识，如无色气体，汽水中溶有二氧化碳，可使石灰水变浑浊，会产生温室效应，动物呼出二氧化碳，等等。然后，反问自己，这些已掌握的知识对今天这节课的学习有什么帮助？还有什么知识有待掌握？这样设疑，能给自己一个心理准备。最后设定目标，从化学的角度掌握二氧化碳的性质。

【设计意图】指导学生如何设计学习目标。

步骤二　阅读课文

先读主题，再粗读课文，了解大意；然后精读课文，分析知识内在联系；最后整体感知，形成简易知识架构。在本课中，二氧化碳的性质是通过四个实验验证出来的，每个实验对应一些性质。我们要品读出这种结构，然后按这种结构构建本课知识。

【设计意图】使学生大致了解课文内容的方法。

步骤三　了解实验过程，理解实验关键和重点

1.如下图所示，向烧杯中倾倒一瓶二氧化碳，观察现象。

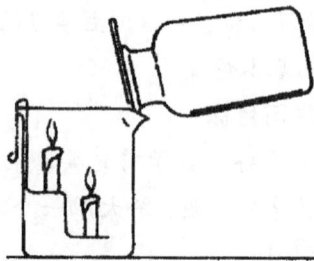

2. 将水倒入集满二氧化碳的质地较软的塑料瓶中，立即旋紧瓶盖后振荡，观察现象。

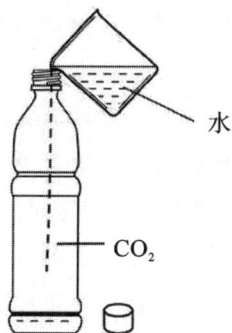

水

CO_2

3. 取四朵用石蕊试液染成紫色的干燥的小花。将第一朵小花喷上稀醋酸，将第二朵小花喷上水，把第三朵小花直接放入盛满二氧化碳的集气瓶中，将第四朵小花喷上水后，再放入盛满二氧化碳的集气瓶中，观察四朵花的颜色变化。然后将第一朵小花和第四朵小花取出小心加热，观察现象。

（Ⅰ）喷稀醋酸

（Ⅱ）喷水

CO_2

（Ⅲ）直接放入二氧化碳中

CO_2

（Ⅳ）喷水后放入二氧化碳中

4.我们已经知道二氧化碳能使澄清的石灰水变浑浊，你知道这是什么原因吗?

【设计意图】使学生具体了解课文的内容。

讲解:

在实验 1 中，向烧杯中倾倒二氧化碳时，下面的蜡烛先熄灭，上面的蜡烛后熄灭。这说明二氧化碳不能燃烧，也不支持燃烧，同时密度比空气密度大。

在实验 2 中，向软塑料瓶中加入水，旋紧瓶塞后，发现塑料瓶向内凹陷。这说明二氧化碳易溶于水，使瓶内气压减小。

总结:实验 1、2 说明，二氧化碳是无色、无味的气体，密度比空气大，易溶于水，不能燃烧，也不支持燃烧。

在实验 3 中，二氧化碳与水能发生化学反应，生成碳酸，碳酸能使紫色的石蕊试液变成红色。化学方程式如下:

$$CO_2 + H_2O = H_2CO_3$$

在实验 4 中，二氧化碳能与澄清石灰水中的氢氧化钙发生化学反应，生成白色的碳酸钙沉淀。化学方程式如下:

$$CO_2 + Ca(OH)_2 = CaCO_3 \downarrow + H_2O$$

分析:通过几次实验，要明白本课的逻辑顺序是由现象到本质。人们认识事物往往是从表象入手，由表及里地去了解事物的本质。有哪些实验、有什么现象对应哪些性质，我们要按这个逻辑顺序去记忆、理解。

【设计意图】使学生进一步理解课文的内容。

步骤四 模仿练习

通过练习检查自学的效果，找到自己还有哪些思考不周或不清的地方，然后向老师、同学请教。

1.下图是实验室制取某种气体并验证其化学性质的有关装置，据此回答下列问题。

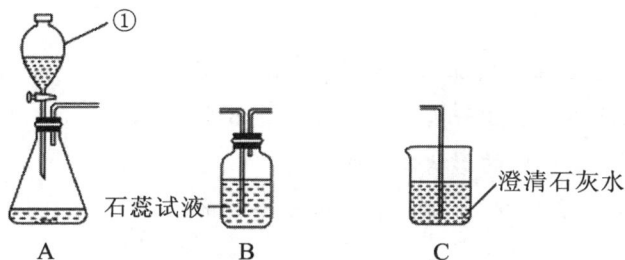

（1）仪器①的名称是_____。

（2）组装好装置 A 后，必须首先_____。

（3）若 A 与 C 连接，C 中澄清的石灰水变浑浊，则实验室制取该气体的化学方程式是_____，可用_____法收集该气体。

（4）若 A 与 B 连接，则 B 中紫色石蕊试液变_____色。

【答案】（1）分液漏斗　（2）检查装置的气密性

（3）$CaCO_3 + 2HCl == CaCl_2 + H_2O + CO_2\uparrow$　向上排空气　（4）红

2. 某拓展性学习小组在学校科学实验创新比赛中，做了一个有趣的实验，装置如下图。

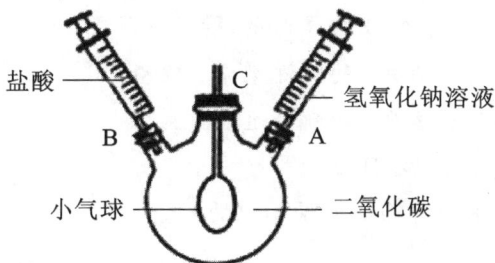

实验设计：三颈烧瓶中充满二氧化碳气体，A 颈、B 颈分别连接充满氢氧化钠溶液和盐酸的注射器，C 颈插有

两端开口的玻璃导管(伸入瓶内的一端连有小气球)，装置气密性良好。

实验操作：先通过 A 颈往瓶内注入氢氧化钠溶液，观察到小气球的形状发生了变化；过一段时间后再通过 B 颈往瓶中注入盐酸，再观察小气球的形状发生的改变。

请描述小气球形状的变化情况，并对此作出合理的解释。

【答案】小气球形状的变化情况：气球"先膨胀，后变瘪"(或"先变大，后变小")。

【设计意图】使学生体会自主学习的效果。

步骤五　归纳知识

1.归纳本课知识。

四个实验，二氧化碳的物理性质、化学性质，三个化学方程式。

2.沟通与已学知识的联系。

二氧化碳是单质碳完全燃烧的产物，不再有可燃性、还原性。

3.构建知识结构。

本课的逻辑顺序是由现象到本质。要记住有哪几个实验、有什么现象、二氧化碳有哪些性质。

4.反思自己预习时确定的听课策略。

"听老师解读这节课的思路，修正自学时的理解，那些自学没弄懂的地方，需要重点听讲"的听课策略，检查本节课自己设计的学习目标是否客观、准确；通过自主学习和教师讲解，是否完成自定的学习目标。

【设计意图】使学生养成自主学习时归纳知识的习惯。

三、布置作业

按上述自主学习步骤，完成课本第 50 页"常见的酸和碱"这节学习内容的自主学习。学习过程按学生网格化自主管理的方法进行。

要点评析：

双发展课堂教学要求渗透学习方式的教学。根据学校的特点，除了听课学习方式外，还有另外三种学习方式，在这三种学习方式中，我们首先要求教师渗透"学生自主学习方式"的教学。本节课是李小明老师和协教老师第一次面对三个班150名学生，以指导学生自主学习"二氧化碳的性质"为例，传授化学学科自主学习基本步骤的大课。李老师开始对此理解有误，将这种课理解为传授"二氧化碳"知识的示范课，组织协教老师备课时，教学目标和教学过程设计都违背了这节大课的本意。后经过学习讨论，教学思想有所转变，教学设计也被修改了多次。有三点值得肯定：第一，教学目标和教学过程基本符合这次大课的本意；第二，自学中要求学生知道自己学习本节知识的原有基础，粗读课文时初步明确自己的最近心理发展区；第三，通过自学（预习），明确自己第二天听课的策略——学懂的知识要以比较的心态听老师讲解，反思自己的理解，没懂的知识要认真听老师讲解，直至弄懂为止。本节课是李老师和协教老师首次接触这种教学内容的课，存在一个突出的问题：即由于执教老师和协教老师有关知识储备不足，缺乏经验，指导学生自主学习不力，没有使学生体验到自主学习的成就感。这节课给教师的启示是：第一，虽然这节课存在一些问题，但方向是对的，教师要坚持这个方向；第二，教师不但要讲好本学科的知识，而且要掌握引导学生自主学好本学科知识的方法，并传授这种方法；第三，教师要促使学生在自主学习过程中获得成就感，增强兴趣，这些内容都是教师在双发展课堂教学中需要发展的内容。

案例十五　课题：书为心画（高中美术）

执教：永州市第四中学　刘颖　执教：学校同科教师

首案 A

改案 B

一、教学目标

知识与技能：进一步了解基本书法鉴赏的四要素，知道通过观察书法作品的外在表现，探究作者内心情感抒发的书法鉴赏方法。

要素和素养：通过对比讨论书法作品的细节或特点，分析作者当时的心态，逐步理解书法作品的精神世界。引导学生运用书法中笔法、结体、墨法、章法四要素去进行图像分析，加强图像识别能力，提升审美判断和对家仇国恨的民族情感理解的核心素养。

学习与发展：用问题引导学生掌握在图片识读中获取信息，仔细观察与分析，以任务驱动学生自主发现。

二、教学重点与难点

重点：如何欣赏书法作品中艺术表达、情绪流露

难点：如何启发学生发现探究书法艺术所展现的精神世界

三、教学设计思路

本课学习内容是属于"美术鉴赏"，学生是高二的学生，学生在书为心画第一课时中对书法鉴赏的四要素有了一定了解，但对于《祭侄文稿》类饱含情绪的作品还无法感知其韵。课前老师布置了两个自主欣赏任务，同学分别通过对《祭侄文稿》的观察与研究，来探求当时颜真卿书写时创作的情景，由此发现其情绪表达。前置作业：第一、整理出《祭侄文稿》创作背景及内容（释文）；第二、给《祭侄文稿》分段落（从整体布局，从局部线条等多角度去观察），圈出你觉得是情感转折点或情感最浓表达的地方。

本节课不是笔法等技法讲解，是让学生在自主实践中探索作品的情绪起伏，体会"书为心画"的内涵。

四、教学准备

教师：

1. 准备《祭侄文稿》创作背景、原因及作者生平等介绍的视频。

2. 准备《祭侄文稿》作品复制品

3. 准备多媒体教学设备、课件、展示板等。

学生：笔、纸等。

五、教学过程

教学环节	教师行为	学生行为	设计意图
学生展示（提出问题）	教师展示视频——《祭侄文稿》的背景及原因，在第一课时学习了书法鉴赏的方法。除了对作品的外在艺术形式进行鉴赏外，如何了解艺术作品的内在的深刻意义呢？课前我已布置了自主欣赏预习作业和任务，今天我们先检查预习情况，然后进一步探究颜真卿在创作《祭侄文稿》中经历了怎样的情感变化。任务：颜真卿在《祭侄文稿》中蕴含了怎样的情感？又是如何表现的？	学生自主欣赏情况展示： 1. 学生代表上台展示前置作业完成情况。 2. 聆听问题、观察作品、讨论并探究见解。	复习基本书法鉴赏的四要素，用问题引导学生进一步在图片识读中获取信息，仔细观察与分析，以任务驱动学生自主发现
问题导入	1. 展示作品"祭侄文稿" 2. 提问：观察作品给你的第一感受是什么样的？ 参考追问：是全篇如此，还是前面部分、中间部分、还是后面部分？为何会有这样的感受？	1. 学生观察、体会、交流。 2. 学生代表上台讲述进行归纳，能答出"乱、布局乱、潦草"等关键词，并对"乱的部分在图中圈画"	引导学生对作品产生初步感受
问题深入与探究	提问：造成作品给人的第一感觉"乱"的原因是什么呢？ 参考关键词：悲痛 追问：作者的情绪还有怎样的起伏变化呢？在作品的什么地方可以体现这些变化呢？	1. 学生观察与讲述 2. 与教师一起完成填空小结	引导学生通过书法中字形、墨法、章法等图像分析，加强对于作者个人思想感情的理解
解决问题	让学生小结：在"祭侄文稿"中，颜真卿的情绪变化过程。	学生回答（参考）：面对家人的惨死，"祭侄文稿"充分表现了颜真卿从陈述到绝痛的情绪变化过程。	完成教学目标，提升审美判断和对家仇国恨的民族情感理解的核心素养

续上表

教学环节	教师行为	学生行为	设计意图
拓展体验	1.展示临摹稿 2.引导学生对比观察两者从整体、局部结合释文的情绪流露，体会正是这种无法再复制的情感，使得书法作品有了独一无二的生命力。 	1.学生上台，将作业原迹中的认为情感转折点或情感最浓的部分在临摹稿中相应位置圈画出来。 2.对比观察其情感流露的差异。	正是每一个人根据自我的情感经历和价值理念与书写进行紧密结合，使书法具有了独一无二的情感价值。提升审美判断力、书为心画文化内涵的核心素养
知识归纳整理小结	与学生共同填空进行小结(附师生填空小结表)	学生参与小结	促进学生头脑中建立认知表象
总结	《祭侄文稿》与其说是一件书法作品，不如认为是一件书家思想情感变化升华的透视图，每一个字，每一处不经意间都是书家在书写时最真实的情感流露，不拘泥于技法法度，更多的是笔随心走，这正所谓——书为心画也		促进学生对本节课建立整体认识

师生填空小结：

感受	变化	情感起伏	要素
 字迹潦草	楷→行→草		笔法
 布局错乱	行列间隔相当、中轴统一→间隔不一、布局错乱	平稳陈述 ↓ 追忆、悲痛时的克制 ↓ 绝痛时的难以自抑	章法
 杂乱	字形小→大		结体
 不干净，涂改多	浓→淡 润→枯、下笔轻→重→飘、涂改的部分形成墨块		墨法

要点评析：

该课是高二年级关于书法欣赏的美术课。美术这门课程属于艺术类科目，它在课堂教学目标方面对学生的要求，与基础教育的其他科目相比有明显的不同，特别是美术欣赏课，它强调学生欣赏观点的树立，欣赏方法的掌握及欣赏态度的转变，更强调学生欣赏作品时的内心体验。这些不仅仅是凭讲授可以解决的，因此，本课执教教师在课堂教学目标设计时注意从知识与技能、要素与素养、学习与发展方面设计了即时性发展目标，还设计了与之相匹配的体验性发展目标。在实现这些目标的过程中有如下突出特点：第一课前布置了前置预习作业——自主欣赏，运用第一课时书法欣赏的四要素对该课内容进行自主欣赏，给学生提供了自主欣赏的的机会，为课中学生系统欣赏留置了时间；第二课中交流欣赏中采用师生、生生互相交流启发的方法，给教师指导学生自主欣赏提供了机会，教师再适时辅之以点拨、引导、归纳等手段强化学生内心欣赏的方向及体验，抓住了欣赏的重点；第三教学设计中既注重对学生行为的预设指导方案，又注意到学生行为的生成指导方案，为教师灵活驾驭课堂做了充分准备。这节课教学效果极佳，该设计在湖南省美术教学设计比赛中获一等奖。

四、研究学习设计案例

案例十六　课题：勾股定理的复习（初中数学）

执教：冷水滩区教科中心　　刘伟燕

协教：实验学校初一数学教师

首案 A　　　　　　　　　　　　　　　　　　　　　　　　改案 B

一、教学目标

知识与技能：初步从整体上掌握勾股定理的知识内容和教材知识发展线索。

要素与素养：体会数学转化的思想方法，体会执果索因的分析方法。

学习与发展：提高学生在复习中的研究性学习能力。

【设计意图】不仅要对学生进行知识与技能的复习，而且要重视对学生渗透非知识与技能的教学。

二、教学重点

体会数学转化的思想。

三、教学难点

探索的方法。

四、教学过程

1. 知识复习

①勾股定理：$a^2+b^2=c^2$

②理解

③知识发展过程

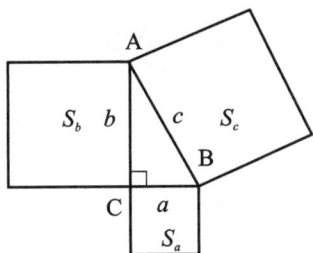

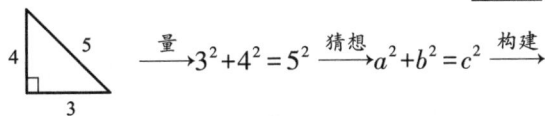

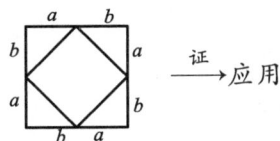

【设计意图】归纳知识内容，复习知识发生发展思路。

2. 提出问题

①勾股定理是怎样发现的？

②证明定理的图形是如何构建的？

【设计意图】培养学习根据教材提出问题的能力。

3. 研究问题

①勾股定理是怎样发现的？

a. 确定研究思路：研究的一般问题 $\xrightarrow{转化}$ 研究特殊的

问题

b. 探索：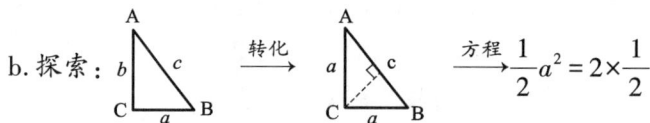

$$\left(\frac{c}{2}\right)^2 \xrightarrow{\text{化简}} a^2+a^2=c^2 \xrightarrow{\text{猜想}} a^2+b^2=c^2 \xrightarrow{\text{求证}}$$

【设计意图】进行转化的数学思想方法教学。

②证明定理的图形是如何构建的？

a. 确定探索证明的思路，分析法（执果索因）

b. 探索

$$如果\ a^2+b^2=c^2\ 成立 \xrightleftharpoons{\text{变形}} a^2+2ab+b^2=c^2+2ab \xrightleftharpoons{\text{变形}}$$

$$(a+b)^2=c^2+4\times\frac{1}{2}ab \xrightleftharpoons{\text{联想}}$$

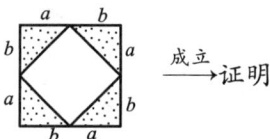

综合（执果索因）完成证明过程。

【设计意图】对学生进行执果索因的教学。

4. 课堂练习

（湘教版八年级数学下册第 17 页，请你利用"弦图"证明勾股定理）

【设计意图】学生自主体验执果索因的探索过程。

五、小结

1. 本节知识内容。

2. 转化的教学思想，执果索因的分析和执因索果的证明方法。

3. 研究性学习方法。

六、板书设计（略）

要点评析：

本节课是一节面向三个班学生的复习课，教学设计是按《动态教案》要求撰写的（后面的其他教学设计也都如此）。刘伟燕老师设计的教学目标是以勾股定理复习为载体向学生传授研究性学习的复习方法，希望学生在原有知识的基础上进一步对知识有更系统的认识，对数学的思想方法和研究性学习的过程有更深、更广泛的感悟。因此在双发展课堂教学目标的知识与技能、要素与素养、学习与发展中各选择了一个重点内容为本节课的教学目标，并按研究性学习过程（知识复习、提出问题、研究问题、课堂练习、小结）展开教学。这节课有下述几个特点：第一，设计的课堂教学目标不仅有即时性发展目标（知识与技能），还有体验性发展目标（要素与素养、学习与发展）；第二，针对所有设计的教学目标，都有相应的教学过程去落实，并用注明设计意图这一方法强化教师这一过程意识，同时还有利于指导其他教师掌握教学材料的使用方向和分寸；第三，课堂小结时，不仅注重对课时性教学目标的小结，而且还注重对体验性目标的小结（注意：在处理即时性目标练习和体验性目标练习时，练习的分寸上有一定的区别）；第四，针对设计的教学目标和教学过程，依据学生最近心理发展情况，步步深入，使不同的学生得到不同的启发。由于有上述特点，这节课的教学对学生发展有显著效果，课后学生都反映这节课让自己受益匪浅。这种带有专题性质的研究性复习设计需要集体备课，需要较长的时间，利用大课的形式可以节约教学时间，发挥教学效益。而具有上述四个特点的课是双发展课堂教学的一个特色，这种课要求教师首先转变教学思想，按课堂教学目标处理好教学内容，然后再改变自己的教学行为，从而可以引导教师的教学发展。当然，这节课的教学目标设计也可以有另外的设计内容，但在知识与技能方面的目标变化不会很大，而体验性目标却因教师的不同，会有较大的差异，这并不奇怪。但不同的教师设定教学目标后，双发展课堂教学都会要求教师体现上述四个方面的特点。

案例十七　课题：一元一次方程的解法（初中数学）

执教：冷水滩区教科中心　　刘伟燕

协教：实验学校初一数学教师

首案 A

改案 B

教学目标：

知识与技能：掌握简单的一元一次方程的解法。

要素与素养：初步体验"转化"的教学思想。

学习与发展：初步知道"执果索因"的研究方法。

教学重点：掌握简单的一元一次方程的解法。

教学难点：体会"转化"的教学思想和"执果索因"的研究方法。

【设计说明】掌握简单的一元一次方程的解法，是本节的重点目标，属于知识性目标，但支持这一目标的有关数学思想对于提高数学能力有更深远的意义。课堂教学中要注意潜移默化地渗透这类目标的体验性教学。

教学过程：

一、提出问题

1. 判断下列等式是否为方程。

①$4x+3=2x-7$　②$4x-2x=-7-3$　③$2x=-10$

④$x=-5$

2. 解方程。

3. 求①的解(代入求值法)。

当 $x=1$ 时　$7=$左边$\neq$右边$=-5$　$x=1$ 不是①的解

当 $x=2$ 时　$11=$左边$\neq$右边$=-3$　$x=2$ 不是①的解

　…

当 $x=-5$ 时　$-17=$左边$=$右边$=-17$　$x=-5$ 是①的解

4. 寻找更简便的解法(出示课题)。

【设计说明】让学生体验怎样提出数学问题。

二、确定研究方法

1. 用"转化"的思想研究。

2. 用"执果索因"的方法研究。

提出研究思路：$2x=-10 \xrightarrow[\text{比较}(\times 2)]{\div 2} x=-5$（举例）

三、引导合作研究

1. 合作完成。

$4x+3=2x-7 \xrightarrow[\text{比较(移项)}]{\text{移项}} 4x-2x=-7-3 \xrightarrow[\text{比较(拆项)}]{\text{合并同类项}} 2x=$

$-10 \xrightarrow[\text{比较}(\times 2)]{\div 2} x=-5$

【设计说明】具体说明"转化"的思想和"执果索因"的方法。

2. 将上述过程还原。

3. 提出"移项"是重要的环节（注意：移项要变号）。完成 P91 练习。

4. 解方程：$-2x-2=6-x$。

5. 提出任何一元一次方程通过适当变形都可以变成一元一次方程 $ax=b$ 的形式（$a \neq 0$），求解得 $x=\dfrac{b}{a}$。

6. 完成课堂练习 P92 第 2③、3②题。

【设计说明】通过研究，学生往往在对于一元一次方程解法的理解上有差别。教师统一示范，促进学生统一认识。

四、讨论比较教材的研究方法（略）

五、小结

1. 学会简单一元一次程的解法。

2. 要体会"转化"的数学思想。

3. 还要知道"执果索因"这一数学研究和解题方法。

【设计说明】第 1 条是本节课的重点内容，必须纳入小结内容；第 2、3 条虽然不是本节课必须完成的目标，但须反复强化，才能使学生形成观念，所以也要纳入小结内容。

六、课外练习

教材 P96 第 1 题。

七、板书设计（略）

八、反思（略）

要点评析：

在实施研究性教学示范后组织教师讨论时，部分教师提出问题：大课可以设计成研究性学习指导课，新课如何设计成为研究性学习指导课？为回答这个问题，刘伟燕老师根据提问老师第二天的教学内容临时设计了一堂小课。这节课的教学设计及教学过程除具有《动态教案》的四个特点外，还有一个特色：教师对于一元一次方程的解法通常直接讲述，利用等式性质进行等式恒等变形来求解，而这节课一反常态，设计用"执果索因"、"转化"的思想来探索求解的方法。利用一元一次方程的解法这一教材内容承载的数学思想方法，对学生进行数学思想方法的教学，这样设计教学更能促进学生的发展。学校数学教师听了这节课后称赞：如果长期坚持这样教学，学生会越来越聪明。这节课给教师的启示是：打开双发展课堂教学这扇窗户后，展现在教师眼前的将是另一番风景。不同的教师对于相同的教学内容，可以设计出不同的教学目标(体验性目标)，进而设计出不同的教学过程。这种不同的教学过程除了能完成知识与技能性目标外，还能促使学生有更深层次的发展，这正是双发展课堂教学所希望的。当然，这节课知识的发生、发展过程也可做另外的处理，这要看教师自己的教学思想和专业发展水平。双发展课堂教学强调比教材知识与技能更深层次的学科思想、学科方法、学科价值、学科意识、学科文化、学科知识体系、学科习惯、学习方法体验的教学。

案例十八　课题：寻找数学的根（高中数学）

执教：冷水滩区教科中心　刘伟燕

协教：实验学校同科教师

首案 A

教学目标：

知识与技能：

1. 初步了解数学寻根的方法：公理化的方法。

2. 学会教材寻根的方法：知识系统化的方法。

要素与素养：

1. 体会数学是一种理性思维的产物。

2. 体会数学体系是数学模型，是解某种数学问题的工具。

学习与发展：初步体会研究性学习的关键步骤：提出问题。

【设计意图】在完成即时性发展目标的基础上体会体验性发展目标。

教学重点：学会教材寻根的方法。

教学难点：强化学生数学寻根的意识。

教学过程：

（一）引入

1. 按人教版普通高中《数学》（必修第二册）教材 P_{165} 内容，设计本节课的学习，虽然本节课的学习对高考没有直接作用，但寻根的方法对学生提高数学能力有极大的帮助，因而对高考有重要的间接作用——围魏求赵。

2. 提出问题

$$举例 \xrightarrow[\text{孵、生}]{\text{鸡，蛋关系}} 循环论证 \xrightarrow{\text{联想}} 数学 \xrightarrow{\text{问题}} 寻找数学的根$$

（标题）

改案 B

【设计意图】使学生明确本节课的内容和重要作用。

(二)介绍理论的数学寻根典范

1. 欧氏几何

(1)简介欧几里得：

希腊人，生于公元前三世纪，在一所大学任数学教师。他将三世纪前的几何知识归纳，著书《几何原本》，全书十三卷，包含的几何知识几乎涉及到今天几何课程的全部内容。他是世界上第一个将人们积累的几何知识系统化的人，这种系统化的思想方法对数学，以及其他学科产生了巨大影响，这种思想方法就是：公理化思想方法。

(2)欧氏几何的知识体系

①欧氏几何的根——公理系统

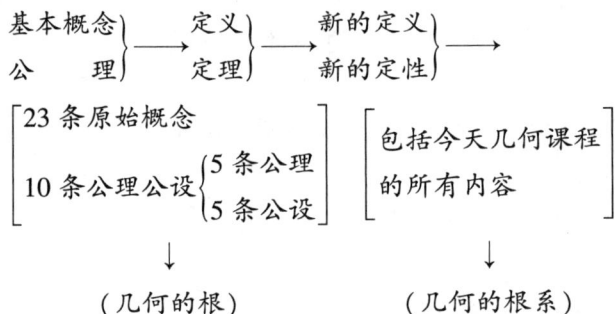

$$
\left.\begin{matrix}基本概念\\公\quad理\end{matrix}\right\} \longrightarrow \left.\begin{matrix}定义\\定理\end{matrix}\right\} \longrightarrow \left.\begin{matrix}新的定义\\新的定性\end{matrix}\right\} \longrightarrow
$$

$$
\left[\begin{matrix}23\,条原始概念\\10\,条公理公设\left\{\begin{matrix}5\,条公理\\5\,条公设\end{matrix}\right.\end{matrix}\right] \qquad \left[\begin{matrix}包括今天几何课程\\的所有内容\end{matrix}\right]
$$

$$\downarrow \qquad\qquad\qquad \downarrow$$

(几何的根) (几何的根系)

②欧氏几何部分公理

欧氏几何原始概念，包括对点、线、面做了一定的说明外，还陈述十条(包含五条公设)公理，我们这里例举其中的五条：

a. 从每个点到另外一点必可引一条直线。

b. 每条直线都可以无限延长。

c. 以任意点做中心可以用任意半径作圆周。

d. 所有直角都相等。

e. 平行公理：每当一条直线和另外两条直线相交，如果有一侧的同侧内角和小于两直角，则这两条直线就在这一侧相交。

（3）公理系统应满足的条件

①相容性　（公理之间无矛盾）

②独立性　（任何一条公理不能从别的公理推出）

③完备性　（在这个系统中一切命题真假都可确定）

（4）与平行公理等价的命题

①过直线外一点，只能做一条直线与已知直线平行。

②三角形三内角之和等于180°

……

【设计意图】使学生对欧氏几何公理系统有初步的了解。

2. 非欧几何的产生

（1）猜想证明阶段（公元前300—1800年）

许多数学家从《几何原本》的证明过程，猜想第五条平行公理是可以证明的（提出问题），因此花了二千多年时间研究，终归失败（提出与其等价的命题）。

（2）怀疑创新阶段（1800—1900年）

重要人物（提出问题：平行公理是不可以证明的）

高斯：德国著名数学家（数学王子），生于1777年，1824年提出一种非欧几何，怕引起争议，没有发表其研究成果。

罗巴切夫斯基：俄国一位测量工作者，生于1793年，1826年在一所大学宣读论文，1829年正式发表论文，提出一种非欧几何（三角形的三内角之和小于180°）。

波尔约：匈牙利人，1832年他的父亲将他的研究论文发表于他自己的著作中。

上述三人都在欧氏几何的公理系统中只改变第五条公设（三角形三内角之和小于180°）几乎同时提出了另一种非欧几何，随后，黎曼也提出了另一种非欧几何（三角形三内角之和大于180°）。

至此，欧氏几何发展为：

$$几何\begin{cases}欧氏几何(三角形三内角之和等于180°)\\非欧几何\begin{cases}罗氏几何(三角形三内角之和小于180°)\\黎曼几何(三角形三内角之和大于180°)\end{cases}\end{cases}$$

（3）非欧几何的接受阶段

虽然有人提出了合理的非欧几何理论（理性的产物），但现实生活中没有找到其模型，因此人们还是把它视为"怪物"，不能接受，直至找到有关模型后，人们才开始接受非欧几何。

①球面模型（黎曼非欧几何）

ACA′C′为球面上的直线（最短的直线——测地线）BCB′C′为球面上的直线，ABA′B′为球面上的直线。

证明：由球面△ABC 的面积＝（A＋B＋C－π）r^2，因为球面△ABC 的面积大于0，

∴ 球面三角形的内角和大于 π

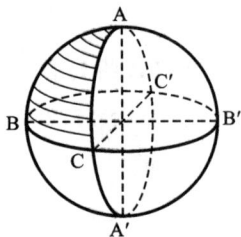

说明：设 A 和 A′分别是地球的北极和南极，BCB′C′为赤道（一条测地线），由地理知识知道子午线 ACA′（另一条测地线）垂直于赤道，同理子午线 ABA′也垂直于赤道，∴ 球面∠ABC＋球面∠ACB＋球面∠CAB＝90°＋90°＋球面∠CAB＞180°

②伪球面模型（罗氏非欧几何）

伪球面是曳物线绕 Z 轴旋转而成的旋转面

$$\begin{cases} x = r\sin t \\ z = r\left(Lntg\dfrac{t}{2} + \cos t\right) \end{cases} \rightarrow \begin{cases} x = r\sin t\cot\theta \\ y = r\sin t\sin\theta \\ z = r\left(Lntg\dfrac{t}{2} + \cos\theta\right) \end{cases}$$

曳物线方程　　　　　　伪球面方程

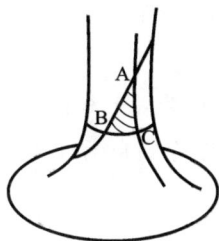

伪球面模型

AB，BC，AC 分别是伪球面上的三条测地线，伪球面 △ABC 是伪球面三条测地线围成的三角形，用微分几何的知识可证伪球面上的 △ABC 的三内角之和小于 180°

AB，AC，BC 即为伪球面上的直线（最短的直线——测地线）

【设计意图】使学生对非欧几何有初步了解。

3. 对各种几何的理解

（1）提出问题：欧氏几何、非欧几何、谁是真的几何？

回答：欧氏几何是一种理性的产物，非欧几何是另一种理性的产物，这两种产物似乎有矛盾，但却反映出现实世界的多面性，人们对世界多面性的认识表现于人们认识世界时对公理体系的理解不同。非欧几何用不同的平行公理置换欧氏几何中的平行公理，得到非欧几何的体系，是因为不同的平行公理与欧氏几何的其他公理系统制约着不同的"直线"，不能以直觉去理解"直线"（人们头脑中的"直线"不等于测地线，但欧氏几何中的直线等于测地线，测地线即几何面中最短的直线）。

几何公理系统中隐含着"直线"确切的意义：欧氏几何

公理系统中的"直线"是笔直的线，非欧氏几何公理系统中的"直线"是"弯曲"的线。所以：

$$
\text{世界的多面性}\begin{cases} \text{在严格的平面空间世界：应用欧几何} \\ \text{在球面空间世界：应用黎曼几何} \\ \text{在伪球面：应用罗氏几何} \end{cases}
$$

注意：在地球上应用欧氏几何与黎曼几何误差不大。

（2）世界多面的事实（弯曲的时空）

（介绍爱因斯坦的观点）广义相对论认为：光线经过引力场时，不是直线，产生弯曲，计算弯曲的偏角为 1.75″，实测 1.61″+0.30

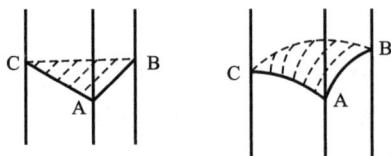

【设计意图】使学生明确几何公理系统对于建构几何知识结构的重要性。

（三）教学的数学的寻根（教材寻根举例）

$$
1.\text{教材根的分类}\begin{cases} \text{章内容顺序图} \\ \text{章定义、定理逻辑图} \\ \text{阶段内容关系图} \end{cases}
$$

2."第三章 函数的概念与性质"寻根举例

(1) 章内容顺序图

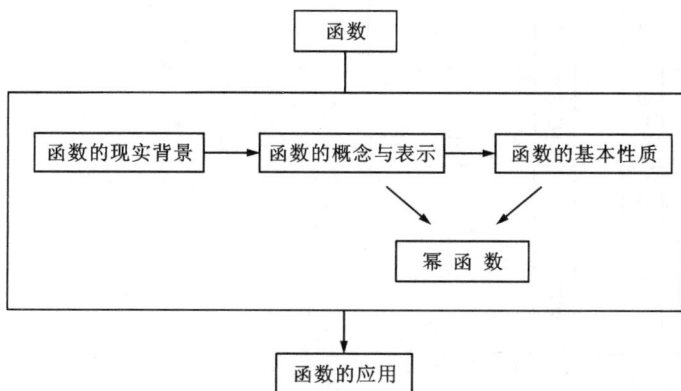

```
                    ┌──────┐
                    │ 函数 │
                    └──┬───┘
┌──────────────────────┼────────────────────────────┐
│ ┌────────────┐   ┌─────────────┐   ┌──────────────┐│
│ │函数的现实背景│→ │函数的概念与表示│→ │函数的基本性质││
│ └────────────┘   └──────┬──────┘   └──────┬───────┘│
│                         ↓       ↙                   │
│                    ┌─────────┐                      │
│                    │ 幂 函 数 │                      │
│                    └─────────┘                      │
└──────────────────────┬──────────────────────────────┘
                   ┌─────────┐
                   │函数的应用│
                   └─────────┘
```

(2) 章定义、定理逻辑图

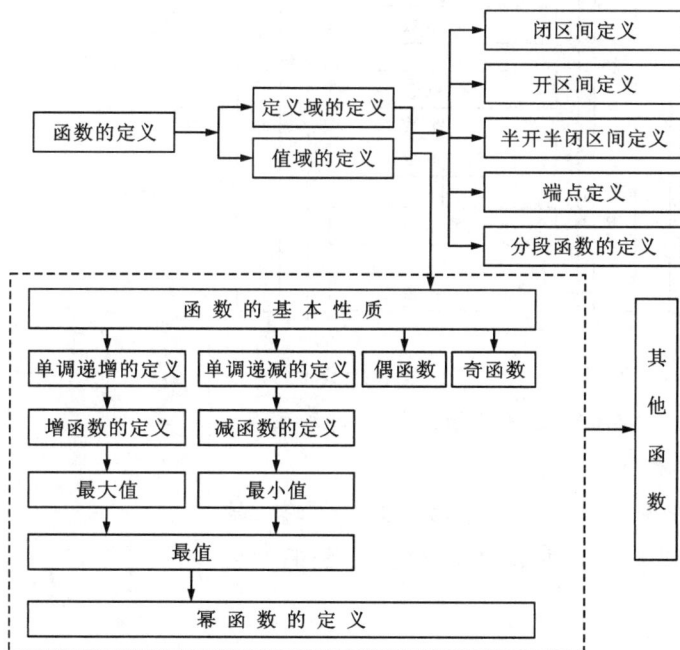

```
                              ┌──────────────┐
                              │  闭区间定义   │
                              └──────────────┘
                              ┌──────────────┐
                              │  开区间定义   │
          ┌──────────┐        └──────────────┘
          │定义域的定义│──┐    ┌──────────────┐
┌────────┐│          │  ├─→ │ 半开半闭区间定义│
│函数的定义│┤          │  │    └──────────────┘
└────────┘│          │  │    ┌──────────────┐
          │值域的定义 │──┘    │   端点定义    │
          └──────────┘        └──────────────┘
                              ┌──────────────┐
                              │ 分段函数的定义 │
                              └──────────────┘
```

```
┌─────────────────────────────────────────┐      ┌────┐
│           函 数 的 基 本 性 质             │      │ 其 │
│  ┌──────────┐┌──────────┐┌────┐┌────┐    │      │ 他 │
│  │单调递增的定义││单调递减的定义││偶函数││奇函数│    │ →   │ 函 │
│  └────┬─────┘└────┬─────┘└────┘└────┘    │      │ 数 │
│  ┌────┴─────┐┌────┴─────┐              │      └────┘
│  │ 增函数的定义││ 减函数的定义│              │
│  └────┬─────┘└────┬─────┘              │
│  ┌────┴─────┐┌────┴─────┐              │
│  │  最大值   ││  最小值   │              │
│  └────┬─────┘└────┬─────┘              │
│  ┌────┴──────────┴─────┐              │
│  │         最值          │              │
│  └───────────────────────┘              │
│  ┌───────────────────────┐              │
│  │     幂 函 数 的 定 义    │              │
│  └───────────────────────┘              │
└─────────────────────────────────────────┘
```

（3）阶段内容关系图

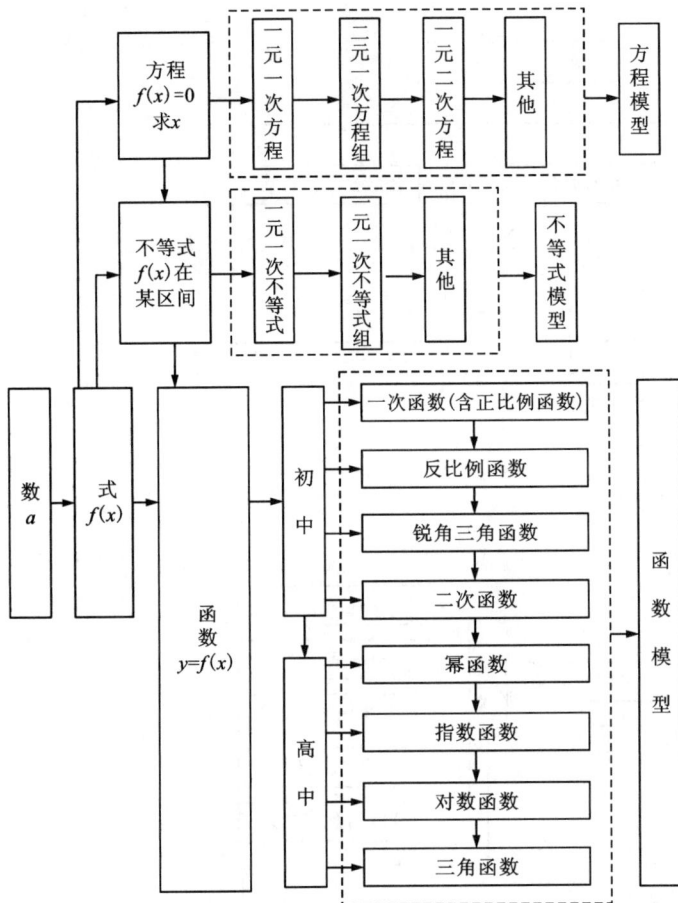

注：上述三个结构示图，即个体对所学知识的建构图，不是一成不变的，它随着教材对知识的编排和发展，及自己对知识的理解有个体差异。

【设计意图】由理论的数学寻根类比提出教学的数学寻根，促进学生自己头脑中高中数学知识建构，提高学生数学学习能力。

四、小结

本课开始从欧氏几何寻根的过程阐述了理论的数学寻根的方法，再比较提出了教学的数学寻根的方法。在阐述理论的数学寻根的过程中强调了研究性学的关键步骤——提出问题。通过本节课的教学,我们要知道:公理化系统是理论的数学寻根的思想方法;教材知识系统是教学的数学求根的方法;体会数学是人类理性化的产物,这种产物是为某种数学世界服务的;体会提出数学问题是数学研究的关键步骤,主动在学习中培养自己提出问题的能力。

五、布置作业 P₁₆₆ 文献阅读与数学写作

要点评析:

这是一节面对实验学校高一全体学生(九个班)的大课。本节课题是根据人教版高中数学教材必修第二册 P₁₆₅ 关于《阅读与思考》的内容设计的。设计教学目标时,既设计了即时性发展目标,又设计了体验性发展目标,这有利于学生数学的课时发展和长远发展。为此老师查阅了大量文献资料,根据自己的理解,简介了欧氏几何的公理化思想方法与非欧几何发展的过程,强调了研究性学习过程中的关键步骤:提出问题,希望引导学生在高中学习过程中提出自己的问题,更进一步的钻研数学教材,提高自己的学习数学的能力。老师还根据自己的理解,将数学分成理论的数学、教学的数学,生活的数学。通过比较几何的寻根方法(公理化方法)介绍,类比提出了教学(教材)的数学的寻根方法:构建章内容顺序图,构建章定义、定理逻辑图,构建阶段内容关系图。引导学生通过这些方法,构建自己头脑中的数学知识结构图,通过这种研究性学习的尝试提高学生的数学核心素养。

案例十九　课题:吾将上下而求索(高中语文)
——儒家的价值追求

执教:永州市四中　雷庆建　协教:实验学校同科教师

首案 A	改案 B
教学目标:	
知识与技能:(1)积累文言重要知识,文化常识等相关知识,背诵《侍坐》篇。	

（2）把握儒家思想的基本观点，了解儒家文化中的一些重要概念，对此形成基本的认识。

要素与素养：尝试理性评价古人的观点和作为，树立正确的历史观。

学习与发展：领悟古人的智慧，深化对传统文化的认识，并在此基础上思考传统文化的现代意义，感受文化魅力，增强文化自信。

教学重难点：

1. 儒家常见观念的理解。

2. 理解、交流对于"儒家价值追求"的认识：理解与认知；思辨与批判地吸收。

【设计说明】本单元篇目学习完成以后，学生对文章内容都有了较为深入的理解，这一单元选择了不少儒家经典篇目，而儒家文化也是影响了中华民族数千年并且继续影响着当代社会的一种极为重要的文化理念，学生在日常生活和学习中，其实常常接触到儒家的精神观念，但对此并没有形成理性的认知。因此，本单元的学习任务从"儒家的价值追求"入手，试图从一个较小的角度帮助学生构建基本的概念，也便于学生结合当下实际生活和社会现象进行思考与表达。

教学过程：

一、课堂导入

古人云"观今宜鉴古，无古不成今"，这一单元，我们既在诸子百家的经典篇目里，初步领略圣贤们或充满哲思、或充满担当的智慧，也在峰回路转的史传文本中，身临其境地见证了惊心动魄的历史。体悟前人的智慧，才能更好地把握当下与未来，今天，我们就以"儒家的价值追求"为话题，深入挖掘这一单元的内容和我们的思想，在回顾中思考，在表达中升华。

【设计说明】本单元选取了《论语》《孟子》《庄子》中的

经典篇章，以及《左传》《史记》的精彩片段。前者侧重让学生了解中国儒家、道家思想的渊源和主张；后者则让我们了解那个时代的重大事件，并学会在事件中刻画人物，在单元总结和探究学习中引导学生体会：这些思想、事件、人物，对于今天的我们有什么启发。

二、预习任务

【分组】 以小组为单位，围绕儒家的"修身"这一话题，分别从儒家相关著作中寻找 3~5 条与"仁""义""智""勇"相关的名句，在班级进行展示和交流。

三、探究展示

(一) 儒家的个人价值追求

【概述】 一言以蔽之，传统儒家的个人价值追求就是"修齐治平"，即"修身齐家治国平天下"。

【概念出处】

①古之欲明明德于天下者，先治其国；欲治其国者，先齐其家；欲齐其家者，先修其身；欲修其身者，先正其心；欲正其心者，先诚其意；欲诚其意者，先致其知，致知在格物。物格而后知至，知至而后意诚，意诚而后心正，心正而后身修，身修而后家齐，家齐而后国治，国治而后天下平。——《大学》

【译文】 古代那些要想在天下弘扬光明正大品德的人，先要治理好自己的国家；要想治理好自己的国家，先要管理好自己的家庭和家族；要想管理好自己的家庭和家族，先要修养自身的品性；要想修养自身的品性，先要端正自己的心思；要想端正自己的心思，先要使自己的意念真诚；要想使自己的意念真诚，先要使自己获得知识；获得知识的途径在于认识、研究万事万物。通过对万事万物的认识、研究后才能获得知识；获得知识后意念才能真诚；意念真诚后心思才能端正；心思端正后才能修养品性；品性修养后才能管理好家庭和家族；管理好家庭和家族后才能治理好国家；治理好国家后天下才能太平。

【修身的境界】

"修身"是儒家个人价值追求的基石。

子曰："君子道者三，我无能焉：仁者不忧，知者不惑，勇者不惧。"子贡曰："夫子自道也。"——《论语·宪问》

翻译：孔子说："君子所循的三个方面，我都没能做到：仁德的人不忧愁，智慧的人不迷惑，勇敢的人不惧怕。"子贡说道："是老师对自己的描述。"

"知仁勇三者，天下之达德也"。——《中庸》

翻译：智慧、仁爱、英勇这三者是天下的大德行。

"好学近乎知，力行近乎仁，知耻近乎勇。知斯三者，则知所以修身"。——《中庸》

翻译：喜欢学习的品格接近于智慧，努力行善的品格接近于仁爱，知道羞耻的品格接近于勇敢。一个人懂得这三点，也就懂得如何修养自己的品德了。

【举例】文天祥的绝命词

孔曰成仁，孟曰取义，唯其义尽，所以仁至。

读圣贤书，所学何事？而今而后，庶几无愧。

译文：孔子教导成仁，孟子教导取义，只要把道义做到了极点，那么所希望的仁德自然也就做到了极至。我们读圣贤之人的著作，学习的是什么东西？既然学会了仁义，那么从今往后，就几乎没有什么可惭愧的了。

【儒家之"仁"】

"仁"是儒家思想的核心。《说文解字》中说："仁，亲也。从人，从二。"本义是对人友善、相亲。

樊迟问仁。子曰："爱人。"

仁远乎哉？我欲仁，斯仁至矣。

仁者先难而后获，可谓仁矣。

夫仁者，己欲立而立人，己欲达而达人。

博学而笃志，切问而近思，仁在其中——《论语》

恻隐之心，仁之端也。——《孟子》

【儒家之"智"】

段玉裁《说文解字注》曰："古智、知通用"。

"智"或"知"的基本意思是认识、知道、辨别，聪明、智慧，谋略、见识、知识，等等，核心意思是认识、明白，具体包括认识社会、认识自我、明辨是非、厘清善恶等方面。

"智"作为人的一种才能、能力可以表现为多个方面，比如克敌制胜之智、理财致富之智、治国理政之智、为人处世之智、接人待物之智乃至自知之明、知人之智……

知之为知之，不知为不知，是知也。

（樊迟）问知。子曰："知人。"——《论语》

是非之心，智之端也。——《孟子》

知谓知善恶吉凶之所终始也。——郑玄《礼记正义》

儒家主要将"智"作为一种美德来看待，集中于对人生在世如何成德成才以及完善自我。

【儒家之"勇"】

子路曰："君子尚勇乎？"子曰："君子义以为上。君子有勇而无义为乱；小人有勇而无义为盗。"——《论语》

昔者曾子谓子襄曰："子好勇乎？吾尝闻大勇于夫子矣。自反而不缩，虽褐宽博，吾不惴焉；自反而缩，虽千万人，吾往矣。"——《孟子》

"争饮食，无廉耻，不知是非，不辟死伤，不畏众强，恈恈然惟利饮食之见，是狗彘之勇也。为事利，争货财，无辞让，果敢而振，猛贪而戾，恈恈然惟利之见，是贾盗之勇也。轻死而暴，是小人之勇也。义之所在，不倾于权，不顾其利，举国而与之不为改视，重死持义而不桡，是士君子之勇也"。——《荀子》

翻译：争夺饮食，没有廉耻，不知道是与非，不知逃避死伤的危险，不知道害怕众人强大，贪婪地只是看到吃喝，这是狗与猪的勇敢。为了谋利，争夺财物，没有辞让之心，果断而狠毒，极端贪心而暴戾，贪婪地只是看到唯利是图，这是商人与盗贼的勇敢。轻视生命而又暴虐，这是小人的勇敢。站在正义立场上，不为权势吓倒，不管有利与否，便是全国都反对他，也不改变原来想法，虽然重视生命，但为了坚持维护正义决不屈从，这是士君子的勇敢。

在儒家思想中，"勇"是建立在"仁""义"的基础之上的。

【儒家之"勇"】

"义"孟子在"仁"的基础上发展起来的一个儒家的主要思想理念。

"仁者人也，亲亲为大；义者宜也，尊贤为大。"——《中庸》

孟子曰："自暴者，不可与有言也；自弃者，不可与有为也。言非礼义，谓之自暴也；吾身不能居仁由义，谓之自弃也。仁，人之安宅也；义，人之正路也。"

译文：孟子说："自己残害自己的人，不能和他有所言谈；自己抛弃自己的人，不能和他有所作为。言谈破坏礼义叫做自己残害自己，自以为不能依据仁、遵循义来行事，叫做自己抛弃自己。仁是人们安适的精神住宅，义是人们行为最正确的道路。"

"仁者心之德，义者事之宜"——朱光潜《谈情与理》

【探究思考】结合第一单元课文中的人物，选择其中之一，从"仁、智、勇、义"中任选一个角度，谈一谈你对他的看法。

【点拨】鼓励学生各抒己见，言之成理即可。

【设计意图】找出儒家文化的价值追求例句，认识儒家文化一些重要概念，对此形成基本的认识并升华价值追求。

(二)儒家的理想社会追求

【温故知新】孔夫子的"喟然一叹"

曰："莫(mù)春者，春服既成，冠者五六人，童子六七人，浴乎沂(yí)，风乎舞雩(yú)，咏而归。"

夫子喟(kuì)然叹曰："吾与点也。"——《子路、曾晳、冉有、公西华侍坐》

【大同社会】原文："大道之行也，天下为公。选贤与能，讲信修睦，故人不独亲其亲，不独子其子，使老有所终，壮有所用，幼有所长，矜寡孤独废疾者，皆有所养。男有分，女有归。货恶其弃于地也，不必藏于己；力恶其不出于身也，不必为己。是故谋闭而不兴，盗窃乱贼而不作，故外户而不闭，是谓大同。"——《礼记》

译文：在大道施行的时候，天下是人们所共有的，把有贤德、有才能的人选出来(给大家办事)，(人人)讲求诚信，崇尚和睦。因此人们不单奉养自己的父母，不单抚育自己的子女，要使老年人能终其天年，中年人能为社会效力，幼童能顺利地成长，使老而无妻的人、老而无夫的人、幼年丧父的孩子、老而无子的人、残疾人都能得到供养。男子要有职业，女子要及时婚配。(人们)憎恶财货被抛弃在地上的现象(而要去收贮它)，却不是为了独自享用；(也)憎恶那种在共同劳动中不肯尽力的行为，总要不为私利而劳动。这样一来，就不会有人搞阴谋，不会有人盗窃财物和兴兵作乱，(家家户户)都不用关大门了，这就叫做"大同"社会。

【理想社会的实现途径】"王道""仁政"

明君制民之产，必使仰足以事父母，俯足以畜妻子，乐岁终身饱，凶年免于死亡；然后驱而之善，故民之从之也轻。

五亩之宅，树之以桑，五十者可以衣帛矣；鸡豚狗彘之畜，无失其时，七十者可以食肉矣；百亩之田，勿夺其时，八口之家，可以无饥矣；谨庠序之教，申之以孝悌之义，颁白者不负戴于道路矣。七十者衣帛食肉，黎民不饥不寒，然而不王者，未之有也。

——《齐桓晋文之事》

【思考】你如何看待儒家所设想的"大同社会"？

【点拨】参考：

①是一种对社会的美好愿景；反映了和谐安定、崇公抑私、合作互助的观念；

②将美好社会的建设和发展全部建立在"德治"之上，有理想化的色彩；

③对当下社会而言，这一设想缺少契约精神、权利意识、竞争意识等现代精神。我们需要批判的继承和吸收……

（学生各抒己见，言之成理即可）

【设计意图】勾连所学课文《子路、曾皙、冉有、公西华侍坐》和《齐桓晋文之事》，把握儒家的精神追求和价值追求。

（三）拓展延伸，思考儒家价值追求的现代意义

【概述】"天下兴亡，匹夫有责"，继承和发扬传统，是我们每一个人的事。

【探究表达】生活中，你见过怎样的"仁者""智者""勇者"或"义者"？当今时代，"仁、智、勇、义"的修身道德有怎样的现实意义？联系现实，谈一谈你的思考和感悟。

【点拨】参考：

仁：精准扶贫、"2020感动中国人物"张桂梅、"2020感动中国"的万佐成、熊庚香夫妇、福利院、慈善事业等；

智：袁隆平、屠呦呦、钟南山、陈薇等、科学工作者、学者等；

勇：戍边英雄、抗疫第一线的医护人员、李文亮医

生……

义：边防战士、新疆棉花事件中主动与代言品牌节约的明星们……

鼓励学生各抒己见，言之成理即可)

【设计意图】学以致用，继承和发扬儒家优秀文化和精神内核，思辨与批判地吸收，思考传统文化的现代意义，感受文化魅力，增强文化自信。

四、板书设计

板书设计

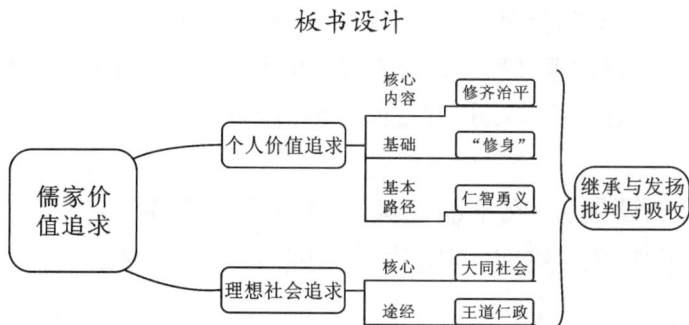

要点评析：

本节课是一节面对全体高一9个班学生的单元研究性学习课，执教者为永州市首届名师。雷老师根据《普通高中语文课程标准（2020年修订）》的学习任务群中"中华传统文化专题研讨"的要求："加深对传统文化的认识理解，增强传承，弘扬中华优秀传统文化的自信心，责任感"而设计。学生在日常生活和学习中，其实常常接触到儒家的精神观念，但对此并没有形成理性的认知。因此，本单元的学习任务从"儒家的价值追求"入手，试图从一个较小的角度帮助学生构建基本的概念，也便于学生结合当下实际生活和社会现象进行思考与表达。

该教师设计的教学目标按照双发展课堂教学要求渗透"学生研究性学习方式"来组织教学，在教学过程中有以下几个显著特点：第一，课程教学过程按探究课特征展开。探究课的特点是让学生从探究中主动获取知识，应用知识，解决问题，它通过对资料归纳，比较，统计分析，形成对问题的解释，最后通过讨论交流，进一步澄清事实，对问题进行更深入的研究。本课教学中教师引导学生回顾《论语》《孟子》中的经典篇章，总结儒家思想政治主张，然后形成基本的认识和升华，最后学以致用，批判吸收。第二，学生探究学习循序渐进，探究结果水到聚成。学习过程中由呈现的例句到勾连所学例文的儒家核心价值语段，再归纳提升，最后深入感悟，达到学以致用的目的。第三，教学中充分发挥学生主体作用。学生主动交流探究，展示儒家人仁义礼智等文化价值追求例句，积极评价孔子和孟子构建的理想社会和大同气象并结合生活中的现象、事例感悟儒家价值追求的现代意义。第四，本课中学生既探究学习归纳了儒家思想主张，又学会了探究问题的方法，符合双发展课堂教学的要求。当然，在教学过程中，如何高效引导学生研究学习，有效思考，既开放又有针对性，既注重过程又指导实践，这是在教学中需花费较大的精力和知识储备才能达到的境界，这方面有待进一步研究。

案例二十　课题：《女书的点画之美》（高中美术）

执教：永州市四中　刘颖　协教：永州市四中美术教师

首案 A　　　　　　　　　　　　　　　　　　　　　**改案 B**

教学内容分析：

前面已学习了女书的起源与发展，本课属于第三课时，学习女书的点画之美。本课的学习内容是属于"欣赏·评述"的课，重点通过欣赏、比较去分析女书笔画，深入感受不同书法表现的点画之美，引导学生参与文化的传承与交流，增强民族的自豪感。

本课不是对女书书法笔画技巧的讲解，是通过女书书法点画与自然生活艺术的联系，感受其书法的形态、质感、韵律之美。让学生运用不同形式、材质去简单体验感受，从而树立爱国、爱民族的社会主义核心价值观，并在日后能用自己的方式，传承这种文字与文化。

教学目标：

知识与技能：

1. 了解女书的基本特点。

2.女书书法点画与自然生活之间的联系。

要素与素养：

1.采用对比法、欣赏法、肢体语言表现书法等。体会感受女书其方向、力度、质感、韵律之美。

2.通过作品欣赏和分析认识女书的点画之美，激发学生学习兴趣，体会女书的生命感，丰富他们的精神世界，增强民族自豪感，从而在日后能用自己的方式创造新的女书作品，传承这种文字与文化。

学习与发展：体会欣赏书法美的方法。

教学重点与难点：

重点：通过欣赏、比较去分析女书笔画，深入感受不同书法表现的点画之美。

难点：体验感受女书书法点画的方向、力度、质感、韵律之美。

一、导入新课（提出问题）

视频《史说汉字》

释：母　　亲　　　女　　儿

汉字古老而优美，数千年来汉字经历了不同的历史阶段。笔画和形态也发生了很大的变化，今天我们就一同领略其中神秘而美丽的女书。

【设计意图】说明女书是中国汉字发展阶段的一个内容。

二、讲授新课（研究问题）

1.女书特点：

图片比较

（1）女书　　　　（2）汉字楷书

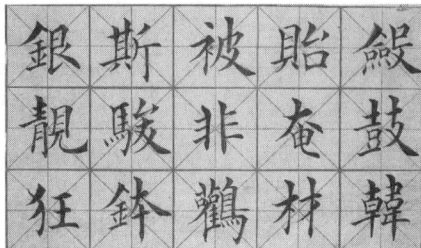

（3）笔画分解图

小结：①形态　"多"字造型且字体修长　②笔画点、撇、斜、弧　③线条　粗细一致，没有提按、笔锋之分；飘逸秀美、风姿摇曳　④书写方向　上→下　右→左上斜后竖或弧文字等同于书法么？

【设计意图】从整体比较，说明女书与汉字的特点。

2.书法作品

文字等同于书法吗？

用图片比较普通的书写文字与书法的区别

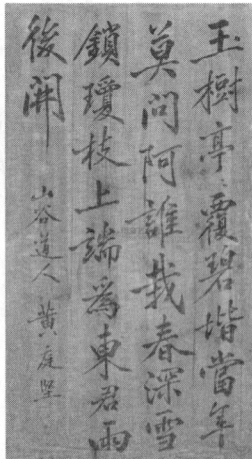

两张纸上都写了字,都是一笔一划写成的,哪一张可以称之为书法?哪一张不能?为什么?

学生尝试回答,教师总结

图片比较:

1."京"的篆体　　　　　　2."京"的艺术体

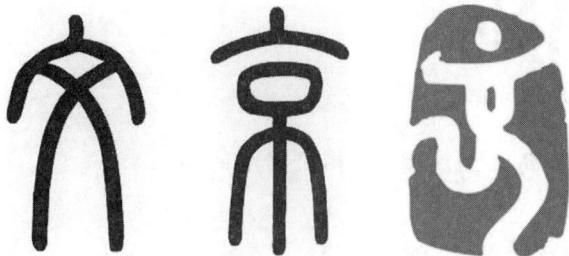

小结:书法是对文字的提炼、艺术化,具有美的感受。

美的东西是具有一定艺术性的,而艺术源于生活,接下来让我们一同来欣赏女书书法的点画与生活、自然的相结合。

【设计意图】感受一般书写文字与书法的区别。

三、体验女书的点画之美(感悟)

1.教师局部引导欣赏

①点之美

楷书中的点,古人早概括出:斜点如鸟之翻然侧下,取其斜式,如高山坠石。

我们今天是学习女书书法的点画之美,那么女书中是否也是如此呢?

福

　　女书中的点可斜点，如鸟之翻然侧下（相较楷书的刚硬则显得柔和婉约）；

　　（教师示范两种点，与学生共同感受区别）

　　也可似清荷凝珠般，润物细无声。

②竖之美

　　女书"书"字的"竖"，笔画如竹枝，飘摇仍自持。

③弧之美

女书"女"字中"弧"，笔画如弯刀又似象牙，坚挺锋利，也像弯弯的尖刀，柔中带钢(请学生上台体验)。

④斜之美

女书"名"字中"斜"，笔画如柳叶，带着一种韧劲。

教师示范起笔、行笔、收笔有节奏。(视频：书法与舞蹈的结合——云门舞集《行草》节选 谭盾《女书与竖琴微电影》，感受女书书法与音乐节奏的韵律)

学生和老师共同感受女书书法点画的方向及力量感、点画的质感、点画的韵律。

【设计意图】教师从笔画的角度欣赏女书的美。

教师总结：无论哪个书法派体只要合乎一定的文字规律，无论是在笔画上、还是在形态上、或是在章法上作些艺术变化，都会使这个(幅)字，呈现出不同的风格。

2.作品欣赏：

①教师整体引导欣赏

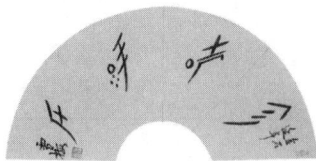

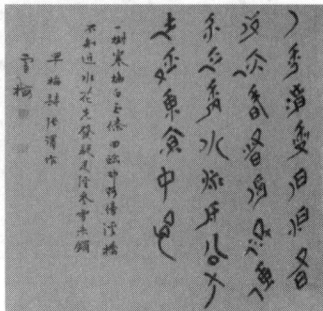

因以前书写工具有限（多以竹棍书写）故笔画线条粗细一致，无提按，锐入尖头的笔锋之分，这幅作品就是呈现这种早期质朴之美。

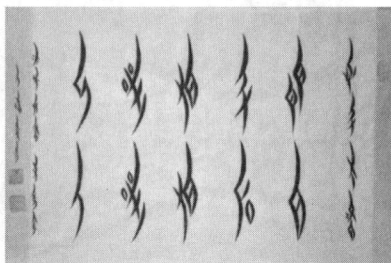

字体纤细，形态婉约如女子身姿，有了些许提按、行笔的轻重缓急变化。

出现笔锋，运笔有力度。

春满人间

参照了楷书的书写风格，出现了笔锋，柔中带刚。同时保留了女书质朴的形态美。

在女书原有的形态上做了些改变，圆润如珠。

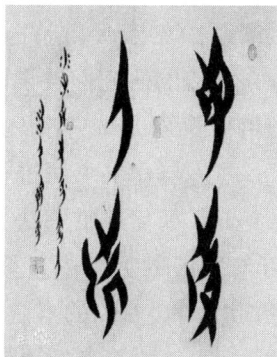

在笔画上做了改变，有提按、顿挫、轻重缓急之分，产生一种刚劲和粗犷大气之美。

【设计意图】教师从女书整体作品欣赏女书的美。

②学生自主体验和表现

学生分小组，形式不限，感受女书的点画之美。可以选择毛笔在宣纸上书写、小刀在橡皮上刻画、甚至用肢体语言来表现文字等等。

四、结课

女书是抽象的造型艺术，它的每一笔，每一画，是有生命的。无论女书文字可以写成什么造型的字体，都要回归到最初的点画。希望通过今天的课让大家来感受女书点画的美，从而对女书产生兴趣，日后可以用专属自己的方式好好尊重并传承下去。

【设计意图】归纳总结，整体体验女书文字的美，产生对女书美的感悟，给学生以总体映象。

板书设计：

女书的点画之美

文字(特点)→书法(点画的质感、韵律、方向和力量)→艺术升华

要点评析：

该课是高一年级美术课的小课(校本教研课题的内容)。永州江永女书是我国特有的一种文字，许多知名专家做了深入研究，但他的教学研究仍是一个空白。学校设立了有关的研究项课题，该老师专赴江永实地考查，从美术角度有所感悟，形成了《女书的点画之美》的研究性教学设计。这节课的特点是选课独特(地方特色文化)；教学目标除知识外，突出了采用比较思维的手段：将汉字与女书进行比较，将汉字书法与女书书法进行比较，将汉字书法欣赏与女书书画欣赏进行比较；还突出了如何欣赏书法方法的教学，并将有关的目标纳入到要素与素养，学习与发展的目标内。教学方法灵活(师、生双边活动充分)。因此该老师设计并执教的《女书的点画之美》参加教育部组织的"一师一优课，一课一名师"的活动，获教育部"优课"。

第四节　学生自主学习管理能力的发展

一、学生自主管理的整体设计

双发展课堂教学的显著特点是注重学生的主体发展和教师专业的发展。原来学校贴心的保障服务是学校奉献给学生的人文关怀。学校开展双发展课堂教学后，教师逐渐认识到，给学生贴心的保障服务，单纯使学生安心、家长放心，是不够的。我们还要在学校生活管理和课堂学习方面，分阶段培养和发展学生的自主管理能力，使学生能够适应将来社会的发展，这才是家长比"放心"更需要的。因此，学校为配合双发展课堂教学研究，从2016年下学期起，在学校部分班级实施学生自主管理取得经验的基础上，对班主任、任课教师开展培训，2017年下学期开始，在学校系统规划推广学生自主管理的经验。为此，学校制定《学校学生自主管理工作指导意见》。

附：

学校学生自主管理工作指导意见

第一条　指导思想

坚持"全面发展，幸福成长"的办学方针，全面推进幸福教育，促进学生终身发展。聚焦"学生自主发展"这一目标，强化"育人为本、发展为本、修德为本"的理念。通过两种意识的转变（即学生从依赖型转变为自主型，形成主人翁的意识；教师从包办型转变为主导型，形成学生为本的教育意识），坚持搭好三个平台（即校园文化、自主管理、学生社团），完善以"学校—学部—年级—班级—个体"为主线，以学管会、团委、少先队为主体的学生自主管理体系。坚持"把校园还给学生，让校园洋溢诗情画意；把班级还给学生，让班级充满成长气息；把课堂还给学生，让课堂涌动生机活力"的思路，践行以"管理自治、活动自主、行为自律、精神自强"为核心、以"行为自我约束教育""生活自我管理教育""学习自我激励教育""班级自主建设教育""人格自我完善教育"为内容且符合学校自身特色的"学生自主管理"模式。以此培养学生的礼仪、卫生、健身、学习等四种习惯；重塑"自尊、自爱、自励、自律、自信、自强"等人格品质；努力实现学生"自我认识、自我管理、自我服务、自我修身、自我约束、自我调节、自我评价、自我发展、自我完善"的人生运行模式。最终使学生自主管理工作在自主式学生自主管理、体验式学生自主管理、养成教育、现代公民教育、心理健康教育等方面实现突破，让校园真正成为莘莘学子的幸福家园，让学生在这里健康成长、张扬个性、发展潜力、收获成功，成为全面发展的阳光少年。

第二条 性质和职能

学校学生自主管理工作是在学校学生自主管理工作领导小组领导下，在教务处、政教处、年级组、团委、少先队协调指导下的学校学生自主管理委员会(学管会)及其所属部门完成的。学校各个年级组在领导小组的直接领导下，按照领导小组办公室的工作要求，坚持"为学生提供一个岗位、扮演一种角色、获得一种体验、培养一种能力"，全力配合教务处、政教处、团委、少先队开展好学生自主管理协调工作，最终形成"1355"自主管理模式，即聚焦一个目标(学生自主发展)；强化三个"为本"(育人为本、发展为本、修德为本)；落实五项内容(行为自我约束教育、生活自我管理教育、学习自我激励教育、班级自主建设教育、人格自我完善教育)；实现五大突破(自主式学生自主管理、体验式学生自主管理、养成教育、现代公民教育、心理健康教育)。

第三条 工作原则

学校自主管理工作将以不增加教师负担、促进学生自主管理能力发展为总原则，以"关注每一个学生、关爱每一名教师"为出发点，努力做到"六结合"：将学生自主管理工作与市教育局的幸福工程结合起来；与创建文明城市工作结合起来；与学校均衡化创建工作结合起来；与认星争优品牌活动结合起来；与精细化制度、网格化管理结合起来；与各种资源整合(如团委、少先队、道德讲堂、心理咨询、卫生保健、阳光活动、志愿者等)结合起来。探索适合校情实际、有利学校发展的"1355"学生自主管理模式，努力将其打造成符合学校特色的区域学生自主管理品牌项目。

第四条 愿景规划

"培养学生自主管理能力"是学校学生自主管理工作的三年发展目标，更是学校学生自主管理工作的特色项目。为有序推进工作，实现三年发展目标，学校制定了学生自主管理工作的阶段性目标。

第一阶段：班主任导管阶段——主体性定位（2018.3—2018.7）

通过广泛动员与宣传，将"推进学生自主管理"深植师生心中；同时，在学校、年级、班级层面组建"学生自主管理委员会"，简称"学管会"。

这一阶段要充分发挥班主任在管理上的主导作用。在班主任导管阶段，一开始就要注意培养学生的民主意识。同时，管理班级要有一班之规。班规包括班级管理目标、纪律、学习、卫生等方面内容，能基本反映学生在德、智、体、美、劳等方面的表现和综合素质。"班规大家定"是主体性管理的重要一环。在制订班规前先组织大家反复学习学校的各项规章制度，使学生认识到没有严格的行为规范就不可能有良好的班风。

第二阶段：师生共管阶段——主体性锻炼（2018.9—2019.7）

继续完善"学生自主管理委员会"的机构，壮大建设"学管会"队伍和学生自主管理队伍，丰富学生自主管理特色内涵，并通过特色活动推进"学生自主管理"。在师生共管阶段，学校在管理上只起监督作用。班主任在管理上最主要的工作就是培养、使用班干部，坚持以班级为主体，以小组为核心，实行团队管理和小组管理，采取不同方式使班级全体同学的主体性得到充分发挥，形成"班级联动、全员参与、班主任主抓"的管理氛围。同时，"工作大家做"是发挥主体性的最好办法。在设班干部的同时，应大量增设班级管理岗位，如课间纪律巡查员、个人卫生监督员、班级卫生检查员、各科作业收发员、班级图书保管员、两周座位轮换负责人等，并将这些职责分工到位，真正做到"事事有人管，人人有事管，人人有人管，人人能管人"。

第三阶段：学生自管阶段——主体性发挥（2019.9—2021.7）

加强"学生自主管理"课题研究，开发"生活自理能力"课程。力争通过三年的打造，使学生懂得自主管理的重要性，学会自主管理、自主教育，实现自我发展，打造学校"学生自主管理"的特色品牌，最终实现学生自主管理工作总目标。

所谓"学生自主管理班级"是让更多的学生都有机会在担任班级干部中

得到锻炼，以唤起他们的主人翁意识，增强集体观念和责任感，充分发挥他们的主体能动作用。通过自我教育，严格自律，让学生在共建富有凝聚力和进取精神的班集体的活动中，积极地、主动地、创造性地进行管理，全面提高学生的综合素质。

第五条 机构设置

(一)成立学校学生自主管理工作领导小组(略)

(二)成立学校学生自主管理办公室(略)

(三)成立学校学生自主管理委员会(学管会)

主席：1人。

副主席：1人。

成员：每个学部必须按年级设立全部相应分部，各分部以班级为单位，每个班每个部各安排两名得力的学生干部。

协调部(年级所属班级数×2人，每个年级另从这些同学中选两名得力的干部兼任年级分部正副部长，主责年级工作)。

监察、体艺部(年级所属班级数×2人，每个年级另从这些同学中选两名得力的干部兼任年级分部正副部长，主责年级工作)。

纪律、安全部(年级所属班级数×2人，每个年级另从这些同学中选两名得力的干部兼任年级分部正副部长，主责年级工作)。

学习、宣传部(年级所属班级数×2人，每个年级另从这些同学中选两名得力的干部兼任年级分部正副部长，主责年级工作)。

生活部(年级所属班级数×2人，每个年级另从这些同学中选两名得力的干部兼任年级分部正副部长，主责年级工作，可以考虑分男、女生各择两人)。

卫生部(年级所属班级数×2人，每个年级另从这些同学中选两名得力的干部兼任年级分部正副部长，主责年级工作)。

第六条 职责和权限

(一)协作联络区

1.分管领导、政教主任、年级主任、生活部(含宿舍和食堂)成员

负责协调联络有关部门负责人、年级主任、班主任、生活部成员和其他教职工配合开展工作，指导、审定学生社团章程和活动方案，监察、评价学

生自主管理的过程和质量。

2. 班主任

(1)支持学生积极参加学生管理组织，注意培养学生管理干部。

(2)支持学生组建和参加社团，并帮助社团有计划地开展社团活动。

(3)对参加学生管理组织和社团活动的学生给予综合素质评定的加分。

(4)其他相关职责。

3. 辅导教师

(1)学生自主管理组织各部门下辖社团在负责人监督下聘请辅导教师(原则上为本校教师)。

(2)各辅导教师切实对学生组织和学生活动起到指导作用，对学生管理工作中的质量和安全负责任。

(3)其他相关职责。

4. 心理辅导员(以政教处安排为主)

(1)负责学生自主管理工作的思想教育和安全教育。

(2)对违纪学生或干部进行教育和引导，重点做好心理健康教育。

(3)其他相关职责。

5. 学管会指导员

(1)由学校学生自主管理办公室选派，年级主任协助，负责学生自主管理机构组织制度、人事安排的监督，监督学生代表大会的组建和大会程序。

(2)监督辅导教师支持和服务学生工作和活动的情况。

(3)监督各级学生自主管理组织(包括社团和各个年级)开展活动的情况并实施评价。

(4)其他相关职责。

6. 保健员(校医务室人员)

(二)学生管理区(主席、副主席)

由一年一度的学生代表大会选举产生，向学生自主管理委员会办公室和全体学生负责，在学校领导协助下制订学生自主管理工作制度、工作计划，通过竞选等形式选聘部门负责人，领导各部门开展各种常规管理，组织有计划的学生活动，召开学生代表大会，开展选举和各类优秀评价工作。

1. 学生自主管理委员会主席(全部区域)

（1）负责协助学生自主管理委员会的一切事务的策划、统筹安排、工作分配、工作推进、工作总结。

（2）协助主持召开学生自主管理委员会工作会议，按照学校和上级组织的工作安排及批示精神，以及广大同学的要求，研究制订工作计划并组织实施。

（3）领导各部门开展有利于学生成长的各种活动，协调好各部门的工作关系，及时处理有关问题。

（4）督促和帮助副主席做好工作，组织和检查各督察组的工作情况。

（5）负责每周、每月班级考核汇总并公布。

（6）其他相关职责。

2.学生自主管理委员会副主席(全部区域)

（1）辅助学生会主席完成事务的策划、统筹安排、工作分配、工作推进、工作总结，负责落实学生会计划。

（2）主席不在时，受学校委托代理主席职务。

（3）分包各年级各部工作，保证各部工作有序开展。

（4）其他相关职责。

3.协调部(全部区域)

（1）协助主席、副主席完成相应全部工作。

（2）按时完成学校布置的各种临时任务。

（3）协调好各部做好各种活动的筹备和开展工作，并做好材料收集与整理工作。

（4）其他相关职责。

4.监察、体艺部(全部区域)

（1）监察各部门工作的落实情况，协助各部落实值班工作。

（2）协助学校文化建设的创建工作。对校园文化、班级文化、走廊文化、专栏文化进行策划和更换，监督和考评。

（3）推动各类文艺活动、班歌班级誓词活动的开展，办好学生艺术节。

（4）负责各类体育活动的开展，尤其是每天各班级课间操、大课间活动的监督考评和量化工作。

（5）按计划开展校内各级各类体育竞技活动，包括全校运动会。

(6)协助体育老师开展好阳光体育活动，并保证每周时间不低于1个小时。协助体育老师做好我校学生体质健康测评工作。

(7)全面负责升旗仪式(护旗队协助)。

(8)其他相关职责。

5.纪律、安全部(主责非食堂、宿舍区)

(1)负责学生生活、学习、活动场所的纪律检查，记录量化公示。

(2)对学生日常行为进行常规量化检查。

(3)协助教务处、政教处维持各种集体活动的秩序。

(4)负责对班级路队进行检查。

(5)负责开展安全教育和安全培训活动。

(6)对学校校舍、设备、师生生活学习和活动方面存在的安全隐患进行排查、公示，提出整改意见。

(7)对学校日常管理和重大活动提供有计划的安全保卫工作。

(8)填好学校的安全日志，并督促各班填好班级安全日志。

(9)其他相关职责。

6.学习、宣传部

(1)组织各班级学习委员开展工作，主要检查每日的早自习、晚自习及其他要求检查的时段。

(2)组织评比或参观每个班级的写字，周周展示各种手抄报、每周各主科知识点黑板报、班级文化墙、各种画展。

(3)参与学校组织的各种学习竞赛。

(4)每天检查班歌组织情况。

(5)引导正确的校园舆论方向，大力弘扬正气，传承民族精神。

(6)协助主要负责教师做好道德讲堂活动。

(7)认真做好各班黑板报的评比和展出；按教务处、政教处要求定期更换板报、橱窗内容；对班级的板报文化进行常规检查，并进行量化检查。

(8)建设各类宣传阵地，组织各班宣传委员开展宣传工作。全面负责红领巾广播站，通过各种渠道推介我校学生自主管理方面的好做法，并准确传递学校正能量，营造积极向上的校园艺术氛围。

(9)学校组织各种学生活动时，做好前后期的宣传工作。

（10）其他相关职责。

7. 生活部（主责食堂、宿舍区）

（1）负责督查各班就餐、就寝的路队纪律。

（2）负责督查各班就餐中的"食不言"要求。

（3）督查各班不均衡饮食、浪费及为吃喜欢吃的菜少打饭多打菜及恶意多次重复打餐情况等。

（4）督查各班插队打餐、取筷掉地置之不管情况。

（5）各寝室就寝时间点到和各寝室的就寝考核。

（6）各寝室的日常卫生及物品规范摆放情况考核。

（7）其他相关职责。

8. 卫生部（主责非寝室、食堂区）

（1）组织各个班级卫生委员开展工作。对全校各个年级卫生进行综合监管，按考评方案将检查量化。

（2）对学生个人卫生进行监督检查；对季节性群体性疾病进行调查防控。

（3）协助保健室开展卫生教育和各种生理、心理健康培训。

（4）统筹划分安排好突击性和临时性的劳动、卫生任务。

（5）协助政教处分配好校园劳动、志愿者公益劳动等任务并监督检查劳动的质量和数量。

（6）检查践踏草坪、破坏绿化现象。

（7）监督检查教室是否及时熄灯、门窗关锁情况。

（8）其他相关职责。

第七条 选用和奖惩

1. 辅导教师

（1）由学生自主管理委员会领导小组选派品德素质优良、热心学生工作、工作性质接近的管理人员和在职教师担任部门辅导教师，部门下辖的社团组织的辅导教师由学生自行选聘。

（2）学生代表大会一年一次进行优秀辅导教师评选。优秀辅导教师在评优评先以及职称评定中优先考虑。

2. 学生干部

（1）主席、副主席由学生代表大会选举产生，原则上一年一届，也可两届连任。各部部长竞选产生，部长聘任副部长及有关成员组成工作班子。

（2）学生干部必须在各方面做全校学生的表率。对年度优秀学生干部和优秀社团，学校教务处、政教处将建议学校主要领导进行隆重表彰。

第八条　学校职责

1. 学校支持开展学生自主管理活动，尤其加强学生常规管理工作。

2. 学校为学生自主管理委员会提供必要的工作场所和工作条件，社团工作可以争取社会、家庭支持。

3. 学校支持学生自主管理委员会组织制定社团章程、工作方案和安全预案，并有计划地在辅导教师指导下开展工作。

4. 建议各自主管理团体（各年级、各社团）进行顶层设计，有目的地按计划开展工作，并形成高质量的工作成果和研究成果，最终形成有我校特色的校本教材。

5. 对学生有计划的各类活动提供场所、专业、资金等方面的支持。

6. 支持各个年级承办学校的主要活动，学校在一定范围内给予冠名权。

7. 未尽事宜，由学校学生自主管理工作领导小组办公室完善和解释。

8. 遵循该《意见》，由各处室对"学管会"进行专门的培训及管理，并制定符合我校实情的学生干部考核办法，使之切实可行。

实验学校学生自主管理工作领导小组

2017 年 9 月

学管会根据上述《学校学生自主管理工作指导意见》提出了《学校"学管会"关于学生干部考核办法》。

附：

学校"学管会"关于学生干部考核办法

指导思想：实行学生自主管理委员会（简称"学管会"）内部干部考核制度，旨在督促学生干部严于律己，提高学生干部的工作责任心，培养学生干部的各项工作能力，发挥学生干部在管理、教育、服务上的作用，规范学生干部管理工作，以配合、促进学校各项工作顺利开展。

考核方式：采用积分制。与广大学生民意相结合，由学校学生自主管理办公室首先对协调部和监察部进行考核，再组织协调部和监察部对其他各部进行考核。

考核标准：实行积分量化。每人每学期的积分为100分，对没有达到要求的按规定扣分。低于60分者，将被辞退。

注：下面所有项目中，凡没有按要求安排优秀学生干部参与协作"学管会"相应所有部门管理的班级，班级评优及各项班级相关考核执行一票否决；成员每被辞退一人次，扣班级考核分5分。

一、扣分

（一）考勤方面

1.例会、班会、团会等活动无故迟到一次或早退一次者，扣1分，无故不到者扣2分。

2.在学校组织及各部门开展的各项活动中，事假每人次扣1分（须出示请假条，否则当无故缺席处理），迟到每人次扣2分，无故缺席每人次扣5分。

3.学校会议精神未传达或未组织落实者每次扣2分。

4.开会时任意喧哗或做与会议无关的事情，每人次扣3分。

（二）工作方面

1.因个人原因严重影响工作（病、事、公假除外）每人次扣5分。

2.不能按进程完成任务及工作，工作中准备不充分或组织涣散，影响工作效果者，每次扣5分。

3.干部工作时应对全体同学负责，不得有包庇行为。若出现此现象，每次扣2分。

（三）行为纪律方面

1.违反校规校纪被处分者每人次扣10分；受学校通报批评，每人次扣5分；受年级分部通报批评的每人次扣2分。

2.各部开展各种大型活动或做重要决定时未与主席团人员汇报而造成严重后果的，每次扣5分。

3.开展工作时搞自由主义、个人主义或不服从上级工作分配的每人次扣

5 分。

4. 在"学管会"搞小集体主义、拉帮结派者每次扣 15~20 分，严重者立即撤销其职务，并由各对应班级无条件另选送相应优秀学生干部，否则班级评优及各项考核执行一票否决。

5. 不以身作则、不能起模范带头作用，影响所在部门的扣 5 分，严重影响所在部门的扣 10 分。

6. 各项民意测评的反馈信息中，存在问题最多的部门，全体成员每人扣 3 分，问题突出者扣 5 分。

(四)学习方面(学习上要求进步、合格、优秀是对学生干部的基本要求)

1. 段考及期末成绩在年级退步达 50 个名次的退出"学管会"，由各对应班级无条件另选送相应优秀学生干部，否则班级评优及各项考核执行一票否决。

2. 在学习和纪律榜样上不能起带头作用，甚至有较大负面影响的退出"学管会"，由各对应班级无条件另选送相应优秀学生干部，否则班级评优及各项考核执行一票否决。

二、加分

(一)工作方面

1. 为"学管会"工作献计献策，提出合理建议，主动反映情况，对改进"学管会"工作起到良好作用者，每人次加 5 分。

2. 成功承办学校活动的主要策划人每人次加 5 分，协办者每人次加 3 分。(协办者名单可由主要策划人提供)

3. 所在部门受通报表扬的，每个成员加 3 分，贡献突出者加 5 分。

4. 主动为其他部门查漏补缺、维护"学管会"名誉者每次加 3 分。

5. 积极对外宣传报道本学校"学管会"工作和活动者每次加 3 分。

6. 各部门在一学期内表现突出，工作卓有成效，则其部门成员每人加 10 分。

(二)个人表现

1. 代表"学管会"协助学校其他部门组织开展活动者加 3 分。

2. 代表学校、学校"学管会"、学校分团委或其他部门在各项比赛中获奖者，省级及以上加 20 分，市级加 15 分，校级加 10 分，部级加 6 分，年级加 3

分。(其他奖项视情况加分)

(三)学习方面:

1. 被评为校级三好学生者加5分。

2. 取得学年奖学金者,特等奖加20分,一等加15分,二等加10分,三等加5分。

3. 在段考或期末保持进步者加10分,段考或期末保持进步且进步幅度在年级达到10个以上名次者加20分,在年级达到20个以上名次者加25分,以此类推。

三、学期评优及奖励

根据"学管会"学生干部考核办法,由学生自主管理办公室根据考核方案落实考核,以学部为单位,加入学校奖学金制度,积分考核奖金与学校学生期末奖学金一并下发。考核积分第1名奖现金500元,第2~6名奖现金200元,第7~"学部班级总数"名次者奖现金100元,并颁发相应证书(确保平均每个班至少有一个表彰指标)。

4. 该考核办法最终解释权归学校学生自主管理领导小组及学校学生自主管理办公室所有。

实验学校自主管理领导小组办公室
2017 年 11 月

二、课堂教学中学生的网格化自主管理

1. 学生网格化自主管理的目的和内容

课堂教学中学生网格化自主管理是学生按《学校学生自主管理工作指导意见》精神,针对课堂教学中有关内容进行自主化管理。它的目的是将课堂的管理权真正交给学生,教会学生如何管理,激发学生的管理潜能,培养提高学生的管理能力。学生网格化自主管理让学生成为一个共同体,这个共同体通过自主管理活动培养学生的合作意识、参与意识、自主管理意识和良好的自主行为习惯,实现师生共同成长的育人目标。

在课堂教学中,学生的网格化管理的内容是课堂教学中学习小组评比考核的内容，即出勤、读书、答问、听写、纪律、作业、考试、过关。对这些有关内容考核，责任人按《学校"学生自主网格化管理小组"学习部考核方案》进行考核。另外，要将学生网格化自主管理模式延伸到课外，形成无人监考、学生自主检查周末、假期作业的新常态，将最终评价结果作为划分学生星级的依据，并依据星级安排学生的个性化作业。

2. 学生课堂教学中网格化自主管理操作

具体的学生网格化自主管理要从班级管理入手，遵循"同组异质，异组同质"的原则，按成绩排名，盘龙式地将不同层次的学生搭配分组。确定组员后按1~6进行编号（见座位编号标准模式）。小组设协调部长、监察部长、学习部长、生活部长、卫生部长、纪律部长，并明确各编号人员的职责。每项班级活动都以小组为基本单位进行。每个组员的表现，都与本组的形象和量化得分息息相关。每个组员都捆绑在一起，形成一个小集体，即一个小组是一个"共同体"。各组自己制订组名、组歌、组训、目标及小组公约，在班级内进行个人及团队考核评比。组内实行编号分工管理，各人的管理职责如下所示。

1号：协调部长。组织本组全盘工作，帮3号带6号；负责督促本组过关，查看本组每天得分情况并在自己组内督促通报，并检查本组作业。

2号：监察部长。管理对手组全盘工作，帮4号带5号；负责管理对手组过关，督查并总算对手组每天得分情况。

3号：学习部长。每天让对手组员背书，登记、总算对手组每天得分情况并通报。

4号：生活部长。负责对本组组员在食堂、寝室的管理；催促、收集、上交、下发本组所有作业、试卷；还要负责对手组成员的背书。

5号：卫生部长。负责监督本组及对手组的卫生，负责对手组每天考核分数的核查并登记到小黑板上。

6号：纪律部长，负责督促本组纪律、管理对手组的纪律，将本组每天的考核得分进行组内通报并责令整改。

对学生进行编号后，进行全组整体编排座位，即六人为一组，本着1号帮3号带6号，2号帮4号带5号的原则，对男女生进行搭配，并根据各人特点进行适当调整。

附

座位编号标准模式

讲　台

三	二	一

3	1	6
4	2	5

3	1	6
4	2	5

3	1	6
4	2	5

3	1	6
4	2	5

3	1	6
4	2	5

3	1	6
4	2	5

3	1	6
4	2	5

3	1	6
4	2	5

3	1	6
4	2	5

　　对各小组成员进行编号、编排座位后，即要求各组完成信息卡并制定小组公约附后。各组位置每周根据小组考核结果更换一次。

学校____班"学生自主网格化管理小组"信息卡

名称：　　　　　　　组长：　　　　　　　组歌：

组训：　　　　　　　　　　　　　　　目标：

组员					
学习 榜样					
帮扶 对象					
个性 宣言					
挑战 宣言					

小组公约：

1.尊重组长，服从组长管理；尊重班干部，服从班干部管理。

2.团结一心，维护小组荣誉；有集体荣誉感，誓与集体共进退。

3.发扬民主，少数服从多数；尊重班委会，小组服从班级管理。

4.尊重老师，团结同学，坚决与不正当的行为做斗争。

5.按时、认真值日，认真、独立完成作业，诚信考试。

6.课前做好准备，认真听讲，积极答问，及时做好笔记。

7.互帮互学，互相提问背书、讲题目、查作业，协作学习。

8.珍惜时间，利用好早、中、晚、周末等一切空余时间。

9.集体荣誉至上，团队执行力至上，有异议先执行再仲裁。

10.超越自己，今天比昨天更好，明天比今天更好，越来越好！

"学生自主网格化管理小组"信息卡完成后，就可以按下述考核方案进行评比。

附：

学校"学生自主网格化管理小组"学习部考核方案

为了营造一种自主、民主、和谐的学习氛围，保证班级课堂教学工作井然有序地开展，特制定以下考核方案。

一、出勤

1.早读、自习、上课迟到者扣 1 分/次。

2.请假者扣 1 分/次，早退者扣 2 分/次，无故旷课者扣 3 分/次。

3.打预备铃未坐好者扣 1 分/次。

二、读书

1.早读大声、响亮加 2 分/次，读书声音小、不用心者扣 2 分/次。

2.每次跑操完毕，来到教室前五名坐在座位上大声读书，起带头作用的加 2 分/次。

三、答问

1.上课举手回答问题，答对者奖励 2 分/次，没答对奖励 1 分/次。

2.被迫回答问题，答对者加 1 分/次，没答对扣 1 分/次。

3.每堂课可由课代表及班长根据实情，评出答问最积极的个人或小组予以加 1-3 分/次。

四、听写

1.默写、听写未过关及过关差者扣 2-5 分/次。

2.默写、听写满分或优、A 者加 1 分/次。

3.未过关的主动找课代表过关且一次性全过的加 1 分/次。

4.默写、听写舞弊者扣 5 分/次且通告家长。

5.假期作业的默写、听写投机取巧、代家长签名者扣 5 分/次且通告家长。

五、纪律

1.上课期间未穿校服、校裤者扣 1 分/次且进行个别教育。

2.衣服、鞋袜不合礼仪规范者扣 1 分/次且立即整改。

3.上课讲话、吃东西、发呆、回头、东张西望者扣 1 分/次，及时制止者奖 1 分/次。

4. 上课打瞌睡、看与该科无关的书者扣 2 分/次，及时制止者奖 2 分/次。

5. 自习课讲话、自由走动、打扰别人学习者扣 2 分/次。

6. 上课被老师点名批评者视情节严重扣 2~5 分/次；被点名表扬者奖励 2 分/次。

六、作业

1. 独立完成作业，各科作业得"优""A""Good"均可加 1 分/次。

2. 迟交、欠交作业者扣 2 分/次，抄作业者扣 4 分/次，被抄作业者扣 2 分/次，偷作业者扣 10 分/次且告知家长，举报抄作业且属实者奖励 2 分/次。

3. 交空白作业者，扣 1 分/空、责令重做。

4. 假期迟发作业清单到微信群，扣 1 分/科/次，欠发作业清单扣 5 分/科/次。

七、考试

1. 考试舞弊者扣 10 分/次且通知家长领回教育。

2. 考试满分者加 1~3 分/次（只有一人加 3 分，两人加 2 分，三人及以上加 1 分）。

3. 在所有考试中，优秀的加 2 分/次，良好的加 1 分/次（个别同学和组特殊对待，可由老师划定特殊分数线）。

八、过关

1. 各科任课老师安排的过关完成好的加 1 分/次，未完成、完成不理想的扣 1 分/次。

2. 未完成、完成不理想的主动找课代表或对应组长且一次性过关的加 1 分/次。

3. 在保证所有任务完成的前提下，组长安排各科过关，达标人数占 80% 及以上的小组，每人加 1 分/次。

4. 数学、物理额外任务为必须完成的过关任务，每次达标人数占 80% 及以上的小组，每人加 1 分/次，组长另奖励 2 分/次。

注：

1. 所有奖罚，小组长翻倍，举报真实奖励 1 分/次。举报不真实扣 5 分/次。

2.小组评比一周总结一次，有特殊情况一月一次。评比结束后，按1～9的顺序选择小组座位，每次评比倒数1、2、3小组每个人分别写800、600、400字的自省书，并按要求给获得小组第1、2、3名的每位同学物质奖励。

附：

学习小组评比考核表

____月____日 星期____ _____学习小组评比考核表

登记人_____ 审核人_____ 组总得分_____

姓名	出勤	读书	答问	听写	纪律	作业	考试	过关	总分

学校实行学生自主管理，由先从各班推选的6名部长中再推选6位部长组成年级部长。各年级共六个部长：协调部长、监察部长、学习部长、生活部长、卫生部长、纪律部长。他们负责监督、管理、考核各年级所有班级的学习、生活、卫生、纪律、就餐、就寝等各个方面。各年级部长构成"学管会"成员，再从中选出学校的六个总部长。六个总部长负责监督、管理、考核全校所有班级的学习、生活、卫生、纪律、就餐、就寝等各个方面。课堂教学

中的学生自主管理出勤、读书、答问、听写、纪律、作业、考试、过关等情况由学习部、纪律部负主责。

附：

通报表

学生网格化自主管理由"学管会"对全校进行考核打分。各班在教室前的小黑板前进行自主评价，每天指定时间由"学管会"进行检查。

_____班_____月_____日情况通报			
小组	课堂考核总得分	登记人	督查人
1			
2			
3			
4			
5			
6			
7			
8			
9			

备注：根据每天的课程内容打分；要求每天的上午第二节课前通报前一天的情况，课间操检查

各班对于课堂学生自主管理从出勤、读书、答问、听写、纪律、作业、考试、过关等方面进行考核。考核结果每天一公布，一周一小结，一月一总结。组与组之间相互督促，共同进步！

参考文献

[1] 巴拉诺夫，等.教育学[M].北京：人民教育出版社，1979.

[2] 刘延勃，等.哲学辞典[M].长春：吉林人民出版社，1983.

[3] 张世富.心理学[M].北京：人民教育出版社，1988.

[4] 朱智贤.心理学大词典[M].北京：北京师范大学出版社，1989.

[5] 朱智贤，等.思维发展心理学[M].北京：北京师范大学出版社，1995.

[6] M.克莱因.古今数学思想[M].上海：上海科技出版社，1982.

[7] 胡慧海.捕捉条件信息 进行联想教学[J].数学教学研究，2002(2)：13-15.

[8] 李家煜.不等式教学中的设想·回想·猜想·反思[J].中学教研，2004(2)：20-21.

[9] 解延年，尹斌庸.数学家传[M].长沙：湖南教育出版社，1987.

[10] 芮国英.展示数学美 培养探索欲 提高创造力——数学美育教学的认识与实践[J]. 中学教研，2004(1)：1-4.

[11] 王嫒.试析数学建模的应用[J].数学教学通讯，2003(11)：22-25.

[12] 向中军.非欧几何诞生记[J].中学数学研究，2002(10)：31-33.

[13] 赵雄辉.数学教育改革论[M].长沙：湖南大学出版社，2003.

[14] 吴也显.从维持性学习走向自主创新性学习之路[J].教育研究，1998(12)：53-57.

[15] 张楚廷.教学原则今论[M].长沙：湖南师范大学出版社，1993.

[16] 钟启泉.现代教学论发展[M].北京：教育科学出版社，1988.

[17] 施良方.学生认知与优化教学[M].北京：中国科学技术出版社，1991.

[18] 皮连生.智育心理学[M].北京：人民教育出版社，1996.

[19] 施良方，等.教学理论[M].上海：华东师范大学出版社，1999.

[20] 张武升.教育创新论[M].上海：上海教育出版社，2000.

[21] 陈民众.创造教育新论[M].武汉：湖北教育出版社，1990.

[22] 李伯黍，燕国材.教育心理学[M].上海：华东师范大学出版社，2001.

[23] 刘强.知识经济与构建创新人才的培养模式[J].教育探索，2000(6)：12-13.

[24] 辛自强，池丽萍，俞国良.创新教育的系统观[J].首都师范大学学报(社会科学版)，2000(2)：115-120.

[25] 张筱玮.创新：素质教育的基本要义——兼谈教学创新意识的培养[J].教育探索，2000(2)：12-13.

[26] 石中英.创新教育目标的层次性[J].语文建设，2013(11)：1.

[27] 中国教育学会，等.中国教育改革发展二十年[M].北京：北京师范大学出版社，1999.

[28] 戚业国，陈玉琨.论素质教育目标体系框架的构建[J].教育研究，2000(1)：16-19.

[29] 朱智贤.儿童发展心理学问题[M].北京：北京师范大学出版社，1982.

[30] 李洪玉，等.学习动力[M].武汉：湖北教育出版社，2001.

[31] 蒯超英.学习策略[M].武汉：湖北教育出版社，1999.

[32] 张奇.学习理论[M].武汉：湖北教育出版社，1999.

[33] 姚梅林.学习规律[M].武汉：湖北教育出版社，1999.

[34] 王策三.教学论稿[M].北京：人民教育出版社，1985.

[35] 钟启泉.为了中华民族的复兴 为了每位学生的发展[M].上海：华东师范大学出版社，2001.

[36] 罗增儒.中学数学教与学.2019.05.10.

[37] 梅向明.三角形内角和等于180°吗？北京出版社，1980年.

[38] 张景中.数学与哲学.中国少儿出版社，2003.9.

后 记

这部著作作为冷水滩区基础教育教学成果，在 2022 年荣获湖南省第五届基础教育教学成果二等奖。该著作有三个显著特点：第一，在理论方面解决了四百多年前捷克教育家扬·阿·夸美纽斯在其名著《大教学论》中至今没有解决的最基本的理论问题，即课堂教学中教师、学生的教学关系是什么的问题，这为现代课堂教学论提供了坚实的理论基础。第二，在理论应用方面，给基础教育阶段学校卓有成效地促进教师、学生双发展，创新地提出了建设性意见，为当前基础教育阶段深化新课程改革提供了切实可行的路径。第三，无论在理论研究方面，还是在理论应用方面，本著作都充分体现了作者的一个重要思想，即双发展课堂教学要求教师注重自己的终身学习、终身发展，彰显了教师区别于其它工作岗位的职业特点。

这部著作是该课题研究团队中新、老教师几十年教学研究成果的积累，据我们所知，它作为一线教师的理论专著，能在五年一届的省级基础教育教学成果评比中获奖，这在全国都是稀有的。著作展现了研究团队人员的教育初心，以及他们在基础教育这块沃土中辛勤耕耘，几十年如一日的教育情怀，实现了一群新时代研究型教师的一个教育梦！但由于我们水平有限，难免有遗漏和错误之处，敬请同行和专家不吝赐教！

这部著作的出版要感谢湖南省永州市冷水滩区教育局莫继恒、秦功旭两任局长的鼓励和支持，是他们给了我们著书立说，展示冷水滩区该课题教研成果的机会！还要感谢永州市所有实验学校和其他学校的有关领导和教师为本书写作提供了宝贵的实验数据和资料，以及做出的贡献！

作 者
2023 年 2 月